HISTOIRE

Collection dirigée

par

Michel Desgranges et Alain Boureau

VIVRE LA MISÈRE
AU MOYEN ÂGE

JEAN-LOUIS ROCH

VIVRE LA MISÈRE AU MOYEN ÂGE

PARIS

LES BELLES LETTRES

2023

www.lesbelleslettres.com
Retrouvez Les Belles Lettres
sur Facebook et Twitter

© *2023, Société d'édition Les Belles Lettres,*
95, boulevard Raspail, 75006 Paris

ISBN : 978-2-251-45408-5

« Pourquoi faut-il tant de tourment souffrir
En ce monde, pour avoir seulement
La pauvre vie et à la fin mourir »

Farce de Jeninot, qui fit un roy de son chat, dans TISSIER,
Recueil, t. 5, n° 25, v. 1-3 ; fin XVe-début XVIe s.

INTRODUCTION

Les mots aussi sont de l'histoire

« Les mots sont des fenêtres à travers lesquelles on voit l'histoire »,
disait le linguiste Alain Rey[1]. L'historien dispose en effet d'une source
d'une richesse insoupçonnée : non seulement les mots, les tournures,
les métaphores, les formules langagières, les proverbes, mais aussi
les discours où ils s'insèrent et les lieux communs qui constituent
une part de l'imaginaire des sociétés. Cette manière d'aborder l'histoire est apparue particulièrement intéressante, pour affronter la question de savoir comment les hommes vivaient la misère au Moyen
Âge. Nous ne chercherons pas tant à décrire la vie des pauvres dans
ses aspects socio-économiques, qu'à retrouver les mots qu'ils utilisaient pour la dire, tels que l'on peut les saisir dans les textes en
langue française du XIIe au XVIe siècle. Aux origines de cette enquête,
il y a une thèse soutenue en 1986, devant Daniel Poirion et André
Vauchez, sous la direction de Michel Mollat, *Les mots aussi sont de
l'histoire. Vocabulaire de la pauvreté et marginalisation (1450-1550)*[2],
où je me proposais d'éclairer, à partir du vocabulaire et des discours,

---

1. Dans l'émission *La Grande Librairie*, le 6 novembre 2019 (France 5).
2. Paris IV-Sorbonne ; ROCH, « Présentation de thèse », *L'Information grammaticale*,
n° 33, mars 1987.

la marginalisation des mendiants et la mise en place des « polices » des pauvres, ce que l'on appelle la réforme de l'assistance, à partir des années 1520 Les linguistes, en particulier Jacqueline Picoche[3], m'avaient accompagné dans cette recherche, celle des relations entre la sémantique lexicale et l'histoire. Cette recherche avait concerné en particulier le vocabulaire de la lutte contre la mendicité, l'émergence du mot travail au sens moderne, les paroles échangées dans l'aumône et les noms du faux mendiant, truand, coquin, maraud ou gueux. Étaient aussi abordés certains discours politiques, comme le thème du pauvre peuple ou celui du Bon Temps, qui sont de véritables mécaniques discursives, permettant de négocier avec les pouvoirs, dans un monde d'avant l'absolutisme[4]. L'enquête a été poursuivie, d'une part pour éclairer ce qui se passe dans l'échange de l'aumône, d'autre part pour proposer, avec l'aide de Gilles Roques du *Dictionnaire du Moyen Français*, des étymologies à certains noms des faux mendiants[5].

Un certain nombre de travaux récents ont exploré le point de vue des pauvres, en éclairant leurs stratégies de survie aux marges de la société : le colloque sur *Les réactions des pauvres à la pauvreté* (1986) ; l'article de Maria Serena Mazzi, « Ai margini del lavoro » (1991) ; le recueil *Experiences of Poverty in Late Medieval and Early Modern England and France* (2012), ou le programme *Économies de la pauvreté au Moyen Âge, en Europe méditerranéenne* (n° 3 : Stratégies de survie)[6]. Mais comment accéder à ce vécu ? Les plus pauvres ne savaient pas écrire et les sources qui subsistent émanent des « lettrés ». Comment alors utiliser la littérature, comment accéder aux réactions des pauvres eux-mêmes, à travers le miroir et le filtre de ceux qui écrivent. Cette opération va être cependant facilitée aux XVe et XVIe siècles par la proximité à ce moment-là entre culture

---

3. Jacqueline Picoche, *Le Vocabulaire psychologique dans les Chroniques de Froissart. Le plaisir et la douleur*, Amiens, Université de Picardie, 1984 ; *Eadem, Structures du lexique français*, Paris, Nathan, 1986.

4. ROCH, « De l'usage social des lieux communs », p. 206-212 ; et « Le roi le peuple et l'âge d'or ».

5. Articles partiellement reproduits ici : ROCH, « Bons et mauvais pauvres » ; « Le jeu de l'aumône » ; « La mélancolie des pauvres » ; « Quémander, caymant, Caïn » ; « De l'histoire à l'étymologie ».

6. RIIS ; MAZZI ; SCOTT ; *Les Économies de la pauvreté*, L. Feller, A. Rodriguez, S. Carocci (dir.), n° 3, Casa Velasquez (2009), à paraître.

des élites et culture populaire. L'importante ascension sociale, lors de la Renaissance, a multiplié aussi les échanges culturels. Et il y a toute une littérature, disons à destination populaire, des petits livrets facétieux et toute une part du théâtre, qui mettent en scène en particulier des mendiants sans le sou ou des gueux vantards et fanfarons. « À la fin du xvᵉ siècle et au début du xviᵉ siècle, il y a eu, notamment dans les farces et dans les sotties, une véritable obsession de la mise en scène des démunis », « une fascination pour le monde marginal », comme l'a analysé Jelle Koopmans ; et il pose la question : cette mise en scène suscitait-elle le rire ou la compassion[7] ? Il faudra effectivement nous demander si étaler ces vies de misère n'a pour but que de nous faire rire ? Ou si la société se crée ses marginaux, afin de mieux s'en servir comme repoussoir ? Il nous faudra donc préciser quel mode de lecture peut-on proposer de ces textes. Il faudra enfin les compléter par les archives et la parole des pouvoirs.

L'historien médiéviste, ne disposant pas des riches sources des époques ultérieures, est donc poussé à explorer la littérature. Mais comment la faire parler ? Bronislaw Geremek, reconstituant le personnage du marginal, du gueux, à partir de la littérature de la gueuserie, a volontairement laissé de côté, comme il l'avoue lui-même, une véritable étude littéraire : « la démarche que nous proposons risque d'apparaître comme assez brutale, car elle réduit les œuvres à une sorte de matière première[8] ». C'est un peu ce que nous allons faire, au sujet de la pauvreté : l'utilisation « brutale » de la littérature pratiquée ici, la manière de citer tel auteur sans préciser son parcours social ou le genre littéraire dans lequel le texte s'inscrit, peuvent sembler discutables. Nous sommes très proches d'un dictionnaire : multiplier les citations afin d'éclairer des équivalences, entre la tristesse et la colère, la pauvreté et le mépris, la méchanceté et le malheur, l'assistance et la répression. La sémantique montre par où s'effectuent les confusions, à travers quelles polysémies ou quelles synonymies apparaissent les équivalences. L'analyse permettra de montrer l'imbrication de la pauvreté dans la sphère de la souffrance et dans celle de la Fortune. La pauvreté est vécue de manière immédiate comme tourment, comme

7. KOOPMANS, *Les Démunis*, p. 123-139, spéc. p. 124-125 et 137-138.
8. GEREMEK, *Fils de Caïn*, p. 44.

mélancolie. Elle est d'autre part vécue comme malédiction, à travers le malheur et la « meschance ».

Il faut aussi replacer ces mots dans une analyse des discours. L'enquête abordera quelques grands thèmes ou lieux communs, comme la Roue de Fortune, la pauvreté joyeuse du savetier, l'accumulation impossible ou le « fatalisme » populaire. Ces thèmes et une analyse des sentiments comme la pitié, la colère ou la mélancolie permettront d'approfondir davantage ce que l'on pourrait appeler « l'imaginaire social », qui encadre les comportements et donne forme aux identités sociales. La vision du monde, qui sous-tend ces thèmes, ce que Paul Zumthor, au sujet des Grands rhétoriqueurs, appelle le « discours éthique », est une orientation moralisatrice, voire allégorique, responsable d'une partie des genres littéraires eux-mêmes. Ce discours peut être tenu au sein de la cour, devant des bourgeois ou parmi la masse illettrée : « il éclate, se colore et se fige en proverbes et en dictons, citations anonymes [...] triomphe du lieu commun, de la scène langagière, où tous reconnaissent l'image de ce qu'ils savent d'eux-mêmes[9] ». S'agit-il de culture populaire, ou du moins de culture populaire urbaine ? Pas tout à fait, mais, selon André Lascombes, le théâtre anglais médiéval, de son côté, utilise « un fond culturel oralisé et vulgarisé dans tout le corps social » ; c'est un « théâtre pratiqué par et pour le plus grand nombre, et trouvant devant eux un large assentiment »[10]. La culture populaire « est perméable, fluide, malléable. Elle est influencée par la culture des élites, sur laquelle elle déteint à son tour[11] ». Le problème est de savoir dans quel sens (et à quelle occasion) les intermédiaires culturels sont des passeurs. On s'en tiendra pour l'instant à ces remarques, quant à ce que l'on peut nommer « populaire ». Au niveau des comportements, nous retrouvons des locutions proverbiales comme « pour les pauvres les cloches ne sonnent que d'un côté », « au malheureux chiet toujours la buchette », « assez jeûne qui n'a que manger », qui constituent des formules sans doute décisives dans la manière de vivre

9. ZUMTHOR, *Le Masque et la lumière*, p. 117.

10. LASCOMBES, « Structures et fonctions du personnage populaire », dans KONIGSON, p. 16.

11. Robert Muchembled, *L'Invention de l'homme moderne. Sensibilités, mœurs et comportements collectifs sous l'Ancien Régime*, Paris, Fayard, 1988, p. 83.

la pauvreté et dans les rapports que les pauvres entretiennent avec la société globale. Ce n'est donc pas tant dans l'étude des œuvres que dans celle des pratiques langagières elles-mêmes, du « fond » de la langue, que nous allons tenter d'éclairer le vécu de la misère et le vocabulaire qui l'accompagne au Moyen Âge et au début de la Renaissance. Les sentiments collectifs, « l'imaginaire social » serviront de cadre à l'analyse des lexiques.

Après une étude du cadre historique, qui bousculera peut-être certaines idées reçues, nous tenterons d'approcher les pauvres et les miséreux dans les textes : la précarité du travail, l'obsession de la faim et de la ruse, les mille et une stratégies de survie et les rêves auxquels ils se laissent aller ; nous croiserons le gueux sans souci, mais aussi l'indéracinable revendication égalitaire. Une étude plus précise de la tristesse des pauvres, leur « mélancolie », nous fera découvrir l'alchimie pratiquée avec les dents, le jeûne forcé et « Faute d'argent c'est douleur non pareille ». Il sera temps alors d'explorer le vocabulaire de la pauvreté et de la misère, au moins pour la fin du Moyen Âge et la Renaissance. L'évolution de ce vocabulaire, par exemple celle du mot « meschant », nous contraindra aussi à regarder du côté de la langue, et à revisiter le déclin de la Fortune. Nous passerons ensuite du côté des mots de la répression, pour retracer la naissance du stéréotype du faux mendiant et sa déclinaison en multiples termes du XIIe au XVIIe siècle, du truand au gueux. Retrouver l'étymologie des noms du faux mendiant, c'est aussi éclairer les processus d'exclusion des pauvres. Puis nous observerons les paroles et les gestes qui s'échangent dans l'aumône. Nous y découvrirons un « jeu » parfois pervers, celui du riche à l'égard du mendiant, qu'il nous faudra tenter de comprendre. Partis des mots pour éclairer les choses, nous ferons aussi finalement retour aux vocabulaires qui ne cessent de bouger. Cette langue d'avant le XVIIe siècle n'était pas la nôtre.

Remarques

Nous nous sommes limités à la langue française ; et nous n'avons pas hésité à élargir l'enquête au-delà du Moyen Âge. L'orthographe des textes a été modernisée. Mais il s'agit d'un simple toilettage, afin seulement d'en faciliter la lecture. L'orthographe des mots importants de nos vocabulaires a parfois été conservée. Lorsque le texte est en vers, une majuscule signale le changement de vers. Les textes en latin ont été traduits. Cette enquête commencée au siècle dernier n'a pas utilisé les banques de données, ni même Frantext, ce qui est bien sûr dommage. La bibliographie comprend surtout les articles ou les livres cités à plusieurs reprises. Dans les notes, les noms des auteurs sont en majuscules s'ils sont dans la bibliographie.

Chapitre premier

BONS ET MAUVAIS PAUVRES AU MOYEN ÂGE[1]

Le Moyen Âge a sans doute encore quelque chose à nous apprendre sur l'ambivalence de tout sentiment charitable et l'ambiguïté de toute institutionnalisation de l'assistance aux pauvres. Le pur cristal de la bonté se heurte aux dures réalités et se trouve pris dans des stratégies sociales qui ne sont rien moins qu'innocentes. On se demandera d'abord ce que la société médiévale faisait de ses pauvres, et s'il existe une originalité dans les conceptions et le fonctionnement de la charité chrétienne. Puis on tentera d'éclairer ce qui se passe à la fin du Moyen Âge, du côté d'une première répression du vagabondage, qui marque peut-être la véritable genèse de l'exclusion.

Le pauvre, c'est d'abord le petit peuple paupérisable ou paupérisé, risquant de tomber dans la misère, donc dans la mendicité. Il existe dans ces sociétés d'avant la révolution industrielle un lien fondamental de la pauvreté avec les crises frumentaires, avec la fragilité à la conjoncture. Par ailleurs, la formule « les pauvres et les riches » forme aussi un couple indiquant la société tout entière : où l'on est dans l'obligation

---

1. Reprend en partie ROCH, « Bons et mauvais pauvres au Moyen Âge », dans *La Riche Histoire des pauvres*, L. Albaret *et alii* (dir.), Nouveau regard et Syllepse, 2007, p. 7-24 (Rendez-vous de Blois).

de donner, où l'on est en droit de recevoir, c'est cela qui est à la base de l'échange, de la circulation de la charité médiévale, ce que les historiens appellent la *caritas*. La dévalorisation ultérieure du mot charité ne doit pas nous faire oublier qu'au Moyen Âge il s'agit bien du lien social fondamental, du tissu d'entraide, qui tient une société ensemble et l'empêche de se désagréger ; ce que nous appellerions aujourd'hui solidarité.

Dans une société comme celle du Moyen Âge, la hiérarchie fait partie de la nature des choses. C'est Dieu qui a distribué inégalement les biens de ce monde. Le pauvre doit donc accepter sa pauvreté comme une épreuve salvatrice et ne pas se révolter contre sa condition. Mais le riche doit de son côté lui venir en aide par l'aumône, ce n'est qu'ainsi qu'il fera lui-même son salut. Malheur à celui qui n'a pas eu miséricorde, car Dieu ne lui fera pas miséricorde. L'ordre inégalitaire du monde sort renforcé d'un tel système, mais la société met aussi en place un excellent moyen de faire payer les riches. Le don pour Dieu, le « détour » par Dieu, a pu osciller entre culpabilité et hypocrisie, mais il n'a pas que des inconvénients ; il encadre et renforce la pulsion caritative (ou philanthropique) constitutive de la nature humaine. On a parfois dit que la charité du chrétien était moins « pure », moins désintéressée que celle du philanthrope ; mais en est-on si sûr, et cela a-t-il d'ailleurs de l'importance.

En Occident, comme dans d'autres civilisations, le devoir de faire l'aumône a d'abord relevé de la justice ; comme disent les théologiens, les biens de la terre ne peuvent être accaparés par quelques-uns. Mais l'Occident chrétien a voulu aller plus loin : que la charité ne soit pas seulement devoir et geste rituel, mais compassion vraie. En identifiant les pauvres au Christ lui-même, crucifié parmi les voleurs, il a voulu sacraliser la déchéance et la mendicité, à travers une inversion des valeurs typique du christianisme. Les pauvres deviennent ainsi les « pauvres du Christ ». N'allons cependant pas trop loin dans l'idéalisme ; l'Évangile n'a pas changé le cœur de l'homme, il s'est heurté à des conceptions sans doute très anciennes qui font de la pauvreté une malédiction et du riche un « élu » de Dieu. Le discours chrétien vient ici contrecarrer le mépris du pauvre, sans parvenir à le détruire ; certains diront qu'il s'en accommode même assez bien.

Mais ne condamnons pas trop vite au nom de nos propres certitudes et craignons l'anachronisme.

La révolution de la charité, aux XIIe et XIIIe siècles

Le haut Moyen Âge, jusqu'au-delà de l'an mille, n'a pas vraiment connu la question sociale. Dans un monde très cloisonné et essentiellement rural, le pauvre c'est le petit qui s'oppose au grand propriétaire tout-puissant ; la pauvreté n'est pas d'abord une pauvreté économique et les catastrophes frappent l'ensemble des habitants. C'est l'Église qui, autour des évêques et des monastères, prend en charge les malades, les infirmes et les affamés. Mais à partir du XIIe siècle, la croissance économique et l'essor urbain bouleversent la situation et amènent le développement d'une nouvelle pauvreté, les laissés-pour-compte de la croissance. Et cela va appeler une réponse neuve, qui sera selon l'expression d'André Vauchez la « révolution de la charité[2] » ; multiplication des hôpitaux, des confréries, des « bassins » des pauvres, développement des grandes distributions urbaines. Cet élargissement de l'offre d'assistance s'accompagne d'une intervention croissante des laïcs. Le financement reste lié aux legs testamentaires, à l'aumône *post mortem*, et donc au salut des riches. L'Église elle-même ouvre la voie en direction des laïcs, en développant la doctrine des œuvres de miséricorde (nourrir l'affamé, vêtir le nu, etc.) et en théorisant la communauté des biens et le droit au vol en cas d'extrême nécessité. Car la propriété implique des obligations. En temps de famine, le pauvre a le droit de prendre ce qui est nécessaire à sa survie. Les villes reprendront cet argument pour imposer des réquisitions et des distributions lors des crises.

Parallèlement à cette « révolution de la charité », à peu près à la même époque, une partie des chrétiens, en Occident, ont prôné un retour à la pauvreté évangélique, à celle des apôtres, à la *vita apostolica*, qui proposait de « suivre nu le christ nu ». Ce mouvement de la pauvreté volontaire est un recentrage sur le christianisme des origines, mais c'est aussi une critique de la puissance et de la richesse d'une Église engagée alors dans la réforme grégorienne. Ce mouvement aboutira à

---

2. VAUCHEZ, p. 152.

François d'Assise, qui restera dans l'Église, et aux Vaudois, qui seront rejetés hors de l'Église. Mais la question de la pauvreté de l'Église restera comme une épine dans l'âme chrétienne. Prenant acte de l'écart entre la valorisation de la pauvreté volontaire et les réalités sociales, certains historiens en ont conclu aux effets pratiques réduits, voire à la duplicité, de l'idéologie chrétienne de la pauvreté. C'est une question difficile, car on peut y voir tout autant une manière de faire fonctionner le système : la pauvreté volontaire vient étayer la circulation de l'aumône et renforce la sacralisation du pauvre. Cela ne fait pas, bien sûr, disparaître les réalités sociales, mais ravive la compassion humaine.

La charité médiévale, dès cette époque, ne cesse d'osciller entre une charité pour tous, semblable au soleil qui brille pour tout le monde, et une charité discriminatoire et sélective. D'une part, « ne choisis pas à qui tu donnes », et d'autre part « regarde à qui tu donnes »[3]. Il est dit dans le *Bréviaire d'amour*, à la fin du XIIIe siècle, « on doit donner indifféremment aux bons et aux mauvais, qui ont besoin de secours. Le roi du ciel fait pleuvoir sur les bons et les méchants. Mais plus volontiers on doit faire l'aumône à ceux qui sont justes et bons[4] ». Dans la seconde moitié du XIVe siècle, au moment où se met en place une première répression du vagabondage, Langland, dans le poème *Pierre le Laboureur*, qui est un vaste programme de réforme de la société, oscille toujours entre les deux attitudes, mais conseille de nourrir les gros mendiants avec du mauvais pain et, s'ils se plaignent, de leur dire de se mettre au travail[5]. Dans la mesure où l'assistance s'institutionnalise, elle va par ailleurs être contrainte d'adapter l'offre d'aide aux capacités limitées des institutions caritatives ; donc de sélectionner, donc d'exclure. Si l'on ne peut donner à tous ceux qui se présentent, il faut faire un tri. Comme le dit Robert Castel, dans un livre important, *Métamorphoses de la question sociale*, « dans toute société sans doute, un système cohérent d'assistance ne peut se structurer qu'à partir d'un clivage entre bons et mauvais pauvres[6] ». Les bons ce seront ceux du lieu et ceux qui ne peuvent travailler (les invalides,

---

3. Voir *infra*, p. 167.
4. NELLI, p. 45-56.
5. LANGLAND, passus VII, 72 74 ; SAINT-JACQUES, p. 25-33.
6. CASTEL, p. 61-62.

les veuves, les vieux, etc.) ; les mauvais ce seront ceux d'ailleurs (les vagabonds) et ceux qui pourraient travailler (les fainéants). On saisit bien sûr les injustices inhérentes à un tel classement et les arrière-pensées morales qui l'accompagnent ; et l'historien peut s'en indigner, mais il doit admettre que l'offre d'assistance ne pouvait toujours suffire à la demande et qu'alors il fallait bien choisir. La question ne se pose vraiment, d'ailleurs, qu'à partir de la grande peste de 1348, comme l'ont montré Robert Castel et Bronislaw Geremek[7], mais elle va désormais accompagner toute l'histoire ultérieure de l'assistance.

La fin du Moyen Âge : l'après-peste

Ce serait donc à partir du milieu du XIVe siècle, et non pas à partir du XVIe siècle comme on le supposait jusque-là, que se serait mise en place une première répression du vagabondage et de la mendicité valide. Cette nouvelle chronologie nous oblige à réexaminer la nature réelle de cette première chasse aux pauvres. À la même époque, après la peste, les historiens constatent une crise des institutions hospitalières, un déclin de la charité médiévale et une détérioration de l'image des pauvres et des mendiants.

La crise des institutions d'assistance est d'abord une crise de leur financement. Les rentes foncières, sur lesquelles elles s'appuyaient, s'effondrent avec la crise démographique, qui dépeuple les villages. Mais il y a autre chose. La générosité des fidèles se détourne des hôpitaux, qui sont souvent devenus simples sources de revenus (« bénéfices ») pour le clergé. Et surtout la piété est en train de changer : les fidèles préfèrent les messes à l'aumône comme passeport pour l'au-delà. La religion devient plus intérieure et moins soucieuse des bonnes œuvres ; une évolution qui annonce la Réforme protestante. L'hôpital lui-même change ; il se transforme, ici et là, en maison de retraite pour ceux que l'on appelle les « donnés » ou les « rendus » : on donne ses biens à l'hôpital, à charge pour lui de nous entretenir jusqu'à la mort. Les institutions d'assistance se tournent aussi davantage vers les veuves, les orphelins, les riches déclassés et appauvris, ceux que l'on appelle les « pauvres honteux », parce qu'ils ont honte

---

7. CASTEL ; GEREMEK, *Potence*.

de mendier. A-t-on affaire à une société de plus en plus égoïste, ou ne serait-ce pas que les véritables pauvres se font plus rares ?

La désaffection à l'égard des pauvres a été mise en relation avec une dégradation de leur image, une image plus négative, plus menaçante. En 1390 des mendiants sont accusés d'avoir empoisonné les puits du pays chartrain. Les révoltes ont sans doute aussi joué un rôle. Les autorités commencent à dénoncer les ruses et les tromperies des mendiants. Le vocabulaire qualifiant le faux mendiant valide s'alourdit à cette époque. Les termes injurieux se multiplient, qui disqualifient leur demande : « belistre », « maraut », « caymant ». Bronislaw Geremek ajoute à cette dégradation de l'image des pauvres « l'atroce rire du théâtre naissant ». Et il est vrai qu'on se moque des mendiants au théâtre, mais on se moque aussi des vrais infirmes, et le rire sert surtout à mettre la misère à distance, une misère qui peut frapper chacun de nous demain.

Les historiens ont longtemps pensé que toutes ces réactions s'expliquaient sans doute par le caractère massif que prend la pauvreté à la fin du Moyen Âge. Ils semblent cependant revenir en partie sur cette vision catastrophique du bas Moyen Âge[8]. Si les hôpitaux se remplissent de retraités, c'est aussi que la peste a allégé la partie la plus misérable de la population. Il nous faut donc réexaminer les débuts de la répression du vagabondage. La peste noire, à partir de 1348, fait le vide, l'homme devient rare, donc cher. C'est la formule, sans doute excessive, de « l'âge d'or des salariés ». Les élites découvrent effarées un déséquilibre entre offre et demande de travail, favorable aux salariés. Les États, en France, en Angleterre et ailleurs en Occident, interviennent pour bloquer les salaires et fixer la main-d'œuvre. D'autant que la guerre et la peste accroissent le déracinement et le vagabondage. Les élites cherchent à encadrer davantage une main-d'œuvre moins docile et plus vagabonde. Elles devront cependant lâcher du lest : augmenter les salaires ou diminuer les heures de travail. Cette situation va perdurer jusqu'à la fin du XVe siècle, entrecoupée régulièrement bien sûr de crises. La répression du vagabondage et de la mendicité valide, à cette époque-là, est donc due au moins en partie au manque de main-d'œuvre.

---

8. McINTOSH, p. 15, 39 ; DYER, dans SCOTT, *Experiences of Poverty*, p. 39.

Et c'est pour cela que l'on constate une incompréhension croissante à l'égard de ceux qui s'obstinent à mendier.

De cette situation, Robert Castel a proposé une explication lumineuse mais sans doute insuffisante : au milieu du XIVe siècle, à la suite de la peste, surgit un personnage nouveau, le surnuméraire, le « désaffilié », que le marché du travail peine à intégrer et qui s'incruste dans l'oisiveté et la mendicité. Une nouvelle catégorie d'indigents apparaîtrait, caractérisée par un rapport impossible au travail[9]. Il faut sans doute dire un rapport « différent » au travail. La désorganisation de l'économie et une plus grande mobilité multiplient les recours à la mendicité de la part des valides. Bronislaw Geremek parle des « inutiles au monde[10] ». En réalité, ce qu'ils décrivent, c'est ce qui va se passer à partir du XVIe siècle, où le marché du travail peine à absorber la croissance démographique et où le chômage de masse fait son apparition. Le tournant des années 1520, c'est l'offre d'assistance submergée par la marée des pauvres. Et c'est alors seulement que se met en place une politique beaucoup plus répressive de lutte contre les mendiants valides et même contre toute mendicité. Cette politique est, au XVIe siècle, municipale, et cette municipalisation, amorcée d'ailleurs dès le Moyen Âge, entraîne avec elle la primauté au « local », aux pauvres de la ville. Les autres on les chasse et, plus tard, on tentera de les enfermer. La réforme de l'assistance et la « police[11] » des pauvres, qui s'organisent à partir de 1525-1530, vont s'appuyer sur le stéréotype du mendiant valide et du vagabond, un fainéant qui vit aux dépens de la société. Les pauvres nécessiteux ne se reconnaissent pas dans cette image. Le stéréotype ne correspond pas à la réalité sociale. Alors pourquoi y recourt-on ? Robert Castel dira qu'il est utilisé de manière cynique et pour son rôle dissuasif. Pourquoi dissuasif ? Là encore, regardons l'autre face des choses. La société protège ici (certes sans prendre de gants) le cœur industrieux, corporatif, du tissu économique, afin d'éviter le glissement irréversible, à l'occasion des crises, de la mendicité conjoncturelle à la mendicité structurelle, c'est-à-dire « professionnelle ». Ne croyons

---

9. CASTEL, p. 71 *sq.*
10. GEREMEK, *Truands.*
11. « Police » au sens ancien de mise en ordre, de politique tendant à résoudre les problèmes économiques et sociaux.

pas que les sociétés anciennes ignoraient toujours la pauvreté laborieuse et le risque du chômage. Je citerai seulement le *Roman de la Rose* : Jean de Meung vient de condamner celui qui mendie alors qu'il pourrait travailler ; il ajoute : mais « peut mendier celui qui ne sait métier jusqu'à ce qu'il en apprenne un ; ou celui qui sait métier mais ne trouve personne qui le veuille employer ; ou celui qui travaille mais dont le salaire est insuffisant pour le faire vivre[12] ». Robert Castel avance une autre idée : que les processus d'exclusion ne sont pas à la périphérie mais au centre. C'est la rigidité croissante du système corporatif qui cloisonne le marché du travail et aboutit à créer un secteur protégé et un secteur plus vulnérable, que l'on appellerait aujourd'hui précaire. Il a raison, non sans doute pour la fin du Moyen Âge, où le système ne s'est pas encore rigidifié, mais pour les Temps modernes et, pourrait-on ajouter, pour des époques plus récentes.

Au moment où se met en place une première répression du vagabondage, au XIVe siècle, nous sommes dans une situation de relatif plein-emploi. Ce ne sont pas les Trente Glorieuses, parce qu'il y a les disettes, la peste et la guerre. Mais c'est tout de même mieux que ce qui se passait avant et ce qui se passera après. Après 1530, dans une situation différente, où le sous-emploi et le chômage deviennent structurels, vont se mettre en place des méthodes plus brutales pour séparer les bons et les mauvais pauvres. À ce moment-là, la charité chrétienne n'a pas disparu, mais la répression et l'institutionnalisation de l'assistance accroissent la distance entre bienfaiteurs et bénéficiaires et tendent à refroidir l'élan charitable. Une certaine désacralisation du pauvre est en marche, et le regard que l'on porte sur lui est en train de changer, tandis que les élites se prennent à rêver à la disparition totale de la mendicité. Comme le demande la première « police » des pauvres, celle de Nuremberg en 1522 : *aus brüderlicher liebe nyemant seynen nechsten bettlen sol lassen*, par amour fraternel, personne ne doit laisser son prochain mendier[13].

Revenons un instant sur cette période charnière d'avant 1530, qui prépare l'interdiction de la mendicité, et où se renforce le stéréotype

---

12. *Rose*, v. 11437-11482. Voir aussi p. 31, 32 (Mons 1403, Lille 1541).
13. WINCKELMANN, « Die Armenordnungen », p. 259.

du mendiant professionnel, robuste et fainéant, le *starke Bettler* comme l'on dit dans les villes du sud-ouest germanique[14]. Quelques années avant les réformes de l'assistance, en 1516, Thomas More raconte une conversation particulièrement animée sur le vagabondage et la mendicité. Un bouffon demande que « ceste manière de gens-là fussent séquestrés de mes yeux et qu'on les mit en quelque lieu que je ne les visse jamais, pour ce qu'ils m'ont importuné souventes fois de leurs cris et plaintes, en me demandant de l'argent ». Le narrateur propose alors d'abolir la mendicité et de lutter contre le vol et le vagabondage, non pas en multipliant les potences, mais en mettant en place une réhabilitation par le travail contraint. Un tel programme pose les questions que chercheront précisément à résoudre les « polices » des pauvres[15]. Quelques années plus tard, en 1524, Érasme annonce, dans son colloque sur la mendicité, que les villes s'apprêtent maintenant à empêcher les mendiants de vagabonder ; chaque ville nourrira ses pauvres et contraindra les valides au travail[16]. Avant la grave crise de 1530, qui va voir les institutions charitables submergées par la foule des pauvres, les premières polices des pauvres, qui interdisent la mendicité, visent d'abord le maintien de l'ordre, la lutte contre le vagabondage, l'amélioration du fonctionnement de l'assistance et l'éducation des enfants. Ainsi à Lille en 1527.

Pour ce que l'on trouve par expérience que de permettre à chacun indifféremment de *brimber* [mendier] et demander l'aumône journalièrement […] plusieurs se mettent à l'oiseuse […] en délaissant à faire métier […] et introduisent à ce leurs enfants [qui deviennent larrons et leurs filles se prostituent], et sont lesdits *brimbeurs* si occupés à *brimber* qu'ils ne pensent à leur salut, et que les vrais pauvres […] ne peuvent recouvrer aumônes pour eux vivre. Pour [à] quoi obvier et mettre ordre et police telle que les *indigens*, pauvres malades et autres puissent être nourris, [a été créée une bourse de toutes les charités], sans plus souffrir aucuns pauvres aller *brimber* […] Que tous les *truans, brimbeurs, brimberesses*, gens oiseux […] se tirent hors de cette

---

14. SCHUBERT, « Hausarme Leute », p. 283-347.
15. MORE, p. 50-51,409-410 ; trad. de 1550, p. 20 ; voir Isabelle Bore, « Le pauvre et le mendiant dans l'Utopie de Thomas More », dans *Pauvres et pauvreté en Europe*, p. 35-50.
16. ÉRASME, *Colloques,* trad. Étienne Wolff, vol. I, p. 414-420.

ville [...] ou se mettent à l'œuvre pour gagner leurs vies, ensemble leurs enfants étant en âge et puissant de ce faire[17].

La ville d'Ypres, qui a fait sa réforme de l'assistance en 1525, considère toujours en 1530 le glissement à la mendicité profession- nelle comme un abandon à la vie facile. Il s'agit bien sûr de la vision des autorités, qui craignent une sortie définitive du monde du travail, mais ne prennent pas encore en compte les limites d'une économie, qui parviendra de plus en plus difficilement à assurer à tous du travail. Nous sommes à la fin des années « heureuses ». Le texte éclaire en tout cas l'une des voies par où s'opère la viscosité des déclassements, voire leur irréversibilité : la mendicité professionnelle est souvent le déchet des crises.

[Par suite de la cherté] beaucoup ont passé d'un travail lucratif à l'oisi- veté et de l'oisiveté sous le joug commode de la mendicité. Car ceux-ci se représentaient qu'il leur serait plus avantageux d'abandonner les ateliers des drapiers, où ils gagnaient moins qu'ils ne désiraient, et de se reposer pour le reste de leur existence sur la mendicité, comme sur un tribut productif [*in proventuoso vectigali*][18].

Cette période de la fin du XVe siècle et du début du XVIe siècle, où s'esquisse selon Geremek « toute la doctrine de la lutte contre le vagabondage à l'époque moderne », est caractérisée par un affai- blissement des difficultés économiques. C'est donc surtout dans une volonté de « renforcement du contrôle social susceptible de freiner le relâchement des liens traditionnels dans les classes pauvres[19] », qu'il faut en rechercher la cause. Le vagabondage qui s'étend est aussi le déchet des guerres, le prix payé au contrôle insuf- fisant du phénomène guerre par les États. Dans la société, la mendi- cité avec insolence[20], le développement des sociétés argotiques,

---

17. Lille, ordonnances, p. 700-702.
18. Explication donnée par le Magistrat d'Ypres, dans NOLF, 1915, p. 97 ; *Annales parlementaires*, 1854, p. 1310, § 1.
19. GEREMEK, *Truands*, p. 87 et 81 ; il insiste sur l'ordonnance de 1473.
20. Mendicité avec insolences Voir SCHUBERT, à Nuremberg, p. 309, 314 ; voir aussi *infra*, p. 152 *sq*.

la « riblerie » des jeunesses urbaines[21], favorisent le vagabondage et l'incrustation dans la mendicité. Le fonctionnement de l'aumône s'enraye. Les hôpitaux, comme l'hôtel-Dieu de Paris, sont envahis de faux malades, qui viennent boire et manger, où « les gros mangent les maigres[22] ». C'est à ce moment-là que le partage entre bons et mauvais pauvres va s'imposer, d'un côté les malheureux, de l'autre les profiteurs. Les institutions charitables n'ont pas à nourrir ceux qui sont capables de gagner leur vie. Ce programme va pourtant profondément se modifier, lorsqu'il faudra surnager à la marée montante des pauvres mendiants valides après 1530 : organiser des quêtes obligatoires et des bourses communes pour les aider, multiplier les ateliers publics et contraindre les vagabonds au travail ou les expulser. La survie même des institutions charitables est en jeu. Le grand partage entre bons et mauvais pauvres, entre les pauvres de la ville et les vagabonds du dehors, est devenu nécessaire face aux crises qui font affluer les pauvres des régions voisines dans les villes qui ont mis en place la nouvelle assistance. Doit-on aujourd'hui se scandaliser de ce partage, pour nous peu acceptable au premier abord, mais qui parut à son époque nécessaire ? En tout cas, à la politique surtout répressive des belles années d'avant 1530, va succéder un entrecroisement durable de la répression et de l'assistance.

Toute société tente de faire face à sa manière à la multiplication des pauvres. Faut-il penser qu'elle invente l'épouvantail du mauvais pauvre simplement pour ne plus voir ceux qui errent dans les rues espérant trouver de quoi vivre ? Rappelons que même les révolutionnaires de la Convention pensaient qu'il fallait distinguer les « sans aveu » et ceux qui méritaient d'être secourus, et que la bienfaisance ne devait pas inciter les pauvres à la fainéantise. En 1790, l'éthique du travail et le « dualisme » des bons et des mauvais pauvres étaient toujours là, comme aussi la peur des vagabonds. Et

---

21. La riblerie caractérise une violence de rue, battre le pavé, voler, piller : VILLON, *Test.* v. 1195 et 1978 ; COQUILLART, *Perruques*, v. 97 et 142 ; Panurge, dans RABELAIS, *Œuvres*, II, chap. 16, p. 280 ; « ribler » une jeune femme (GUÉRIN Poitou, t. XLI, p. 419, 1481).

22. COYECQUE, *L'Hôtel-Dieu*, t. I, p. 315, 1498 ; Paris, 1525, dans GEREMEK, *Truands*, p. 157.

c'est le manque d'argent qui devait finalement faire échouer, dans les années suivantes, la reprise en main de l'assistance par l'État, devenu le responsable de la lutte contre la misère, à la suite de l'effacement de l'Église[23].

23. Alan Forrest, *La Révolution française et les pauvres*, Paris, Perrin, 1986 (Oxford, 1981), p. 57-62 et 116-123.

Chapitre II

STRATÉGIES DE SURVIE ET RÊVES DES PAUVRES

Telle était la hantise de la misère, qu'on s'attendait à la rencontrer au détour d'un chemin, sous la forme d'une chienne efflanquée, hérissée, les babines retroussées sur des dents jaunes : la Chienne du monde [...] prenez garde à la Chienne du monde, qui vous saute dessus et n'aboie jamais. Quand la Chienne du monde avait jeté son dévolu sur quelqu'un [...] elle le suivit aussi étroitement que son ombre. Il arrivait que sa victime ne la vît pas. C'étaient les autres qui la voyaient, et ils savaient, dès lors, que l'homme était marqué. Quand il était arrivé à l'extrême bout de sa pauvreté [...] l'animal lui sautait sur l'échine et c'en était fait du misérable. [...] Quand vous entendez crier au secours et qu'il n'y a personne autour de vous, c'est votre propre malheur qui hurle à l'intérieur. Ou bien c'est la Chienne du monde qui vient de sauter sur quelqu'un que vous connaissez. Quand cela m'arrivait, j'empoignais ma bêche et je défonçais la terre, comme si je voulais tuer quelqu'un[1].

La personnification de la pauvreté est ancienne : François d'Assise priait notre Dame la Pauvreté. Nos textes parlent de « dame Mincerie », « sainte Souffrète » et de la Pauvreté mère de Besoin, Nécessité,

---

1. HÉLIAS, *Le Cheval d'orgueil*, p. 29-30.

Souffrète et Disette[2]. Rabelais cite l'expression « monter dessus comme herbault sur pauvres gens[3] » ; herbaut signifie dans le dialecte de l'Anjou un certain chien, et de façon plus générale, le mendiant et la misère. Le dictionnaire de Godefroy cite l'édition de 1528 de *Perceforest* : « Si allons querre la chétiveté [quérir la pauvreté], que Herbau, le dieu de misère et de pauvreté, ne nous faille ». Gunnar Tilander a retouvé le mot dans le *Roman de Renart*, qui associe le pauvre et la famine[4]. Les noms du chien ou de la chienne ont qualifié les pauvres ou les putains[5]. Nous comprenons mieux alors pourquoi Mallepaye et Baillevent, sachant qu'ils seront toujours pauvres, disent : « Cette fausse lisse Pauvreté nous tient en sa lisse », cette chienne fourbe nous tient en son pouvoir[6]. Il est donc très vraisemblable de penser que la Chienne du monde, dont on parlait au début du XXe siècle en pays bigouden, est en réalité une très ancienne image de la misère.

Comment cette misère et cette pauvreté étaient-elles vécues au Moyen Âge ? Après en avoir tracé un bref portrait proche du réel, nous aborderons ce qu'en fait la littérature à destination populaire, avec l'apologie de la ruse, les rêves des pauvres, tant en ce qui concerne leur ventre vide que leur fascination pour la guerre, et enfin le thème du gueux sans souci et de la pauvreté joyeuse. Est mis en scène un monde à l'envers, que le discours social se devra finalement de remettre à l'endroit.

Une économie d'expédients[7]

La langue elle-même emploie diverses formules exprimant la difficulté de vivre, la peine à gagner sa vie : « vivre au jour la journée » ;

---

2. Mincerie : COQUILLART, p. 154 ; Souffrete, ici voir p. 41 ; Pauvreté : Gringore, voir p. 85.

3. RABELAIS, IV, chap. 52, p. 721.

4. GODEFROY ; TOBLER, t. IV, p. 1056 et 1072 ; TILANDER, *herbout*, p. 92.

5. Mâtin, veltre (viaultre), gaignon ou lice ; GODEFROY (lice, gaignon) ; NICOT (lice) ; SAINÉAN, « Les noms romans du chien », p. 210 *sq.* ; *Myst. st Laurent* (1460), v. 2101 (matinaille), v. 7639 et 7742 (lice) ; « comme un chien », voir p. 98 ; « Pauvreté m'a en ses abois », ici voir p. 48.

6. FOURNIER, p. 120 ; voir p. 74.

7. *Economy of makeshifts*, voir HUFTON, *The Poor in the Eigthteenth Century France*, p. 69-106.

« tracasser », c'est-à-dire aller çà et là, et donc vivre d'expédients ; « se tuer d'ouvrer, de labourer », de travailler[8], ou simplement « se tuer[9] ». Le pauvre savetier de Vigneulles, disait : « je me tue d'ouvrer, et si [ainsi] ne puis à grand peine venir de pain à autre[10] ».

– Gagner notre pauvre vie […] Pauvres gens ont assez de peine à gagner au jour la journée […]. Vous vivrez au jour la journée[11].
– Gagner sa pauvre vie cahin caha[12].
– Vivre du jour à la journée, gagner seulement pour vivre chaque jour[13].
– Quelque chose que tu tracasses, toujours est pauvre en tous lieux[14].
– Nous tracassons çà – là, loin – près, sans profit[15].
– Cet homme ne fait que tracasser tout le jour. Il tracasse sa vie, il fait ce qu'il peut pour vivre[16].
– Mes [pourvu] qu'il ait au jour la vie[17].
– Avoir sa pauvre vie[18].
– Pourquoi faut-il tant de tourment souffrir En ce monde pour avoir seulement La pauvre vie et à la fin mourir[19].

Avoir sa pauvre vie pourrait bien être une formule clé de l'habitus des classes pauvres, de leur manière de dire la misère. Beaucoup survivent difficilement aux limites de l'économie informelle : revendeurs, porteurs de tablettes, vendeurs de peignes, fripiers, jongleurs et bateleurs. Et pour les travailleurs ordinaires, l'existence est hachée par le retour des crises et du chômage. À Mons en 1403, les pauvres « taillés de labourer », capables de travailler, s'ils ne peuvent trouver

---

8. *Povre Jouhan*, v. 845, dans *Jeux et sapience*, p. 357 ; VIGNEULLES, *Nouv.* n° 91, p. 352.
9. DESCHAMPS, t. VII, n° 1400, p. 329 ; *Folle Bobance* (ca 1500), dans KOOPMANS, *Sotties*, t. I, n° 3, v. 142.
10. VIGNEULLES, *Nouv.* n° 57, p. 238 ; FRANK, p. 73, v. 1136.
11. *Passion* Michel, v. 3925, 3958-3959 et 4043.
12. RABELAIS, IV, Prologue, 1552, p. 571.
13. OUDIN, 1640, p. 288 ; 1656, p. 223.
14. *Moyens*, p. 67.
15. *Mallepaye*, p. 121.
16. FURETIÈRE.
17. *Rose*, v. 4992.
18. Voir *infra*, p. 36 : 1447.
19. Farce de Jeninot, qui fit un roy de son chat (TISSIER, t. V, n° 25, v. 1-3 ; fin xvᵉ-début xviᵉ s.).

quelqu'un qui les mette « en œuvre », seront autorisés à mendier[20]. À Lille en 1541, après la réforme de l'assistance, les « pauvres honnêtes ménages », qui « ne se puissent entretenir et vivre de leur *gaignaiges* [gains] », sont soutenus par la Bourse des pauvres, qui sera appelée en 1556 le « siège des pauvres honnêtes ménages[21] ». La réalité du chômage a été reconnue de manière ancienne[22]. Les crises, les chertés, les pestes, comme l'âge ou les accidents du travail, entraînent le déclassement et la misère de cette pauvreté laborieuse. Les veuves et les femmes seules sont particulièrement vulnérables aux crises. Dans les recherches de feux dijonnaises, lors de l'hiver 1376-1377, elles forment une partie des pauvres dispensés fiscalement ou qui s'en sont allés on ne sait où :

– Perenote de Chaubaux, « elle était aveugle, quérant son pain, et s'en est allée ».
– Villemot li Guediet, « est demeurée sa femme chargée de deux enfants ».
– Jaquette de Fouvans, « elle est devenue folle, et ne sait l'en où elle *demoure*, mais l'en dit que les loups l'ont *mangiée* ».
– Regnaut de Marey, « il s'en est allé demeurer l'en ne sait où, et a laissé sa femme des environs Pasques ».
– Perrenote de Beaune, « elle est malade et a été portée en l'hospice Saint Fiacre ».
– Bonnote femme de feu Lorent Le Gucenier, « elle va ouvrant par la ville et si n'arrête à *hostel* [maison], et ne demeure plus en son lieu ».
– Perrenote de Gevrey, « elle va servant par la ville et ne tient aucun feu ».
– Jehanette de Marcenay, « pauvre, a un enfant vivant en langueur, auquel l'on envoie des aumônes ».
– Estevenote, « pauvre femme, elle s'en est allée et l'on ne sait où elle demeure et tenait une chambre et ne demeure personne en son lieu ».
– Perenote la pelletiere, son « mari l'a laissée chargée de deux enfants ».
– Guillaume de Belleneuve, « venu de nouvel, chargé de quatre enfants quérant leur pain et sa femme allant à l'aumône Saint Benigne et ailleurs »[23].

---

20. HEUPGEN, *Doc.*, p. 2-3.
21. Lille, p. 708 et 710 ; *Bourse* : caisse. Voir *supra*, p. 25.
22. *Rose*, v. 11437-11482, cité p. 24.
23. BECK, *Cherches de feux bourguignonnes*, p. 184-185. Et Patrice Beck et Pascal Chareille, « Sédentarité et mobilité à Dijon à la fin du XIVe siècle », dans *La Ville au Moyen Âge*, Noël Coulet et Olivier Guyotjeannin (dir.), Paris, CTHS, 1998, p. 403-412. Certains

II STRATÉGIES DE SURVIE ET RÊVES DES PAUVRES

En 1454, lors de la venue du duc de Bourgogne, une contribution est levée à Dijon ; subsiste un petit cahier avec les noms des personnes n'ayant pu payer, pour absence ou pour pauvreté. Citons-en quelques-unes :

> Pour ce qu'il s'en est allé en France... s'en est allé demeurer en Lorraine... s'en alla à Châtillon-sur-Seine... s'en est allé en basse terre... s'en est allée au Dauphiné.
> Pour ce qu'elle est pauvre et mendiant, querant ses aumônes.
> Pour ce qu'il est mort en l'hôpital saint Jacques par pauvreté.
> Pour ce qu'il sert pour gagner sa pauvre vie et ne tient feu ne lieu.
> Pour ce qu'il est pauvre homme mendiant et est logé en l'hôtel Pierre Damy pour amour de Dieu.
> Pour ce que nous avons été informé par les voisins qu'il [y] a plus d'un an qu'il ne tient feu ne lieu, mais par son mauvais gouvernement a *despendu* toute la *chevance* [moyens de vivre] de lui et de sa femme et après s'en est allé hors du pays.
> Pour ce que sa femme a été rendue à la maladrerie [léproserie] de Dijon, et il est si pauvre, qu'il advient que l'on nourrisse pour amour de Dieu un petit enfant pupille qu'il a[24].

Deux éléments, en général peu visibles dans nos sources, apparaissent ici : la pratique de l'aumône informelle d'une part, et la mobilité des servantes, sans feu ni lieu, et plus généralement l'extrême mobilité des pauvres d'autre part. L'aumône, nous l'entrevoyons, se fait de porte en porte ou dans l'offre d'un logement. Nous sommes dans une société d'entraide, dans le cadre du voisinage. Mais cette entraide réciproque reste souvent sous la barre de l'écrit avant le XVIIIe siècle, comme le constate Martin Dinges, dans ses travaux sur l'assistance à Bordeaux. Laurence Fontaine a décrit cette solidarité, qui, pour prévenir la misère, mobilise les réseaux sociaux, la famille, le métier, le petit crédit ou le choix du parrain[25]. Il ne faut pas oublier non plus que nous

---

ont pu fuir devant l'impôt. Les familles sont originaires de Fouvent (Haute-Saône) Gevrey, Beaune et Marcenay (Côte-d'Or).

24. *Invent. arch. comm. de Dijo*n, Louis de Gouvenain, Philippe Vallée, 1892, t. III, série I, 6, 4 juillet 1455.

25. Martin Dinges, « Frühneuzeitliche Armenfürsorge als Sozialdisziplinierung ? Problem mit einem Konzept », *Geschichte und Gesellschaft*, XVII-1, 1991, p. 5-29, spéc. p. 16-26 ;

sommes dans une société où l'hospitalité reste sacrée : à Montaillou au début du XIVe siècle, la famille peut manger le soir en compagnie d'un pauvre homme, auquel la maîtresse de maison aura accordé l'hospitalité « pour l'amour de Dieu[26] ».

La mobilité des pauvres consiste parfois pour le mari à abandonner sa famille temporairement ou définitivement, comme on le voit à Dijon. Ce peut être par mauvais gouvernement, ivrognerie, ou bien pour suivre les gens d'armes, comme Pingreau, ou encore parce qu'ils ne peuvent plus faire vivre leur famille, comme à Lille en 1541 : des pauvres « se partent d'icelle ville, abandonnant leurs femmes et enfants et les laissent avoir grand pauvreté et misère, dont la bourse des pauvres de cette dite ville est fort chargée[27] ». Cette extrême mobilité des pauvres semble concerner tant les hommes que les femmes. Elle apparaît aussi pleinement dans les parcours de vie, tels qu'on peut les suivre dans les archives ; ainsi, au XVe siècle, Guillemin le Clerc quitte Paris à l'âge de 12 ans « avec autres enfants et compagnons pour voir pays » et va à Orléans, Avignon et Genève dans les années qui suivent ; on dirait aujourd'hui des migrants mineurs non accompagnés. Nous croiserons nous-mêmes parmi les « vagabonds » au XIVe siècle des artisans à la recherche d'un emploi, des serfs en fuite, des colporteurs[28]. Et n'oublions pas les pèlerins, les marchands, les « pauvres passants » hébergés temporairement dans les hôpitaux, les valets des gens de guerre, et la domesticité elle-même très mobile. Les gens de guerre et leurs valets sont présents dans les archives criminelles et croisent souvent les vagabonds, dont ils constituent une source de recrutement. Les domestiques, les valets de tous métiers à la recherche d'un maître, tels que les monologues du théâtre les mettent en scène,

---

Laurence Fontaine, « Assistance et solidarité en Europe, XIIIe-XVIIIe siècle », dans *Assistenza e solidarietà*, p. 3-13 ; voir aussi Beatrice Zucca Micheletto, « Family Solidarity *vs* Institutional Relief ? Interaction and Complementarity Between Different Survival Strategies in 18th Century Turin », et Matthieu Scherman, « Les formes de l'assistance à Trévise au XVe siècle », dans *Assistenza e solidarietà*, p. 521-531, et p. 509-519.

26. LE ROY LADURIE, *Montaillou*, p. 567.

27. Pingreau, voir p. 153 ; Lille, 1541, p. 707.

28. GEREMEK, *Marginaux*, p. 287-293 (Guillemin, p. 292) ; sur la mobilité, voir aussi McINTOSH, p. 41 ; FARMER, p. 74 *sq.* ; sur les vagabons au XIVe siècle, voir *infra*, p. 126.

Aliboron, Watelet ou Hambrelin[29], se vantent de savoir tout faire, mais ne se fixent pas, ne font rien et finalement n'ont de quoi « fourbir leurs dents » ; ce ne sont que des fanfarons. La moralité de ces monologues, c'est que l'on doit se limiter à un métier, à son métier. Il a existé incontestablement à la fin du Moyen Âge, une mobilité dans la recherche d'un emploi, dont témoigne la littérature moralisatrice. Ainsi *Le Droit chemin de l'hôpital* insiste sur les « gens qui se mêlent de trop de métiers » ou « laissent un bon métier pour un mauvais », et sur ceux qui suivent les guerres, « gens qui laissent leur bon métier, pour être *lacaix* et faire les gens d'armes » ; tous finiront à l'hôpital. Continuons la lecture de ce petit livret de morale : « Gens vagabonds et *Rogiers Bontemps*, qui ne pensent à tomber en inconvénients et nécessités, qui leur peuvent venir », finiront mendiants et à l'hôpital[30]. C'est aussi le cas des gorriers de la *Folie des gorriers*, qui ont trop fait la fête et désormais sont en loques et « pauvrement pourvus de deniers, C'est l'épargne des couturiers, Leur refuge est aux taverniers Et à l'hôpital leur retraite[31] ». Ce sont là deux lieux clés de la vie des pauvres, la taverne et l'hôpital ; la « taverne du diable[32] », où le terme de *tavernier* signifie à la fois celui qui tient la taverne et celui qui la fréquente continument et en fait son repaire. Quant à l'hôpital, il accueille les pauvres en fin de vie et les mendiants. Cotgrave traduit *to beggar* par « mettre à la besace, envoyer à l'hôpital ». Un chaussetier est injurié à Poitiers en 1476, « paillard, coquin, truand, ruffian [...] tu ne vaux rien, tu mourras à l'hôtel Dieu », comme un mendiant[33].

Mais l'hôpital ne fait pas que soigner les pauvres malades et héberger des retraités, qui se sont « donnés » à l'institution, il abrite aussi de pauvres servantes. Ainsi à l'hôtel-Dieu de Villeneuve-la-Garenne, Jeanneton jeune fille de 16 ans, orpheline, nourrie à l'hôtel-Dieu

---

29. AUBAILLY, p. 109 et 123-130 : MONTAIGLON, *Rec.*, t. I, n° 4, p. 33 *sq.* ; *idem*, t. XIII, p. 154 *sq.* ; PICOT-NYROP, n° 9, p. 180 (1537).

30. BALSAC (ca 1500), Allut, 1859, p. 121, 123, 126 ; Tamizey, 1886, p. 297, 299, 300. Sur Roger Bontemps, fêtard incorrigible, voir ROCH, « Le roi, le peuple et l'âge d'or », p. 204. « Laquais » : terme gascon, apparu vers 1470, mercenaire, valet de guerre.

31. *Folie des gorriers* (ca 1465), dans PICOT, *Rec.*, t. I, p. 164-165, v. 414-417. « Gorrier », qui veut être à la mode : sur les jeunes et la belle vie, la folle Bobance, voir KOOPMANS, *Les Démunis*, p. 137.

32. « La droite escole du diable », selon le traité cité par Geremek, voir p. 41.

33. GUÉRIN Poitou, *Archives*, t. 41 (1919), *Rec.* t. 12, p. 89 : JJ 201, n° 85, f°67 v°.

depuis l'âge d'un an, refusait d'aider, d'obéir, de faire quoi que ce soit pour l'institution, et disait à la responsable, qui la traitait pourtant « doucement », qu'elle ne ferait rien pour elle. La responsable, « faible et débilitée », s'était louée dès 14 ans, pour servir à l'hôtel-Dieu, et « pour avoir sa pauvre vie ». En colère, elle frappe Jeanneton, qui en meurt. Combien de vies de misère se croisent-elles et finissent-elles à l'hôpital[34] ?

La vie des pauvres, c'est aussi l'absence d'un lieu pour la nuit, comme ces petits artisans de Paris « demeurant partout », les sans-domicile fixe du Moyen Âge[35], ou en 1537, ce compagnon chausse-tier vagabond, natif de Neuchâtel en Normandie, « demeurant partout, comme il dit, et qu'il loge où la nuit le prend[36] ». Dans les villages, l'entraide passe par la paroisse et son curé, comme le montre le cas des Pays Bas et de l'Angleterre[37], ou cette histoire, tirée des archives judiciaires rurales : en 1460, un homosexuel, déshonnêtement vêtu de mauvaises pelisses, « feignant être femme misérable et mendiant », se plaignait souvent aux curés des paroissiens de la châtellenie, « disant qu'il était une pauvre femme misérable et mendiante, et que les gens du pays refusaient de lui donner l'aumône et de le loger de nuit[38] ». Ce sont d'abord les femmes qui mendient dans leur village ; et le curé du village est bien le responsable de la charité de ses paroissiens. Mais quittons les archives et revenons à la littérature et au théâtre.

34. DOUET, 205A, n° 169, Hôpitaux (AN, JJ 179, n° 34, 1447) ; Villeneuve (Hauts-de-Seine).
35. GEREMEK, *Marginaux*, p. 311, 331, 332 : et Julie Claustre, *Dans les geôles du roi. L'emprisonnement pour dette à Paris à la fin du Moyen Âge*, Paris, Publ. de la Sorbonne, 2007, p. 208.
36. Michèle Bimbenet-Privat, *Écrous de la justice de Saint-Germain-des-Prés au XVIᵉ siècle*, Archives nationales éd., 1996, p. 15-16 : Z²3 393, 27 mai 1537.
37. Arie van Steensel, « Variations in Urban Social Assistance. Some Examples from Late Medieval England and the Low Countries », dans *Assistenza e solidarietà*, p. 135-150 ; McINTOSH, *Poor Relief*, chap. 4 ; Isabelle Bore, « Le pauvre et le mendiant dans l'Utopie de Thomas More », dans *Pauvres et pauvreté en Europe*, p. 47-48 : la loi de 1601 confirme aux paroisses la responsabilité de l'aide aux pauvres, qui existe dès les années 1570.
38. DOUET, 204B, n° 83, Débauche, JJ 189, n° 410, 1460.

L'omniprésence de la faim et de la ruse

Le théâtre met en scène, dans des mystères, des dialogues et des farces, toute une série de pauvres « dépourvus », de mendiants, de galants sans le sou ; « une véritable obsession », comme l'a analysée Jelle Koopmans : dans le théâtre comique, Mallepaye et Baillevent, Gautier et Martin, le capitaine Mal en point, les Maraux enchesnez, les deux coquins du Pâté et de la tarte, les deux mendiants de la Tripière, Tot jor Dehet et Sin Porsin ; puis Légier d'argent, les trois Coquins, les pauvres « dépourvus » de la Folie des gorriers, Mince de Quaire et Pou d'acquest[39]. Ces mendiants au ventre vide s'appellent aussi Claquedent, et sont victimes de la faim et de Faute d'argent[40]. Ces textes nous livrent ainsi une description détaillée de la misère et des vantardises qui parfois l'accompagnent. La faim quotidienne, cette expérience centrale de la vie des pauvres, est omniprésente dans ce théâtre. Elle est décrite de manière très physique, elle aplatit les ventres, fait claquer les dents : c'est la métaphore avoir « froid aux dents[41] ». Le « froid » c'est n'avoir rien à se mettre sous la dent. Le ventre est « aussi plat qu'une punaise[42] ».

– Froid aux dents et le ventre plat[43].
– Panse plate et les dents aiguës Sans manger [...] les dents tremblent[44].

39. KOOPMANS, *Les Démunis*. Pour les sept premières œuvres citées, voir la bibliographie. *Légier d'argent*, dans *Rec. Florence*, n° 25 ; les *Trois coquins* dans *Rec. Florence*, n° 53 ; la *Folie des gorriers*, dans PICOT, *Rec.*, t. I, n° 5. Pou d'acquest apparaît à plusieurs reprises (FOURNIER, *Théâtre*, p. 61-67, mi-XVe s. ; un des coquins du *Rec. Florence*, n° 53 ; *Aveugle, valet, tripière*, dans MABILLE, t. I, p. 111, v. 122). De même Mince de Caire (de quérir ; *Rec. Florence*, n° 22 ; COQUILLART, *Droitz*, v. 1578 et 1994, p. 209 et p. 228).

40. Clacquedent : *Passion de Valenciennes* (début XVIe s.), dans KRAEMER, p. 188 ; RABELAIS, I, chap. 25, p. 119 ; et IV, chap. 40, p. 692 ; Faute d'argent, voir p. 76 sq.

41. *Sottie du Monde* (1524), KOOPMANS, *Sotties*, t. I, n° 9, v. 92 ; *Sottie du roi des sots*, KOOPMANS, *Sotties*, t. I, n° 1, v. 132 ; MICHAULT, p. 61, XXII, 208 (1466) ; *Deux savetiers*, TISSIER, *Rec.*, t. XII, n° 61, v. 43.

42. *Rec. de Florence*, n° 53, v. 613 ; *Myst. Viel Test.*, t. VI, v. 45966 ; LEWICKA, t. II, p. 91-92.

43. Bataille, v. 537, (1485), dans *Deux jeux de Carnaval*, p. 34.

44. *Mal en point*, v. 779-780 et 782.

– Qu'as-tu ? Si froid que tremble. Et si n'ai tissu ne filé. Par ma foi, je suis bien pelé [...]. Car je suis de faim tout velu, Et si n'ai forme de monnaie[45].

– Tu es pelu come un singe, Tant es déchu en pauvreté[46].

Le visage de l'affamé est « tout teint [pâle, noir] et velu de famine ». La faim rend les joues velues, on est « velu de faim ». Cette formule étrange semble correspondre à l'alopécie de la dénutrition, la pelade, et signifier « à petits poils courts »[47]. Par ailleurs, lors des famines, les cris de faim ne cessent de retentir dans les chroniques ou la littérature, et ce sont bien ceux des animaux. Crier et braire de faim[48]. Crier à la rage de la faim[49]. « Je brame par Dieu de male rage de faim[50]. » Être « *allouvi* », affamé comme un loup[51]. L'homme est réduit à l'animalité, comme nous l'avons vu avec le chien. Nous retrouvons là l'expérience centrale de la vie des pauvres, le retour régulier des crises frumentaires, des chertés, des famines, dont témoigne, dans le théâtre, la figure de Bon Temps, dont le pauvre peuple espère toujours le retour[52].

Le manque d'argent et la faim poussent à la quête fébrile. « O nécessité que tu as de mains[53]. » Et la ruse va naître de la faim. Dans les farces de la Tripière et du Pâté et de la tarte[54], les mendiants éconduits, pour se venger, tentent de dérober de quoi manger. De Till Eulenspiegel, ce frère de Panurge et du « picaro », Joël Lefebvre

---

45. *Paté Tarte*, v. 7-9 et 11-12.

46. *Moralité de Charité*, avant 1550, dans MONTAIGLON, *Théâtre*, t. III, p. 384.

47. *Velu de famine* (Froissart dans LITTRÉ) ; TILANDER traduit velu par « abattu », p. 155 ; *Le chevalier au Barisel* (début XIIIe s), Felix Lecoy éd., Paris, CFMA, 1955, v. 673 ; ROYE (1465), t. I, p. 123 : « Tant affamez, les joes velues » ; VILLON, *Lais*, v. 238.

48. *Rose*, v. 11247 ; *Myst. st Laurent*, v. 3023 ; MOLINET, t. I, p. 145 (1481).

49. GERSON, t. VII[2], p. 1170 (1405) ; Lyon, 1539, p. 8.

50. RABELAIS. III, chap. 15, p. 424 ; le Languedoc dit *bramar*, bramer, crier famine (*FEW*, t. XV, Brammon).

51. *Myst. Viel Test.*, t. III, v. 19484 ; L. Mellerio, *Lexique de Ronsard*, Paris, E. Plon, 1895 ; ESTIENNE, R, 1549 ; NICOT ; FURETIÈRE ; « un loup famis » affamé (*Paté tarte*, v. 219).

52. ROCH, « Le roi, le peuple et l'âge d'or, la figure de Bon temps ».

53. DU FAIL, t. II, p. 92 (1585).

54. *Tripière* (1er tiers XVIe s.) ; *Paté Tarte* (ca 1470-avt 1533).

dit « il y a chez lui comme une quête perpétuelle de la chance, du hasard heureux, qui améliorera sa situation [...] lui évitera la soif et la faim[55] ». Le mendiant cherche à « attraper » quelque argent[56]. Comme disent les proverbes, « il n'a rien qui ne s'aventure[57] » et « de tout s'avise à qui pain faut [manque][58] ». Cette vie d'expédients, cette quête de la bonne occasion basculent facilement dans la tromperie, l'escroquerie et le vol ; c'est jouer un « tour », en argot « floc[59] » ou « joncherie[60] ». La ruse consiste à ne pas payer le tavernier, à manger gratis, à vivre « d'escorniflerie » et de repues franches, à ne pas rembourser ses dettes, enfin à confondre le bien d'autrui avec le sien propre.

Les maîtres en tromperie sont Pathelin et Villon, dont les noms vont passer en verbe, patheliner, villonner. « Nous payerons aussi loyalement Que Pathelin fit le drapier[61]. » Dans le *Monologue des perrucques*, « pathelin » est associé à « jobelin », l'argot qui sert à tromper, et signifie boniment pour obtenir un « *cedo bonis*[62] ». Chez Des Periers, les tours villoniques visent à mettre « le bien d'autrui avec le sien[63] ». Toutes les ruses sont bonnes pour ne pas payer à la taverne[64]. Les galants sans argent ni gage porteront des lettres « d'escorniflage » à la taverne[65]. Dans le paradis du Badin, « on serait franc dans les tavernes[66] ». Partir sans payer se

---

55. LEFEBVRE, *Les fols et la folie*, p. 291.

56. *Mal en point*, v. 788 ; *Myst. st Laurent*, v. 2970, « atraperons pecune » ; DU FAIL, Tailleboudin (1547), dans *Conteurs français*, p. 634.

57. *Myst. Viel Test.*, t. VI, v. 45802 ; PICOT, *Rec.*, t. III, p. 105, v. 1 (ca 1540) ; REGNIER, *Fortunes* (1432-1433), v. 92 ; RABELAIS, I, chap. 33, p. 145 ; WHITING, Appendix : Proverbs from French Plays, n° 16, p. 373.

58. FRANK, p. 70, v. 1040 (dernier quart xvᵉ s.) ; voir aussi MORAWSKI, n° 517.

59. Trouver *tour*, pour avoir à manger (*Pâté Tarte*, v. 72) ; *floc* (VILLON, *Jargon*, n° 10, v. 28).

60. VILLON, *Jargon*, n° 5, v. 1 ; *Myst. Viel Test.*, t. III, v. 17665 et t. VI, v. 46525 et 48167.

61. *Gautier Martin*, v. 146-147.

62. COQUILLART, *Perruques* (1470-1480), p. 337, v. 367 ; *joncher*, *patheliner*, id. *Droitz* (1480), p. 169, v. 812. *Cedo bonis* je renonce à ces biens.

63. DES PERIERS, n° 23, p. 423 et n° 104, p. 559.

64. *Mir. N.-Dame*, t. VII, n° 40, v. 2024-2035 ; *Farce du chauldronier, du savetier et du tavernier* (fin xvᵉ s.), dans TISSIER, *Rec.*, t. II, n° 10 ; DU FAIL, t. II, p. 92.

65. MONTAIGLON, *Rec.*, t. V, p. 152. *Écornifleur* : pique-assiette.

66. *Trois galans*, PICOT, *Rec.*, t. III, n° 31, v. 305 (fin xvᵉ s.).

dit « planter un rosier chez l'hôte[67] ». Les escornifleurs[68] cherchent à manger gratis, ce qu'ils appellent des repues franches. Et ces repues franches ont même leur mode d'emploi, leur recueil attribué à Villon, où apparaissent deux autres expressions : « avoir du vin par ambagoys », par langage détourné ; et « vivre d'avantage »[69]. Les galants sans argent de la Folie des gorriers, eux, se proposent de bluffer, de passer pour riche, afin d'obtenir du crédit : Folie leur conseillera de bailler « bourdes en payement […] promettre assez et du tout rien tenir […] Ne payer rien et l'autrui retenir[70] ». Voilà tout un programme.

Dans cette société, où la dette semble à la base de tout échange, le pauvre a du mal à emprunter, et il a encore plus de mal à rendre. « Bien emprunté et mal rendu[71]. » « Or et argent volontiers empruntait, De le rendre ennuyé se sentait. À ses *detteurs* disait des paraboles, Et les payait doucement en paroles[72]. » On attendra la mort du prêteur ou la fin du monde pour s'acquitter. Comme le disent *Gautier et Martin*, « ceux à qui nous devons mourront, Ou nous, et puis nous serons quittes – Nous les payons en pommes cuites, Nos detteurs, ou en patenôtres[73] ». Et Collerye : « jusques à ce que l'Antéchrist soit né, nous ne paierons nos dettes […] Qui nous prête, il nous donne[74] ». La chanson des galants compagnons du raisin ne dit pas autre chose : « Si notre hôtesse nous faisait ajourner, Nous lui dirons qu'il faut laisser passer Quasimodo, Et ho ! A nôtre hôtesse ne paierons point d'argent Fors

---

67. *Gautier et Martin*, v. 222-223 ; COQUILLART, *Perruque*s (1480-1490), p. 322, v. 105 ; COLLERYE, p. 56 et p. 276 (Cri pour l'abbé, ca 1520) ; KOOPMANS, *Sotties*, t. I, n° 3, *Folle Bobance*, v. 422 ; *Moralité de la Croix Faubin* (*Rec. Moralités*, t. II, n° 3 ; et *Romania.*, t. 91, n° 362, 1970, p. 182, v. 309 ; mi-xvᵉ s.) : « un tas de planteurs de rosiers, Qui veulent vivre sans souci », et qui sont bien proches des pillards.

68. La lettre d'escorniflerie, fin xvᵉ s., dans *Deux jeux*, p. 101-103 ; *Myst. st Martin*, v. 659 ; LITTRÉ (Amyot).

69. *Repues franches* : *ambagoys*, ruse (v. 422) ; voir l'expression sans ambages, sans détour ; *vivre d'avantage* (v. 249, 808, 814, 863), aux dépens d'autrui.

70. PICOT, *Rec.*, t. I, n° 5, v. 337, 358-360, 393-404 ; « Bourdes en payement », *Farce du povre Jouhan* (TISSIER, *Rec.* t. X, n° 52, v. 306) ; la *bourde* est une plaisanterie, une parole trompeuse.

71. *Mallepaye*, p. 117b.

72. COLLERYE, Épitaphe de Bacchus chanoine d'Auxerre, p. 285.

73. *Gautier Martin*, v. 341-344.

74. COLLERYE, p. 84 (1502).

II STRATÉGIES DE SURVIE ET RÊVES DES PAUVRES

un credo[75]. » Une telle attitude devant l'endettement participe de l'ironie des pauvres sur eux-mêmes ; elle laisse cependant perplexe l'historien, qui connaît la honte et les malheurs des pauvres qui ne peuvent rembourser et que menace l'excommunication ou la prison pour dette[76]. On ne peut s'empêcher de penser que nos gueux sans souci dansent devant l'orage, pour exorciser leur peur, et préfèrent en rire. Ou bien que l'individu endetté ordinaire prend le masque du mendiant, car de quoi paierait-il, celui qui n'a rien. Comme dit le proverbe, « L'en ne peut rien prendre où rien n'a[77] ».

Les « affronteurs » sont des imposteurs, qui trompent impudemment. On les trouve au royaume de saint Panigon. Et Rabelais qualifie les emprunteurs escrocs d'affronteurs[78]. Nous ne sommes pas loin du vol. Comme il est conseillé dans *Mallepaye et Baillevent*, que faut-il faire « pour amasser biens et honneur ? [...] prendre par tout, – De rendre : quoi ? – On s'en absout pour cinq sous À ces pardonneurs[79] ». Geremek cite un traité de morale de la fin du Moyen Âge, qui condamne comme insensés ceux qui disent « que Dieu ainsi n'a fait les biens, que pour prendre le plaisir des compagnons [...]. Qu'ils en feront tout à la volonté de leur sensualité [...]. Dieu n'a point distingué les biens ni ordonné ce que chacun en doit avoir, mais qui en peut prendre, si [ainsi] en prenne[80] ». La lettre d'escorniflerie est, elle, promulguée au « Chapitre général tenu en l'abbaye de sainte Souffrète, le jour de saint si-tu-as-si-prens[81] ». Et dans *Le gentilhomme et son page*, le page rétablit la dure vérité : je ne vous vis jamais qu'avec « Monsieur Du

75. PICOT, *Rec.*, t. I, n° 6, *Deux gallans et Santé*, p. 193 ; *credo*, promettre de réparer.
76. Julie Claustre, « La honte de l'endetté, Paris XVe siècle » et Daniel Lord Smail, « Debt, Humiliation and Stress in Fourteenth Century Lucca and Marseille », dans *Shame Punishment and Penance. The Social Images of Shame in the Middle Ages and Early Modern Times*, Bénédicte Sère et Jörg Wettlaufer (dir.), Firenze, Sismel-Galluzo, 2013, p. 229-245 et 247-262.
77. MORAWSKI, n° 1522.
78. *Panigon*, v. 171 ; RABELAIS, III, chap. 5, p. 390 ; selon FURETIÈRE, *Affronter*, c'est faire des « emprunts que l'on n'a pas dessein d'acquitter ».
79. *Mallepaye*, p. 122b ; *Pardonneurs*, Religieux ; Voir le « congé d'embler », de dérober, dans le testament de Tastevin, 1488, MONTAIGLON, *Rec.*, t. III, p. 80.
80. BnF, ms fr. 1148 (XVIe s.), GEREMEK, *Marginaux*, p. 343-344. Voir MORAWSKI, n° 1916 : « Qui en puet avoir si en preigne ».
81. La lettre d'escorniflerie, dans *Deux jeux de carnaval*, p. 103 ; abbaye de dérision et acquisition frauduleuse font bon ménage.

crocq, Hapegibet, Qui ont tant usé de *debet* [dettes] et trouvé choses non perdues, Ils ont été tout trois pendus[82] ».

La tromperie est érigée en style de vie, mais avons-nous vraiment à faire à une apologie de la fraude[83] ? Ou bien ces mille et une façons de survivre sont-elles seulement là pour nous donner l'occasion d'en rire ? Et sans doute mettre en scène ce que chacun aimerait faire ? Comme dans les fabliaux, la ruse fait rire, car elle permet de survivre malgré toutes les difficultés de la vie, c'est une des forces qui mènent le monde. Et d'une certaine manière, le fripon des récits, le *trickster*, le décepteur qui berne ses semblables, fait le travail pour les autres[84]. Autrement dit, le catalogue des ruses est aussi un catalogue des rêves. Mais comment comprendre le rôle que l'on fait jouer au pauvre ou au mendiant dans les dialogues, les farces et les sotties ? Tentons une première réponse : cette littérature recourt souvent à la parodie, qui enchâsse du neuf, du joyeux, dans un genre textuel préexistant : les sermons joyeux, les pronostications bouffonnes, les mandements ou les testaments burlesques. Mais plus largement, l'inversion festive, carnavalesque, entraîne une tentation parodique, qui traverse une part importante de cette littérature : non pas l'inversion d'une structure textuelle donnée, mais la composante logique du Monde à l'envers, comme le propose Jelle Koopmans[85]. Relisons Paul Zumthor, au sujet de la Folie du monde, la folie des états sociaux, et leur mise en scène comme parodie :

> La parodie, qui fut l'une des constances de la pratique poétique médiévale
> [...] ne porte sens que par rapport à l'univers social, constitué de telle manière
> que l'inégalité en est la loi reconnue et que l'oppression y procède d'une
> source personnalisée. Dans notre univers du XXe siècle [...] cette socialisa-
> tion immédiate de l'écriture ironique ne va pas de soi. Autour de 1500, elle
> détermine et sémantise toute manifestation textuelle parodique[86].

---

82. TISSIER, t. X, n° 14, p. 201-202 : le croc, le vol et le gibet, v. 14, 23-26.
83. CAMPORESI, p. 145 ; ce que les Anglo-Saxons appellent *the art of cony-catching* (DAVIS, p. 50), l'art d'escroquer.
84. MÉNARD, *Les Fabliaux contes à rire*, p. 195.
85. KOOPMANS, « La parodie en situation », p. 87-98.
86. ZUMTHOR, *Le Masque et la lumière*, p. 135.

Plus stable est la tradition admise comme une Nature, plus efficace est l'effet parodique. La parodie débouche alors d'emblée dans l'univers social. Et elle doit être décodée et lue à l'envers, comme le monde carnavalesque. Mais à l'envers de quoi, si ce n'est de la morale ordinaire ? Les « intermédiaires culturels » se doivent alors de remettre le monde à l'endroit ; et c'est ce monde qui transparaît dans les textes de moralité qui sont aussi des Revues des états sociaux, comme *Le droit chemin de l'hôpital* de Robert de Balsac (1502), *Le Catholicon des Maladvisez, autrement dit le cymetierre des malheureux* de Laurent Desmoulins (1513), *Les Regrets et peines des Maladvisez*, autrement dit *Les Moyens d'éviter mélancolie* de Jacques d'Adonville (ca 1530) ou le petit traité de morale cité plus haut[87].

À côté du théâtre et des poésies populaires, ont subsisté aussi quelques textes facétieux, des parodies, comme *La Lettre d'escorniflerie* ou *La Grande confrairie des saouls d'ouvrer et enragés de rien faire, avec les statuts d'icelle*, qui sont des mandements, enregistrant très officiellement la création de ces abbayes de dérision[88]. En Italie, la *Famosissima compagnia della lesina* pratique l'autodérision, en conseillant l'avarice aux pauvres pour survivre[89]. D'autres textes subsistent, du même genre, la *Chanson sur l'ordre de belistrerie* de Molinet[90] ou le *Royaume de Sainct Panigon*[91]. S'agit-il vraiment de faire l'éloge de l'escroquerie ou de la paresse ? Ces textes nous éclairent sur leur vraie nature. Dans la *Grande confrairie des Saouls d'ouvrer*, l'Amiral de fainéantise gouverne « tous ceux et celles qui aiment besogne faite » ; et en cette divine abbaye de « Château tout y faut », où tout manque, on commande qu'ils laissent leurs terres en friche et à la fin « ne rien avoir en tout temps, sinon toute leur vie pauvreté et misère ». Dans *Le Royaume de Sainct Panigon*, le pays des gros mangeurs (*panicone*), des paresseux, des saouls d'ouvrer et des « Rogers bon temps », il est rappelé que cette vie est à bannir,

---

87. BALSAC ; Desmoulins, édition 1534, de la bibliothèque municipale de Lyon ; *Moyens* (d'Adonville. Voir p. 71-72 ;) ; le petit traité de morale, voir p. 41.

88. Lettre, dans *Deux jeux de Carnaval* ; *Confrairie des Saouls d'ouvrer* (1537), p. 105-108. *Soûl*, « fatigué » de travailler.

89. CAMPORESI (1583) ; voir p. 73.

90. DUPIRE, p. 133-134 ; voir ici p. 138.

91. *Panigon*, dans *François Rabelais*, 1953, p. 210-225.

sinon vous aurez « la faim aux dents ». Nous sommes bien, dans ces textes pour rire, devant une leçon de morale, une pédagogie, au moment où la paresse est en train de devenir pour les élites la mère de tous les vices. D'une manière plus générale, en ce qui concerne la vie des pauvres, dans la parodie ce n'est pourtant jamais que l'excès, la caricature, qui sont moqués, et nos textes laissent bien apparaître toute une part du réel, toute une part de la misère vraie et de ses stratégies de survie. Il nous faudra revenir sur la question du rire. En tout cas, cette littérature à destination populaire a bien aussi une autre face que l'on pourrait appeler didactique et morale.

Les pauvres ont pourtant aussi leurs rêves. Et ces rêves naissent de la faim. Comme le dit Panurge, « si bien et largement je ne soupe, je ne dors rien qui vaille, la nuit ne fais que *ravasser*, et autant songe creux que pour lors était mon ventre[92] ». Face à la menace de la famine, le Carnaval met alors en scène un rêve d'abondance, le paradis des goinfres et des *Goulfarins*[93]. Les rêves vont permettre de s'évader de la misère.

La misère qui fabule

Les rêves chimériques sont une revanche sur la pauvreté. Ceux qui aujourd'hui ont fréquenté la misère noire, ont croisé de tels délires. Jean-Luc Porquet a vécu quatre mois la vie des pauvres « raides », la misère crue ; il en a tiré un livre, *La Débine*[94]. Un jour, un de ses compagnons lui confie son rêve, devenir chirurgien-dentiste et aller opérer les clients à domicile. Il faudra donc se déplacer ; et ce qui sera le mieux, avoir un avion à décollage vertical ; il en a fait les dessins. Cet avion-là, qui sert aussi de maison quand il ne vole pas, il va le construire dans son jardin avec des tôles de récupération ; il mesurera 444 mètres de long. Mais sait-il au moins souder ? « Ben non ». Comme un gosse réveillé en sursaut, le pauvre voit s'envoler son rêve.

---

92. RABELAIS, III, chap. 13, p. 415-416.
93. C'est le nom du valet dans la farce d'*un aveugle, son valet et une tripière* (mi XVᵉ s.) dans MABILLE, t. I, p. 104, v. 18 ; LA CHESNAYE, *gourfarins*, v. 942.
94. PORQUET, p. 144-146 (hiver 1987).

Le romancier Robert McLiam Wilson a enquêté sur la pauvreté des faubourgs de Londres[95]. Là où le fatalisme et le désespoir règnent en maître, il entend aussi de ses interlocuteurs des rêves fumeux, des descriptions mirobolantes de projets d'avenir parfois très complexes. Ces rêves doivent en peu de temps les rendre riches, le succès est inévitable. L'un d'eux a rempli des feuilles de calcul presque illisibles, il veut monter une affaire de rénovation d'églises, dont il ne cherche que le financement. Un autre, Alan, va se remettre à vendre des voitures d'occasion ; il achètera une vieille voiture à 150 £, il la réparera et la revendra 300 £ ; puis il achètera deux autres épaves qu'il revendra 600 £, et ainsi de suite. C'est la laitière et le pot au lait. Dans sa vie antérieure, il vendait des voitures d'occasion. Après son divorce, il s'est retrouvé à la rue. Et puis il a failli, dit-il, épouser une riche Américaine, qui vivait en Scandinavie. Il aimait sans doute bien mentir, mais il se mentait d'abord à lui-même ; et ces mensonges autobiographiques rendaient son existence supportable. Ces rêves sont, pour ces laissés-pour-compte, une manière de refuser le désespoir et la déchéance, une revanche sur la vie qui leur est faite, une dernière chance d'être digne. Si nous les comparons aux rêves du Moyen Âge, il y manque la « grande bouffe », c'est-à-dire l'arrière-plan de la famine.

Revenons à nos textes. La *bourde*, la plaisanterie, ne sert pas seulement à tromper l'autre, elle sert aussi à tromper sa propre faim, à s'évader de la misère, à prendre sa revanche sur le mépris. La parole et la « baverie » permettent d'accéder « au grand pays de badinage[96] ». C'est sur le terreau de la famine que naissent les rêves des pauvres et les festins imaginaires dont se repaissent les gueux-sans-le-sou du théâtre. Dans la farce du capitaine *Mal en point*, Près Tondu promet à ses compagnons un repas plantureux, qui ne viendra jamais ; ils s'en vont « panse plate et les dents aiguës Sans manger ne chapons ne grues » ; ils iront « coucher sans souper »[97]. Dans le *Gaudisseur et le sot*, le gaudisseur, le fanfaron, rêve d'un festin et raconte son existence mirifique, ses exploits guerriers, ses voyages imaginaires, tandis que le sot en rétablit la réalité pitoyable : il « a oublié Cocagne Où il fut

95. McLIAM WILSON, *Les Dépossédés*, p. 110-112.
96. *Le bateleur*, dans TISSIER, t. IV, p. 274, v. 121 (ca 1555).
97. *Mal en point*, v. 780-781 et 783, p. 702.

nommé coquillon[98] ». Dans la farce des *Coquins,* les coquins ne cessent de raconter des voyages imaginaires, des royaumes étranges, mais ce ne sont que des maîtres « en baverie », qui ne font que « baver » et « mentir »[99]. Les *Maraux enchesnez* font pareillement assaut de vantardises[100]. Ces mendiants au ventre vide se présentent souvent comme des soldats fanfarons, qui se vantent d'exploits imaginaires. Le pauvre rêve de festins, mais aussi de prendre part à la guerre, autrement dit de changer d'état social. Cette fascination pour le métier des armes correspond par ailleurs à des liens très réels entre le vagabondage et la guerre[101]. Et cette volonté de changer d'état social rapproche nos mendiants des pauvres d'aujourd'hui, à Paris ou à Londres.

Examinons davantage ces vantardises militaires, pour tenter d'y voir plus clair. Le soldat fanfaron, le *miles gloriosus,* apparaît dans trois monologues[102], à la suite de la création des Francs archers en 1448[103]. Ces milices étaient issues du peuple et réputées pour leur couardise et leurs pillages. Le thème est repris dans Le *Monologue des perruques* de Guillaume Coquillart et dans plusieurs farces, *Les deux Francs archers, L'Amoulreux et Guermouset, Colin fils de Thévot*[104]. La satire les décrit comme des vantards et comme des lâches, mais il s'agit aussi de rire d'une catégorie précise, issue du peuple et porteuse à la fois de ses rêves d'honneur et de sa peur de la guerre réelle. En reprenant la critique que faisait la noblesse de ces piètres soldats, ce « peuple » se frappe lui-même en un des lieux par où pouvait s'effectuer une certaine ascension sociale, mais qui finalement se retournait contre lui-même. Dans *Les Trois Gallans*

---

98. *Gaudisseur* (1480-1490), dans *Rec. Trepperel,* t. I n° 1, v. 123-124, 129-130, 143 *sq.*
99. *Farce des coquins* (années 1510), dans *Rec. de Florence,* n° 53, v. 200-203 et 284.
100. *Maraux enchesnez,* p. 586 *sq.,* v. 229-345.
101. GEREMEK, *Marginaux,* p. 143 et 342 ; voir ici p. 152 *sq.*
102. *Le Franc archer de Bagnollet, le Franc archer de Cherré, le Pionnier de Seurdre* (POLAK) ; sur le soldat fanfaron, AUBAILLY, p. 137-160 ; et Étienne Vaucheret, « La guerre et les militaires sur la scène profane à la fin du Moyen Âge », dans *Le Rire au Moyen Âge dans la littérature et les arts,* Thérèse Bouché et Hélène Charpentier (dir.), Presses universitaires de Bordeaux, 1990, p. 347-356.
103. En 1448, supprimés en 1480, rétablis temporairement dans les années 1520.
104. Les *Perruques* (COQUILLART, p. 317) ; les *Deux Francs archers* (*Rec. Florence,* n° 14) ; l'*Amoureulx* (PHILIPOT, *Six farces normandes,* p. 187) ; *Colin fils de Thévot* (TISSIER, t. V, n° 28).

et Phlipot, ce dernier, devant choisir un métier, pense que la guerre lui apportera honneur et richesse : « aux villages ont bon temps, et gros honneur et gros crédit[105] ». C'est donc bien d'un rêve d'honneur que l'on va se moquer. Mais renonçant à cet honneur, le « peuple » à la fois se venge des pillages des gens de guerre et, en même temps, renforce sa propre cohésion et une certaine conscience de soi. La farce de *Maistre Mymin qui va à la guerre*[106] opère la jonction avec un thème voisin, celui de l'enfant qui va aux écoles[107]. Destiné à la prêtrise, Mymin se laisse recruter par des gens de guerre, mais sa mère va l'arracher à ses rêves. Dans *Maistre Mymin étudiant*, l'écolier parlant latin a oublié sa langue maternelle ; il sera sauvé par le mariage et le retour à la normalité villageoise[108]. *Maistre Jehan Jenin vrai prophète*, envoyé aux écoles pour devenir prêtre, se voit déjà pape, et veut que sa mère l'appelle Monsieur[109]. Charles Mazouer a montré ce qui se cachait derrière l'écolier et le soldat ridicule, la critique de « toute recherche d'une promotion sociale par le paysan » ; en sortir par la guerre ou l'école serait encore une erreur[110]. C'est ce qu'il faut bien appeler l'éradication du désir d'ascension sociale. Ce qui fait problème, c'est la nature du rire et du retour au réel : est-il seulement réactionnaire comme le propose Mazouer, ou ne fait-il pas partie intégrante de la culture populaire, comme acceptation de sa situation et tout à la fois défense de celle-ci ? Tout renforcement des frontières d'un groupe, d'une certaine manière, en accroît la cohésion. Dans la classe ouvrière du XXᵉ siècle, toute ascension sociale était aussi vécue comme reniement de ses origines, comme trahison ; il fallait se sauver tous ensemble ou pas du tout. C'est une remarque voisine que propose Florence Alazard au sujet des œuvres de Giulio Cesare Croce, chanteur de rues à Bologne à la fin du XVIᵉ siècle. Croce ne fait pas que se

---

105. *Trois Galants et Phlipot*, TISSIER, t. II, n° 12, v. 465-467.

106. *Rec. Florence*, n° 4.

107. Sur le thème de « L'enfant mis aux écoles », Halina Lewicka, *Études sur l'ancienne farce française*, Paris, Klincksieck, 1974, p. 32-46.

108. TISSIER, t. III, n° 17.

109. *Rec. Trepperel*, t. II, n° 6, p. 63 *sq.* (ca 1515). Être prophète, c'est être un « souhaiteux ».

110. MAZOUER, « Un personnage de la farce médiévale le naïf », p. 151-153.

scandaliser des famines et se lamenter de la misère de la *Compagnia de'Rappezzati*, des pauvres, il leur permet aussi de se réapproprier leur vie, de réveiller une sorte de sentiment collectif[111].

Le mythe de Cocagne et les monologues de soldats fanfarons ou de valets à tout faire relèvent du même type de « menteries », où se rejoignent les boniments de charlatans, les voyages en paradis, les concours de vantardises[112]. Une pratique sociale et calendaire, les Souhaits, a pareillement basculé dans le rire et les choses impossibles[113]. Dans les *Propos rustiques* de Noël Du Fail, on saisit le fonctionnement de cette pratique : chacun en lance à tour de rôle ; de même dans *Les dix souhais des dix compagnons* : « Que chacun de nous face ou dise Un souhait en dilection[114] ». Mais il faut se méfier des souhaits. « Si souhaits fussent vrais, pastoureaux seraient rois[115]. » Comme le dit naïvement Phlipot « je voudrais bien être le roi. C'est un métier qui est honnête[116] ». Dans le dialogue de *Gautier et Martin*, « Argent, il est mis à *basac* ; On ne l'a jamais par souhait […] De souhaiter suis bien *huet* [niais][117] ». Comme disent les *Souhaitz des hommes*, « Qui souhaite le plus du temps, il ment ; De souhaiter au monde n'est que vent[118] ». Michault Taillevent dans le *Passe Temps* rappelle à la dure réalité en citant le proverbe « Pauvre n'a bien qu'à souhaiter », le pauvre n'a de biens qu'en rêve[119]. Dans le *Monologue des perruques*, le gendarme cassé de gages, démobilisé, est « mince d'argent », nu et malade ; « Pauvreté m'a en ses abois ». Alors il rêve : « Avoir or et argent », boire du meilleur vin, faire l'élégant, avoir renom ; « Mon souhait

---

111. ALAZARD, « Les passions des pauvres », p. 349-363, spéc. p. 362.

112. Sur les concours de bourdes et de vantardises, AUBAILLY, 1984, p. 109, 115, et Ariane de Felice, « Formules, motifs et types de contes populaires dans le théâtre français du Moyen Âge », *Actas do Congresso intern. de etnografia*, San Tirso (1963), Lisboa, 1965, t. VI, p. 5, 17.

113. DYGGVE, « Le Dit des dix souhais des dix compaignons » (mi-xvᵉ s.).

114. Du Fail, *Propos rustiques*, XIII (1547), dans *Conteurs français*, p. 656. *Les dix souhais*, *op. cit.*, v. 20-21.

115. LEROUX DE LINCY, *Le Livre des proverbes*, t. II, p. 96 (Proverbes communs, xvᵉ s.).

116. *Trois Gallans et Phlipot* (1ʳᵉ moitié xvıᵉ s.), dans TISSIER, t. II, n° 12, v. 34-35.

117. *Gautier et Martin* : p. 162, v. 4-5, 8 ; *à basac*, à néant.

118. MONTAIGLON, *Rec.*, t. III, p. 145-146 (dernier tiers xvᵉ s.).

119. TAILLEVENT, *Le Passe-Temps* (ca 1440), p. 432.

II STRATÉGIES DE SURVIE ET RÊVES DES PAUVRES

serait-il pas bon ? », n'est-ce pas là un bon souhait ? Mais il doit revenir au réel : « C'est trop souhaité, je m'en ris[120]. »

Dans le prologue du Quart Livre, Rabelais reprend la fable d'Ésope au sujet des « souhaits médiocres en matière de cognée » ; c'est la fable de La Fontaine « Le Bûcheron et Mercure ». Couillatrix a perdu sa cognée, Mercure lui en propose trois, une en or, une en argent et celle qui était perdue. Il choisit la sienne, mais la nouvelle se répand et tout le monde se met à perdre sa cognée. Mercure sera sans pitié : il ne faut pas se laisser aller à des souhaits excessifs, des souhaits de mendiant, être comme les « *belistrandiers* souhaiteux » ; il faut préférer des souhaits médiocres. À l'arrière-plan de toute cette littérature, il y a l'idée que chacun doit rester à sa place et accepter son sort[121]. Dans *Gargantua*, Rabelais rappelle « la farce du pot au lait duquel un cordonnier se faisait riche par rêverie[122] ». La fable apparaît en Occident au XIIIe siècle. Elle est reprise par Philippe de Vigneulles au XVIe siècle. Une femme de village qui allait mendier du lait le dimanche, où on le donne, refuse de le confier à son mari, « un *vacabonde* ». Ils font alors de grands « souhaits » de richesses[123]. Ce qui se joue là, c'est bien sûr l'accent mis sur l'accumulation impossible et l'éradication du désir d'ascension sociale. Bonaventure Des Periers reprendra la fable de la laitière, en la comparant aux alchimistes, qui promettent un monde de richesse, « mais à la fin tout leur cas s'en va en fumée[124] ».

Être riche, être grand seigneur, vivre à son plaisir, « ne rien faire en toute saison[125] », voilà des souhaits qui sont bien proches du pays de Cocagne et des châteaux en Espagne[126], comme aussi des pronostications

---

120. COQUILLART, *Perruques* (ca 1480-1490), p. 317-323.
121. Couillatrix, RABELAIS., p. 571, 579-581 ; *belistrandier*, mendiant, vaurien.
122. RABELAIS, *Gargantua,* chap. 33, p. 145.
123. VIGNEULLES, *Nouv.*, n° 78, p. 303-306 (ca 1515).
124. DES PERIERS, dans *Conteurs français*, p. 396-397.
125. « Les souhaitz des hommes », dans MONTAIGLON, *Rec.*, t. III, p. 140.
126. Le pays de Cocagne comme les châteaux en Espagne apparaissent au XIIIe siècle. Sur Cocagne, voir l'introduction au *Disciple de Pantagruel*, p. XXIV-XXIX ; Cocagne est « une terre d'exil pour mardi gras », Guy Demerson, « L'utopie populaire de Cocagne et le Disciple de Pantagruel », *Réforme, Humanisme, Renaissance,* n° 11, juin 1980, p. 178. Sur les châteaux en Espagne, voir COQUILLART, *Monologue Coquillart* (ca 1480), v. 420, p. 296 ; Alfred Morel-Fatio, « Les châteaux en Espagne », dans *Mélanges offerts à M. Émile Picot*, Paris, Rakir, 1913, 2 vol., t. I, p. 335-342 ; Geneviève Hasenhor, « Un recueil de

et des almanachs, qui anticipent pareillement un avenir rêvé. Comme on disait au XVIIe siècle, « bâtir des châteaux en Espagne », c'est « perdre le temps à rêver et à songer creux, à conter, comme on dit, les étoiles, car c'est cela faire des almanachs, et cependant tomber en un abime de misère[127] ». Dans les *Dix souhaits des dix compaignons*, il est rappelé qu'eux sont des gens sérieux, qu'ils « ne furent pas gens d'Espagne, de Navarre, ne de Cocagne, ne rudes vilains[128] » ; autrement dit que leurs souhaits ne sont pas de vent. Cocagne n'est qu'une des formes, peut-être la plus figée de la misère qui fabule. Celle-ci s'exprime plus librement dans les farces et les sotties qui mettent en scène les gueux sans souci.

Le gueux sans souci et l'apologie de la pauvreté joyeuse

Dans le théâtre, la figure du « galant sans souci », qui n'est souvent qu'un gueux sans souci[129], y incarne l'aventureux dépourvu d'argent, mais toujours joyeux et plein de fanfaronnades et de vent : Mince de Quaire, Légier d'argent, Pou d'acquest, etc.[130]. La fonction d'une telle figure est complexe : étroitement liée à l'entrée dans la fête carnavalesque[131], elle rappelle l'inutilité de l'avarice et la nécessité de la dépense festive. Elle laisse s'exprimer les rêves des pauvres, mais pour mieux les faire s'évanouir en fumée. Elle concentre sur les plus vulnérables toutes les angoisses devant le lendemain, afin de les pulvériser momentanément dans le rire. Mais elle autorise aussi des manipulations sur le *topos* de la pauvreté joyeuse, que l'on peut

---

distinctiones bilingue du début du XIVe siècle », *Rom.*, t. 99-2, 1978, p. 203 : « faire chastel en Espaigne » ; et déjà dans Eudes de Châteauroux, ca 1240. Faire des châteaux en Espagne, c'est se repaître de chimères, faire des châteaux de vent, comme disent les Allemands ou les Espagnols. Donner des châteaux en Espagne, c'était au XIIIe siècle donner des châteaux à conquérir sur l'Infidèle, dans des régions désertes, donc payer de paroles.

127. FLEURY, 1656, p. 45.
128. *Les dix souhaits des dix compagnons* (voir p. 48), v. 7-9.
129. Sur le gueux sans souci, voir ROCH, « De l'usage social des lieux communs », p. 212-217.
130. Voir plus haut p. 37.
131. Les enfants sans souci à Paris ont-ils été une troupe théâtrale particulière jouant des sotties, comme on l'a parfois supposé ? Ou plutôt le nom de tous ceux qui jouaient les sotties. Voir BOUHAÏK-GIRONES, *Les clercs de la Basoche*, p. 131-132.

II STRATÉGIES DE SURVIE ET RÊVES DES PAUVRES

considérer comme constitutives d'une certaine culture populaire. C'est ce dernier point que nous allons tenter d'éclairer.

Le noyau du *topos* de la pauvreté joyeuse est constitué de proverbes. « Qui moins a, moins a de souci[132] » ; « Il vit sans souci qui n'a rien » ; « Il est riche qui est content[133] ». Content, c'est savoir se contenter ; c'est l'idéal de la « suffisance ». Comme le dit Gautier : « Nous sommes contents ; qu'on nous pende Si amassons argent ni or ; Suffisance est notre trésor : C'est assez, nous sommes contents[134]. » Ce noyau s'est déployé dans les farces, les moralités et les sotties, mais aussi d'une part dans le registre narratif, à travers la figure du savetier, de l'*exemplum* du XIIIe siècle à la fable de La Fontaine[135] ; d'autre part dans le cadre pastoral, à travers la figure de Franc Gontier[136] et l'éloge de l'état de pastourie. « Fi de richesse et de souci ! Il n'est vie si bien nourrie Qui vaille état de pastourie[137]. » Dans la farce-sottie de *Mestier, marchandise, le berger*, ce dernier chante : « Leger d'argent ainsi me va Si je ne vais devant, je suis ; Tous jours gai [...] on dit en proverbe commun Qui moins a, moins a à répondre [...] Qui n'a bétail, n'y a que tondre [...] J'aime trop mieux Vivre sain, pauvre, joyeux, gent, Que d'avoir souci et argent[138]. » Mais ce noyau est instable, contradictoire, comme en témoignent dans les Mystères, le débat du pour et du contre du métier de berger[139], ou encore les dits et contredits de Franc Gontier. C'est que le discours chrétien, qui lui sert de base, « heureux les pauvres » (si du moins ils savent être patients), n'est que le renversement de l'opinion commune. Celle-ci s'exprime aussi bien dans le *topos* de l'éloge de

---

132. *Gautier et Martin*, v. 310 ; PIERRE de NESSON, p. 87 (mort avant 1442).

133. Discours du trespas de Vert Janet, 1537, dans MONTAIGLON, *Rec.*, t. I, n° 30, p. 287. LITTRÉ (Content).

134. *Gautier et Martin*, v. 317-320.

135. Jean de La Fontaine : Le savetier et le financier ; DES PERIERS, 19e nouvelle ; *La farce des deux savetiers*, TISSIER, t. XII, n° 61 (fin XVe-début XVIe siècle).

136. Les Contrediz de Franc Gontier de VILLON : *Test.*, v. 1473-1506. Franc Gontier vient du discours « anti-curial » (XIVe siècle). Sur le discours pastoral, voir BLANCHARD, *La Pastorale*. Sur les intermèdes pastoraux : le *Mystère de la Passion d'Arras* (1re moitié XVe s.), p. 18 *sq.*

137. *Passion* Gréban, t. I, v. 4628 *sq.* (1458).

138. FOURNIER, p. 46 (1439).

139. Le pour et le contre du « métier de *pastouraige* » sont débattus dans le *Mystère de l'Incarnation et de la Nativité* (1474), t. III, p. 147.

l'argent[140], que dans la mélancolie des pauvres et la maladie de Faute d'argent ; la tristesse qui naît de la misère elle-même et qui fait tantôt fantasier des bonheurs inaccessibles, tantôt désespérer et sombrer dans le noir. Cette opinion commune, qui fait du riche un favorisé de Dieu et du pauvre un maudit, n'a pas attendu la prédestination calviniste. Elle est peut-être aussi vieille que le monde ; c'est ce que Max Weber appelait la « théodicée du bonheur[141] ». Dans *Le mauvais riche*, le riche et son valet injurient le pauvre lépreux qui mendie devant leur porte et en appelle à Dieu : tu crois que Dieu « s'embesogne d'une si très *orde* [sale] charogne et de si vile créature », tu aurais tort ; je crois que tu n'es qu'un sot[142]. Comme disent plus concrètement les proverbes : « Celui est riche que Dieu aime ; Celui est pauvre que Dieu hait » ; « À riche homme son bœuf lui vêle, et au pauvre homme sa vache lui avorte » ; « Ja chétif n'aura bonne écuelle qui n'épande »[143] ; « Au malheureux *chiet* [tombe] toujours la buchette[144] ».

On comprend mieux la difficulté du discours chrétien, heureux les pauvres, à s'imposer, malgré le prestige de « la théodicée de la souffrance ». Les enjeux sociaux en sont pourtant considérables ; il ne s'agit rien de moins que de faire accepter à chacun son « état ». Il n'est cependant pas sûr qu'il faille entendre cela uniquement comme un discours imposé d'en haut, afin de faire tenir les pauvres tranquilles. Les classes inférieures écoutent ce discours sans y croire tout à fait, et elles le vivent, hors les temps de révoltes, comme une nécessité incontournable, un *habitus*, qui pousse selon Pierre Bourdieu à s'exclure de ce dont on est exclu, à faire de nécessité vertu, à accepter leur pauvreté, à la prendre en charge. Comme dit le proverbe, « on doit souffrir paciemment ce qu'on ne peut amender seinnement[145] ». Mais dans le même temps, elles prennent le parti d'en rire.

---

140. Débat de l'homme et de l'argent (MONTAIGLON), *Rec.*, t. VII, p. 308 ; Les *deux savetiers*, TISSIER, t. XII, n° 61.

141. Voir l'introduction à « La morale économique des grandes religions », trad. Maximilien Rubel, *Archives de sociologie des religions,* 1960, 9, p. 11.

142. *La vie et l'histoire du mauvais riche*, FOURNIER, p. 78.

143. MORAWSKI n° 93 et 963. Sur le fatalisme populaire, LE ROY LADURIE, *Montaillou*, p. 447-449 : « il en sera ce qu'il en sera ».

144. Voir p. 95 : MORAWSKI n° 188.

145. BOURDIEU, *La Distinction,* p. 544, 549 ; MORAWSKI n° 1466 (*cf.* 475).

1) En développant les possibilités comiques de l'avarice forcée et du jeûne forcé. La formule « faire l'alchimie avec les dents » relève du même humour noir[146].

2) En multipliant les tautologies pour rire, les jeux de mots et l'ironie sur soi-même. « Qui n'a argent, il en faut querre [quérir]. » N'avoir ne croix ne pile, aucune pièce de monnaie. Vivre sans souci, sans six sous[147]. Ne rien porter de peur du vol, porter tout sur soi de peur du feu.

> – La chandelle est trop chère, Je me couche de haut soleil [...] Que j'ai un grand blanc [sou], il me tarde Que le tavernier l'ait en bourse Tant ai grand peur qu'on me détrousse [...] Nous portons tout de peur du feu[148].

3) En identifiant leur pauvreté contrainte à la pauvreté volontaire des religieux, détournant ainsi le discours chrétien sur la pénitence et le salut.

> – Pauvreté joyeuse et volontaire, Sure vie est, et très fort salutaire, Mais tant y a, avant que s'y offrir, Comme l'on dit, elle est *griève* [pesante] à souffrir[149].
> – Si sommes pauvres, de par Dieu, Vive la patience Job [...] Nous n'avons ne croix ne bannière, N'en plus que ceux de l'Observance, Et pour tenir de leur manière Nus pieds allons par pénitence[150].
> – Nous sommes selon l'Évangile Des bien heureux du temps ancien. J'aimasse mieux qu'il n'en fut rien[151].

L'ironie affleure dans nos trois textes. Mais, chez Collerye et dans le dialogue de Mallepaye et Baillevent, l'apologie de la pauvreté joyeuse bascule dans l'amertume. Elle s'est faite grinçante. Le retournement des valeurs opéré par le discours chrétien est resté incomplet. Retombant sur nos pieds, nous retrouvons la morale naturelle, le réel, qui sont devenus contre discours. Villon préfère la vie du gras

---

146. Voir p. 74 *sq.*
147. Voir p. 78 : *Cris de Paris*, v. 26-28 ; Collerye reprendra ce jeu de mot : « Malheur nous a défait. Voilà qui me met en souci – Long temps a que n'eu six sous cy » (COLLERYE, p. 83, 1502).
148. *Gautier et Martin*, v. 44, 335-337, 387.
149. COLLERYE, p. 167 (Complaincte de l'infortuné).
150. *Gautier et Martin*, v. 390-391, 402-405 ; *croix*, pièce ; *l'Observance*, les Cordeliers.
151. *Mallepaye*, p. 119.

chanoine à celle de Franc Gontier. Le pauvre savetier finit par prendre l'argent, que le riche, trop confiant dans la force du *topos*, avait agité imprudemment devant lui. Le peuple n'est pas totalement dupe du lieu commun qu'on lui impose. Il subvertit le discours officiel par le rire, le badinage ou l'évidence ; il se le réapproprie à sa manière. Cette réappropriation n'est pas poussée jusqu'à la révolte, celle du pauvre élu de Dieu et « impatient » ; la manipulation par l'ironie ne vise pas tant à détruire l'argumentation adverse, qu'à pouvoir continuer à vivre avec elle. Nos textes ne sont pas révolutionnaires ; les manipulations du *topos* qu'ils révèlent, si elles font les délices du peuple, émanent bien toujours de ces groupes intermédiaires, qui créent les sotties et organisent les fêtes urbaines.

Dans cette littérature, la morale semble être pour chacun de savoir rester à sa place, de s'en contenter, sans murmurer contre Dieu qui a réparti les biens de ce monde. Avec les soldats fanfarons, les enfants mis aux écoles, dans la fable de la laitière et dans les souhaits « médiocres », c'est le même discours qui résonne : savoir se contenter et être « content ». Le thème de la pauvreté joyeuse en montre cependant les limites. Tout le monde n'est pas dupe. C'est aussi qu'il existe anciennement, en son envers, un autre discours, celui de l'indéracinable revendication égalitaire[152].

Dans les intermèdes pastoraux des mystères, apparaissent des débats sur l'honneur que l'on devrait aux laboureurs et le mépris où on les tient. Dans la *Pacience Job*, le *Rusticus* se plaint : « Nous faisons tout le labourage De quoi se nourrit tout le monde [...] Dieu nous aime plus qu'aucune autre créature », et pourtant chacun nous gronde et nous maltraite. Plus tard laboureur et pasteur reprennent le débat : nous faisons les vignes et buvons de l'eau, nous labourons le froment et mangeons du pain d'orge. Dieu ne doit pas être loué d'une telle ordonnance, « nous sommes tous de l'Arche Noë, Et crois selon mon savoir Que chaque homme dût avoir Autant de biens l'un comme l'autre ». Mais ils devront conclure : « Dieu ne veut pas qu'ayons puissance. N'en parlez plus [...] prenons tout en patience[153]. » Dans nos textes, la revendication égalitaire ne surgit le plus souvent que

---

152. Voir FREEDMAN, chap. III. Et ici p. 174 *sq.*
153. *Pacience Job*, v. 412-438, 1367-1428.

pour être écartée, mais elle est toujours là, et elle a parfois explosé dans les révoltes. Le *Rusticus* reprend la théorie des laboureurs fondement de la société, que l'on entendait déjà au XIIe siècle chez Étienne de Fougères[154] ou dans un sermon sur Adam, où le pauvre dit : « Si le riche fut avec Noé dans la tempête, moi aussi j'y étais[155]. » À côté de l'arche de Noé, l'autre argument est que nous descendons tous d'Adam et d'Ève. Lors du soulèvement des travailleurs d'Angleterre en 1381, il sera repris par John Ball : lorsqu'Adam bêchait et Ève filait, où donc était le gentilhomme[156] ? Nous retrouvons ce discours sur l'inégalité, dans les Moralités de la fin du Moyen Âge : « Il en est qui ont tant de biens Et les autres en ont disette. Qui a cette ordonnance faite ? Il me semble que ce n'est point bien. » Mais la conclusion du texte est bien qu'il « faut rouler en la vallée Et endurer et gros et grêle[157] ». De même que les plaintes du « pauvre peuple » débouchent sur la patience, de même la revendication égalitaire doit être abandonnée : il faut savoir être « content ». La pauvreté joyeuse servirait donc d'antidote à la revendication égalitaire. Nous serions devant un discours réactionnaire, émanant des élites. Mais cette pauvreté joyeuse, nous l'avons vu, était aussi vécue comme un leurre. Lorsque la révolte était inutile, il fallait mieux s'accommoder et en rire. Nos intermédiaires culturels laissent entrevoir la contestation afin de mieux la museler, mais elle est dite. Villon à sa manière reprend cette question du dire : « Povreté chagrine, doulente, Tousjours, despiteuse [insolente] et rebelle, Dit quelque parolle cuisante ; S'elle n'ose, si le pense-t-elle[158]. »

Le rire ou la parodie que nous prétendons retrouver dans nos textes ont-ils à voir avec ce que nous entendons aujourd'hui comme moquerie ou comme ironie ? L'inversion festive, dont nous avons parlé, suffit-elle d'ailleurs à en rendre compte ? Et de quoi riait-on au Moyen Âge ? Donnons deux exemples de la difficulté à interpréter la signification du rire, qui y est à l'œuvre. Robert Muchembled cite une recette médicale

154. ÉTIENNE de FOUGÈRES, *Le Livre des manières*, v. 676-716.

155. BATANY, *Français médiéval*, p. 87 : « S'il fut od Noé En la tempeste E jeo si i fui. »

156. FREEDMAN ; Dominique Goy-Blanquet, « Pauvres Jacques. Chroniques et spectacles en Angleterre au XVIe siècle », dans KONIGSON, p. 49-74.

157. *Moralité de pouvre peuple*, avant 1492, v. 699-824. Voir aussi p. 197.

158. *Testament*, v. 269-272 ; *chagrin* peut signifier félon et *dolent* courroucé (DMF).

contre la « mortalité » de 1433, qui semble bien se moquer des recettes populaires, lesquelles mélangent le corps humain et les choses inanimées :

> Prenez le poumon d'un marbre, la cervelle d'une cognée, de la graisse de sablon ; broyez-les ensemble dans un mortier de verre avec un pilon d'acier ; faites-les bouillir avec du lait de nourrice dans un vase de glace. Et quand vous serez couché, ne vous éveillez point en dormant, mais buvez-le d'une traite. Ce fut éprouvé par nuit sans chandelle, en *songeant* ; et fut donné par un compagnon galant, au matin à nonne, trois heures après jour faillant[159].

Il en conclut que cette dérision révèle le mépris des élites pour les pratiques médicales et les superstitions du peuple, et annonce l'offensive des Temps modernes contre la culture populaire. Il faut sans doute davantage y voir un « songe », une de ces poésies du non-sens, que l'on appelait fatrasies ou resveries[160]. Pensons aussi aux prédictions bouffonnes. Et rappelons-nous que la parodie va à l'excès, à la caricature, tout en laissant inentamées les pratiques quotidiennes. Dans *Le Théâtre des exclus*, Koopmans a aussi posé cette question du rire, en particulier dans les diableries des Mystères, qui font peut-être rire, mais qui font sans doute aussi peur. Selon lui, nous ignorons de quoi riait le public au Moyen Âge : et riait-on vraiment des diables ? S'agissait-il d'édifier, de terroriser ou d'amuser ? « L'aspect comique [des diableries] est de toute façon une extrapolation moderne[161]. » Et il est vrai que ce comique n'était pas le nôtre. En ce qui concerne les diableries, Koopmans a mis au jour « une synchronicité déconcertante » entre elles et les chasses aux sorcières, en éclairant ce qu'il appelle un « nœud thématique », qui réunit les diableries, les sociétés festives, les rituels d'exclusion comme les procès de sorcellerie, les exorcismes et le charivari qui frappe les remariages des veufs. Les diables sont omniprésents ; et l'époque diabolisait effectivement toute dissidence[162]. Il donne un exemple de ces diabolisations avec le rituel du charivari :

---

159. MUCHEMBLED, p. 193 (Arch. mun. Arras).
160. ZUMTHOR, *Essai de poétique*, p. 141 ; et du même, *Langue, texte, énigme*, Paris, Seuil, 1975, p. 68 *sq.*
161. KOOPMANS, *Théâtre*, p. 34, 164 ; sur la question du rire, p. 23-24, 58, 190.
162. Synchronicité : *ibid.*, p. 33 ; Nœud thématique : *ibid.*, p. 29, 97, 195, 214, 236, 238.

selon le concile de Langres en 1404, le « jeu appelé charivari » utilise des masques à tête de diable et « l'on y commet des choses indicibles ». Mais de quelle dissidence et de quelle diabolisation s'agit-il, des veufs ou des joueurs ? Et ne peut-on davantage y voir une manipulation moqueuse, où le diable sert d'épouvantail pour réaffirmer la tradition, et en même temps où le masque va couvrir des excès de conduite ? Il est possible que la mise en scène des diableries, comme fictions théâtrales, ait animé les gestes des chasseurs de sorcières[163]. Remarquons cependant que les Mystères s'effacent, avant que ne se multiplient les grandes chasses aux sorcières. L'on peut en tout cas se demander, si l'on n'a pas joué, un temps, les diableries pour évacuer la peur du diable, le mettre à distance et en rire. On a tenté de vivre avec les diables, opérant ce que l'on pourrait nommer « catharsis ». En tout cas, l'on semble bien avoir souvent ri des cris des diables et de leurs conduites grossières et ridicules, dans les Mystères avant le milieu du XVIᵉ siècle[164]. Dans le théâtre anglais médiéval, un diable peut conseiller aux humains tous les vices, sans que l'on s'en offusque, nous sommes dans l'ironie et la connivence, dans le fictif ludique[165]. Comme dit le proverbe kabyle, la langue sucrée elle peut lécher la panthère[166]. Elle ne l'a pu qu'un temps.

---

163. Charivari, *ibid.*, p. 49 ; chasseurs de sorcières : *ibid.*, p. 35-36 ; sur le fait de se déguiser en diable, voir la sixième *Repeue franche*, et les diables de Villon, dans le Quart livre (RABELAIS, IV, chap. 13).

164. LEBÈGUE, « Le diable » ; MÉNAGE, « La mesnie infernale ».

165. LASCOMBES, dans KONIGSON, p. 26.

166. Ahmed, *Une vie d'Algérien est-ce que ça fait un livre que les gens vont lire*, Paris, Seuil, 1973, p. 74.

Chapitre III

La mélancolie et les pauvres[1]
à la fin du Moyen Âge et à la Renaissance,
dans la littérature française

La tristesse du pauvre, la faim, le manque de ressources, s'exprimaient aux XVᵉ et XVIᵉ siècles plus particulièrement à travers le sentiment de mélancolie. Relisons l'histoire du mauvais riche, qui n'avait cure des « pauvres gens » et leur faisait « honte et laidure [injure] » ; le pauvre ladre, le lépreux venu mendier, était « moult aggravé de maladie Et avait sa mélancolie » ; il demandait les miettes qui tombaient de la table, mais personne ne lui en donnait ; « j'ai désir Trop fort de manger des restes, Dont mon cœur est à tel *meschief* », à telle extrémité, que je mourrai[2]. Mais la mélancolie ne concerne pas seulement les pauvres ; à la fin du Moyen Âge, elle est partout. Il nous faudra d'abord comprendre ce que l'on entendait par mélancolie, avant d'éclairer ce qu'elle signifiait pour les pauvres.

---

1. Ce chapitre reprend en partie ROCH, « La mélancolie des pauvres dans la littérature française à la fin du Moyen Âge et au début de la Renaissance », *CRMH*, 2017-1, n° 33, p. 303-326.
2. FOURNIER, p. 75 et 77 (probablement règne de Louis XI).

Au cours de l'histoire, la mélancolie, cette maladie de l'âme, a pris plusieurs visages. Pour la psychiatrie du XIXe siècle, elle est la tristesse et le désespoir, la forme la plus grave de la dépression. Elle se caractérise d'abord par la solitude, ensuite par l'angoisse devant l'avenir, l'incapacité d'agir et le fatalisme, enfin par la mésestime de soi, l'autodépréciation et le sentiment de culpabilité. Elle s'accompagne de pensées obsessionnelles et peut mener au suicide[3]. Dans l'Antiquité, avait été élaborée la théorie des quatre tempéraments, dominés chacun par une humeur, les sanguins, les flegmatiques, les colériques et les mélancoliques. À partir du XIIe siècle, la théorie des tempéraments réapparaît en Occident. Mais, au même moment, le renouveau de l'astrologie renforce l'idée que les hommes sont influencés par les astres. Le lien va être fait au XIIIe siècle entre les planètes et les tempéraments : ceux qui sont nés sous l'influence de Saturne sont mélancoliques, sombres, lents, avares. « L'assimilation en particulier de Saturne au tempérament mélancolique, que l'Antiquité n'avait fait qu'ébaucher, trouve maintenant une formulation explicite[4]. » Et le tempérament prédispose à la maladie.

À la fin du Moyen Âge, la mélancolie va se banaliser jusqu'à se confondre parfois avec une tristesse passagère. Au XVe siècle, elle envahit la littérature française et devient à la mode, chez Eustache Deschamps, Charles d'Orléans ou René d'Anjou. Remarquons cependant que la description de « Dame Mérencolye », dans l'*Espérance ou Consolation des trois vertus* d'Alain Chartier, a tout « d'un autodiagnostic psychiatrique » : le poète, pleurant les malheurs de la France, voit une vieille femme hideuse se jeter sur lui, lui fermant les yeux et lui broyant le cœur :

Cette vieille s'appelle *Melencholie*, qui trouble les pensées, dessèche le corps, corrompt les humeurs, affaiblit les sensitifs esprits, et mène l'homme à langueur et à mort[5].

---

3. EY, *Études psychiatriques*, t. III, « Mélancolie », p. 117-200.
4. KLIBANSKY, p. 278.
5. KLIBANSKY, p. 359-360 : texte de 1428, ici corrigé sur l'édition Duchesne (1617), Slatkine reprints 1975, p. 264.

La mélancolie ne va pas disparaître au siècle suivant. La Renaissance a été, pour reprendre la formule de Jean Starobinsky, l'âge d'or de la mélancolie, de Marsile Ficin (*De triplici vita*, 1489) à l'*Anatomie de la mélancolie* de Robert Burton (1621)[6]. Une réévaluation, opérée par les néoplatoniciens, en a alors modifié le visage, elle devient une maladie qui frappe les êtres d'exception et les artistes. « La mélancolie est le mal de l'esprit pris dans son impuissance ; elle naît de la confusion et des rêves vains[7]. » La mélancolie, comme source obscure du génie, dévoilée dès l'Antiquité dans le problème XXX, 1 du pseudo-Aristote, revient au premier plan[8]. Elle devient la source de l'inspiration, le spleen des artistes et des penseurs, un mal du siècle, qui devait durer bien au-delà de la Renaissance. La réévaluation, opérée par les néoplatoniciens, de l'inquiétude saturnienne comme source du génie, fut de toute façon limitée ; elle ne fait d'ailleurs qu'exprimer l'ambivalence de Saturne, l'écartèlement de l'homme entre la brute et le génie[9].

Mais la mélancolie n'a pas frappé que les malades mentaux et les génies. Les pauvres aussi ont leur mélancolie, comme nous le montrent à leur manière les textes de la fin du Moyen Âge et de la Renaissance. C'est cette mélancolie sociale, que nous allons tenter de déchiffrer, dans la littérature en moyen français. Ce qui nous fera accéder à quelques-uns des traits de ce qu'on peut appeler la culture à destination populaire, à une époque où culture populaire et haute culture se sont singulièrement rapprochées.

Loin des génies saturniens, il a existé en effet, en arrière-plan à cette mode d'une mélancolie des élites, une mélancolie du vulgaire, qui ne fait que prolonger la part néfaste de Saturne. D'une certaine manière, le peuple récupère une maladie que les élites avaient tendance à s'approprier pour elles seules[10]. Or ces diverses mélancolies ont plusieurs caractères communs : le découragement devant l'action, l'apathie, la peur devant le temps et l'avenir, la tristesse entraînée par l'échec

---

6. DELUMEAU, p. 189-208 ; STAROBINSKI, *L'encre*, p. 62.

7. CHASTEL, *Marsile Ficin*, p. 169.

8. Sur le Problème XXX, 1, du pseudo-Aristote, voir KLIBANSKY, p. 49-91.

9. CHASTEL, *Marsile Ficin*, p. 163.

10. KLIBANSKY, p. 401 : l'élite intellectuelle considérait la mélancolie saturnienne « comme un privilège qu'elle se réservait jalousement ».

d'un désir et la frustration. La tristesse, l'ébahissement et la stupeur réapparaissent dans l'hébétude et la pâleur sur le visage des pauvres. La tristesse de vivre prend alors une couleur particulière. Elle n'est pas seulement une maladie de l'âme et le fruit de l'imagination, mais bien une maladie réelle. La pauvreté se donne comme maladie et se redouble comme délire triste. Et comme la mélancolie, elle se cherche des causes astrales et se place sous l'influence de Saturne.

Parmi les enfants de Saturne, on trouve aussi les pauvres, les mendiants, les infirmes, les vieillards, les criminels ; Saturne est le dieu des pauvres et des opprimés[11]. Dans une pronostication de 1517, les saturniens sont « gens tristes, mélancoliques, frauduleux, songeurs, *fars* [trompeurs], voleurs de nuit, pesants, *phantastiques*[12] ». Dans la *Pantagrueline prognostication* de Rabelais, « gens soumis à Saturne, comme gens dépourvus d'argent, jaloux, rêveurs [...] gens mélancoliques n'auront pas ceste année tout ce qu'ils voudraient bien ; ils s'étudieront à l'invention sainte croix[13] ». Cette invention de la croix est une fête de l'Église, mais aussi le fait de trouver une pièce de monnaie[14]. Elle renvoie au manque d'argent et à Saturne inventeur de la monnaie. Le mélancolique rêve, mais ses délires sont aussi causés par sa bourse vide.

Dans le débat avec son cœur, François Villon affirme lui aussi croire à l'influence des astres : « tel qu'ils m'ont fait serai ». Et, dit-il, mon malheur vient d'eux, « quand Saturne me fit mon *fardelet* », me prépara mon sac, ma destinée[15]. Et Roger de Collerye, comme un mendiant, porte la besace : « Comme un maraud je porte le bissac [...] Pareil me sens sous le cours de Saturne[16]. » Mais avant d'étudier la mélancolie des pauvres, il nous faut mieux comprendre ce qu'était la mélancolie pour les hommes du XVe siècle[17].

---

11. KLIBANSKY, p. 320-321.

12. Charles Perrat, « Sur un tas de prognostications de Lovain », dans *François Rabelais 1553-1953*, p. 68. *Fantastique* : qui se laisse aller à des obsessions.

13. *Pantagrueline*, chap. 5, p. 15.

14. HUGUET, *Le langage figuré au XVIe siècle,* p. 131. Il s'agit sans doute moins d'une saillie anticléricale que d'un témoignage de la liberté d'alors vis-à-vis des choses de la religion.

15. VILLON, *Poèmes variés,* n° 13, v. 38 et 32.

16. COLLERYE, p. 56 (publiées en 1536).

17. Nous n'aborderons pas ici la mélancolie amoureuse. Sur le mal d'amour, ce que l'on appelait l'amour *hereos* (éros) ou amour « héroïque », voir JACQUART, « L'amour héroïque », p. 143-158.

La tristesse et le désespoir

Georges Chastellain raconte dans sa chronique le malheur arrivé au duc de Bourgogne, Philippe le Bon. Égaré la nuit, dans une sombre forêt, dans la pluie et la neige, il n'espère plus en sortir vivant. Prince, il se retrouvait en un lieu, « que le plus pauvre des vivants eut abominé », lui qui, la veille, était servi comme un prince, à présent avait « la dérision de Fortune, mourait de faim […] et plein de pouvoir, n'avait que pauvreté dure, par quoi certes, si n'eut été la vertu de son haut cœur, qui onques ne le souffrit condescendre à ébahissement, il eut pu *cheoir* en dure *merancolye* et en désespoir de soi-même ». Ce haut duc était « le plus pauvre maintenant de ses sujets ». Au monde « n'y avait homme si pauvre qui ne s'y trouva à désespoir ». Il eut pu mettre fin à ses jours « par désespoir et courroux ». Mais « de male aventure convenait faire risée [se moquer] ». Il aperçoit alors une lumière et espère trouver une maison habitée, mais c'est une charbonnière qui brûle dans la forêt déserte : « tourna son confort espéré en *merancolye* arrière et sa clarté perçue en obscurité d'ennui [tourment] » ; il « voyait bien que Fortune se moquait de lui et l'*escharnissoit* [le raillait] pour lui faire perdre patience ou au moins pour lui faire connaître ce que c'était de pauvreté humaine[18] ». La pauvreté du duc n'est ni sociale, ni économique, elle est d'abord physique et épreuve de la solitude. Ses courtisans, sans nouvelle, se désespèrent, « mis en ténébreuse chartre [prison] de *merancolie*, en la caverne de toute amertume et *desconfort* du monde par désespoir de leur maître perdu[19] ».

La métaphore du noir est présente. Reprenons les schémas narratifs à l'œuvre. Le duc, réduit à une extrême pauvreté, n'a pas consenti pourtant à s'abandonner à « ébahissement » et à sombrer (à choir) dans la mélancolie. La perte de l'estime de soi (la dépréciation mélancolique) est ici représentée, objectivée, par le fait qu'il est devenu le plus pauvre des humains, victime de l'action de la Fortune. Le prince fait l'expérience de ce qu'est la pauvreté humaine. Mais il opère, par son

---

18. CHASTELLAIN, t. II, livre III, chap. 45, p. 250-256 (3e quart xve siècle) ; voir K. Heilmann, *Der Wortschatz von Georges Chastelain nach seiner Chronik*, Leipzig, Leipziger Rom. Studien, 1937, p. 128. *Courroux* a ici le sens de chagrin, de deuil.

19. CHASTELLAIN, t. II, p. 264.

haut cœur, « en patience et en risée », une mise à distance du désespoir, ce que l'on pourrait appeler un « débrayage[20] ». Les courtisans
sont, eux, emprisonnés dans la caverne d'un deuil qu'ils ne peuvent
pas faire. En nous appuyant aussi sur l'histoire de la charbonnière
abandonnée, nous proposerons un schéma de la mélancolie : les mots,
« les lexèmes, se présentent souvent comme des condensations, recou-
vrant, pour peu qu'on les explicite, des structures discursives et narra-
tives fort complexes[21] ».

ATTENTE (espoir) → FRUSTRATION (échec) → DÉCEPTION →
DÉPRÉCIATION → DÉSESPOIR

L'ébahissement est la forme prise ici par la déception. C'est
la Fortune, bien sûr, qui ici amène le prince au plus bas niveau de
la déréliction et lui fait connaître la solitude du pauvre, et c'est là
qu'il croise la mélancolie et l'ébahissement. L'ébahissement est plus
que la simple stupeur ; il est l'effroi, l'effroi devant la mort, l'avenir.
Selon Jean de Roye, le tonnerre un vendredi saint « ébahit beaucoup
de gens, pour ce que les anciens disent toujours que nul ne doit dire
hélas, s'il n'a oui tonner en mars[22] ». La mélancolie aussi est peur
devant l'avenir. « Prendre faut le temps tel qu'il vient, Fol est qui s'en
mélancolie[23]. » Le découragement entraîne le désespoir, le désespoir de
soi-même, c'est-à-dire la tentation du suicide, qui fait maudire l'heure
de sa naissance.

La tristesse de l'avare est une autre figure de la mélancolie ; elle naît
aussi de la crainte devant l'avenir et mène à la solitude[24]. Le convoiteux veut toujours acquérir davantage de biens. Insatiable, il ne peut
être assouvi. Cette insatisfaction continuelle va rendre le riche malade.

---

20. Sur l'utilisation de ce terme, voir A. J. Greimas et J. Fontanille, *Sémiotique
des Passions. Des états de choses aux états d'âme*, Paris, Seuil, 1991, p. 147-151.
21. GREIMAS, *Du sens II*, p. 225.
22. ROYE, t. I, p. 226 (1469).
23. *Myst. Viel Test.*, t. II, p. 209, v. 13861-13862 (3ᵉ tiers xvᵉ siècle).
24. On retrouve ce lien entre avarice et mélancolie dans la *Melancolia-I* de Dürer
(KLIBLANSKY, p. 447-449 ; Erwin Panofsky, *Essais d'iconologie. Les thèmes humanistes
dans l'art de la Renaissance*, Paris, Gallimard, 1967, p. 294). Sur la tristesse de l'avare,
voir CASAGRANDE, p. 175-177.

Comme le dit Eustache Deschamps, « L'envieux n'a joie ne repos fors [sinon] que *dolour, tristour, merancolie*, Qui le détruit et sèche ses os » ; et aussi : « En amassant, peut-on [...] acquérir courroux, *merencolie* [...] toujours crie Que pauvre est, et ne lui suffit mie[25]. » L'autodépréciation est ici de se voir toujours pauvre. Nous ne sommes pas loin du schéma de la mélancolie du duc de Bourgogne, mais la fin, le désespoir qui mène au suicide, manque. Une gravure allemande au XVe siècle montre le mélancolique saturnien en avare, en train d'enterrer son trésor : je ne me fie à personne, dit la légende[26]. Le soupçon, la peur obsessionnelle des voleurs font cesser l'échange interhumain et mènent à la solitude. Que la mélancolie frappe le riche avare, c'est ce qu'a bien compris le savetier Blondeau, « qui en son temps rien n'amassa », mais vivait toujours joyeux ; il « ne fut onc en sa vie *melancholic* que deux fois », « marri » et « pensif » que deux fois ; à cause d'un singe, qui lui endommageait ses cuirs, et lorsqu'il trouva un trésor. « Il ne songeait plus qu'en ce pot de quincaille. Il *fantasiait* en soi même [...] Je ne fais que penser en mon pot. » Il craignait qu'on ne le lui déroba. Il jeta alors ce pot à la rivière « et toute sa *melancholie* avec ce pot[27] ». L'argent devenait une obsession exclusive, une « fantaisie », une monomanie. La réponse du savetier va lui permettre une sortie de la mélancolie, elle opère un « débrayage », qui met en scène le thème de la pauvreté joyeuse. Ce thème s'incarne en particulier dans la figure du savetier[28]. Mais on le retrouve aussi dans la pastorale, avec les bergers : ainsi Pierre d'Ailly, dans les « Contredits de Franc Gontier », oppose le tyran « triste, pensif, plein de *merencolie* », à la vie du berger Franc Gontier, « sobre liesse et nette pauvreté[29] ».

---

25. DESCHAMPS, t. II, p. 26, n° 205 et t. I, p. 293, n° 163 ; voir HEGER, p. 140. *Courroux* a ici à nouveau le sens passif d'affliction.

26. KLIBANSKY, p. 449 et 474 n° 69 : « Melancolicus. nyemant getruwen ich ».

27. DES PERIERS, p. 416-418. *Marri* : affligé, irrité. *Pensif* : enfermé dans ses pensées, soucieux.

28. *La farce de deux savetiers* (fin XVe-début XVIe s.), TISSIER, t. XIII, n° 61 ; Voir aussi la fable de La Fontaine : Le savetier et le financier. Sur le thème de la pauvreté joyeuse, voir p. 51 *sq*.

29. « Combien est misérable la vie du tyran » (ca 1400), cité dans Arthur Piaget, « Le chapel de fleurs de lys par Philippe de Vitry », *Rom.* XXVII, 1898, p. 55-92, ici p. 65.

Les autres faces de la mélancolie

Blondeau « *fantasiait* en soi même ». Jean Dupin dans *Les Mélancolies* aborde aussi ce rôle de l'imagination dans la crise mélancolique, les songes, les délires et les rêves : « Convoitise et mélancolie Sont toujours d'une compagnie [...] Mélancolieux par usage [par habitude] Imagine en son courage Autrui avoir et seigneurie. En son cœur fait de beaux ouvrages [...] Celui qui dort en son penser Fait en son cœur maintes cités, Maints châteaux, mainte région. Une heure est roi, l'autre heure est pair[30]. » Dans le *Débat de l'Homme et de l'Argent*, l'Homme condamne l'argent et l'avarice, mais l'Argent lui répond : « Celui qui ne m'a toujours est triste ; De déplaisir est tout défait Et bien souvent est fantastique. Il voit denrées en boutique Et n'a de quoi les acheter ; Alors devient mélancolique[31]. » Le fantastique est celui qui se laisse aller à des chimères, nées de la frustration. Mais le fantastique et la fantaisie ont une face plus sombre, ils ne sont pas qu'imagination, ils sont aussi inquiétude, idées tristes et obsessionnelles. Saül, abandonné de Dieu, auquel il a désobéi, dans sa mélancolie dit : « Je suis si très fantastique, si perplexe et *merencolique*, que j'ai l'entendement cassé [...] Jamais ne fus si ébahi[32]. » L'autodépréciation est ici la perte de l'amour de Dieu, le désespoir du salut. David tentera de l'apaiser avec sa harpe. La musique soigne la mélancolie[33].

La notion de « fantastique » est étroitement liée à la mélancolie. Elle correspond à des pensées obsessionnelles et dévalorisantes. Poursuivons l'enquête sur les délires, les « fantaisies », les imaginations des mélancoliques, qui les rendent « fantastiques », ce que la psychiatrie appellera les mélancolies délirantes. Relisons le diagnostic extraordinairement précis du médecin humaniste Johann Wier au XVIe siècle, concernant les sorciers et les sorcières mélancoliques dans son *De Praestigiis daemonum* :

---

30. Jean Dupin, *Les Mélancolies* (avant 1340), éd. Lauri Lindgren, Turku, Turun Yliopisto, 1965, p. 130-131, v. 2245 à 2270.
31. MONTAIGLON, *Rec.*, t. VII, p. 308 (texte du XVIe siècle).
32. *Myst. Viel Test.*, t. IV, p. 112 et 114, v. 29657 suiv. et 29751.
33. KLIBANSKY, p. 142.

Leurs sens sont dépravés par une humeur mélancolique répandue dedans le cerveau, laquelle leur charge tellement l'esprit, que quelques-uns d'entre eux pensent être des bêtes, desquelles même ils imitent la voix et les gestes. Quelques-uns pensent qu'ils sont vaisseaux de terre [poterie], et pour ceste cause, ils se reculent au-devant des passants, de peur qu'il ne les cassent ; les autres craignent la mort, laquelle toutefois ils se donnent le plus souvent à eux-mêmes. Les autres imaginent qu'ils sont coupables de quelque crime, tellement qu'ils tremblent et ont peur, depuis qu'ils voient quelqu'un venir vers eux, pensant qu'ils se veulent mettre sur leur collet, pour les mener prisonniers et les faire mourir par justice [...] tous leurs sens sont dépravés par une humeur mélancolique répandue dans leur cerveau[34].

Son livre en réalité dénonce ces illusions et s'oppose à la persécution des sorcières : si l'on relit sa préface, ces dernières ne sont que de « pauvres vieilles folles », « chancelantes de l'esprit et retirées en leurs maisons, dedans la *phantasie* desquelles », le diable « se coule facilement : et principalement si elles sont malades de mélancolie, ou bien si elles sont attristées et en un désespoir extrême [...] il leur imprime en la *phantasie*, qu'elles sont causes de toutes les infortunes des hommes, des calamités et des morts[35] ». Au moment où la chasse aux sorcières s'apprête à flamber à nouveau, nous sommes là devant la contestation la plus virulente, qui poussera le démonologue Jean Bodin à réagir en 1580 et à accuser Wier de sorcellerie. Dès le second tiers du XVe siècle, on avait effectivement commencé à s'en prendre aux sorcières. On ne croyait plus qu'il s'agisse de leur seule « fantaisie ». Dans la première moitié du XVIe siècle, la persécution va s'assoupir, avant de repartir à nouveau, pour culminer dans l'horreur des années 1560-1640. Mais qui sont ces sorcières ? De pauvres vieilles folles, souvent rejetées aux marges du village, et contraintes à mendier de porte en porte ; comme faisait la laitière de la fable, qui

---

34. WIER, trad., livre II, chap. 24 : « De la dépravée imagination *des mélancholiques* », p. 128 ; cité par Michel Foucault, *Histoire de la folie à l'âge classique*, Paris, Gallimard, coll. « Tel », 1972, p. 281.

35. Préface des *Cinq livres*. Sur Johann Wier, voir Michel Porret, « Différencier les magiciens infâmes, les sorcières et les empoisonneurs : l'œil naturaliste de Jean Wier », dans *Sorcières et sorcelleries*, Christine Planté (dir.), Presses universitaires de Lyon, 2002, p. 41-64.

allait mendier le lait aux maisons du village[36]. Selon Yves Castan, dans les campagnes à l'époque moderne, les vieilles femmes réduites à la mendicité maudissent parfois les maisons des riches paysans, qui refusent de leur donner, et ces malédictions sont vécues comme ayant le pouvoir de nuire, d'autant que ces femmes sont souvent guérisseuses ou sages-femmes : le refus de donner du lait aux pauvres fait tarir les mamelles des vaches des riches. Et l'on accuse ces vieilles de sorcellerie[37]. Le *Marteau des sorcières*[38], et ceux qui l'ont manié, ont broyé d'innocentes vieilles femmes pauvres et mélancoliques, mais ils ont aussi mis au jour les conflits sociaux au cœur des villages de l'époque moderne, et ils ont su les utiliser à leur profit, multipliant les bûchers de sorcières. En tout cas la mélancolie des pauvres a bien quelque chose à voir avec la chasse aux sorcières.

Il existe une autre face de la mélancolie, celle où elle débouche non plus sur les délires, mais sur la colère et la violence. Jetons un coup d'œil du côté des archives judiciaires. En 1462, un crime a lieu dans l'Angoumois : un petit seigneur, « très fort jaloux et soupçonneux », étant allé pour affaires loin de sa jeune femme, « s'en partit soudainement comme homme *fantastique* et mélancolique, sans dire adieu ou autre chose et tout seul ». Il revint « à tue cheval » à sa maison, où il surprit son frère et sa femme au lit. Et il le tua « par grant ire[39] ». Le jaloux enfermé dans son obsession, devient « fantastique ». Au lieu de sombrer dans l'apathie du mélancolique, le jaloux veut savoir et voir, et cela le mène à la crise, à la violence. Les mêmes années, un jeune cordonnier de Niort, laissé sans argent à Poitiers par sa tante, dut revenir à Niort, « à grande pauvreté et misère à l'aide et aumône des bonnes gens ». Et parce que sa tante, avare, ne l'aidait pas, il « se *mezencolia* » et décida de quitter Niort ; et « pour ce qu'il était pauvre compagnon et n'avait de quoi vivre, ne pour s'en aller [...] lui étant en cette *mezencolie* », il

---

36. Voir p. 49.

37. CASTAN, p. 30, 34, 59-60,159, 218, 220.

38. Le *Malleus maleficarum*, des inquisiteurs H. Institutoris et J. Sprengler (1486), est la Somme qui fonde la persécution des sorcières (CASTAN, p. 96-127).

39. Lettres de rémission, GUÉRIN Poitou, *Recueil*, t. XI (*Arch. hist.*, t. XXXVIII), 1909, p. 49-52 ; voir aussi t. X, p. 392-394 (1462, 1466). *Ire*, colère.

alla chez sa tante pour la voler[40]. La mélancolie est bien ici la tristesse du pauvre, la perte de l'espoir, mais elle est aussi la rage de l'impuissance ; elle se transforme alors en ressentiment, en colère, en action. Et elle peut conduire au vol. Nous découvrons une autre face de la mélancolie, celle qui passe de la tristesse au ressentiment et à la violence. C'est une autre façon d'en sortir. Dans le Chemin de povreté et de richesse, Jacques Bruyant dit du paresseux, qu'il va tout droit à « Pauvreté », et quand il s'aperçoit de sa folie, « lors entre en grande merencolye [...] en souci [...] en désespoir, Dont il devient larron » et vole les gens ; puis il accuse Destinée, mais c'est bien lui le responsable de son malheur[41]. Nous rencontrons à nouveau la Fortune. Et la violence est une manière de sortir de la mélancolie. Nous croisons là un des traits de la mélancolie ancienne, son ambivalence, sa capacité à basculer tantôt dans la tristesse, tantôt dans la colère. La violence peut permettre d'échapper à la mécanique infernale qui mène au suicide. On disait en particulier : « avoir mélancolie contre quelqu'un[42] ».

Comment penser l'articulation entre ces deux faces ? La mélancolie-colère permet de sortir de la mélancolie-tristesse, ou d'éviter d'y choir. La colère qui n'aboutirait pas à la vengeance retomberait dans l'amertume et la tristesse. Dans la colère, le ressentiment vis-à-vis de l'autre remplace la mésestime de soi. La plainte ne porte plus sur soi-même, mais se tourne vers autrui, elle n'est plus égocentrique mais allocentrique. Dans la colère épique, Bruno Méniel voit aussi une « force agressive, dont le sujet serait heurté, avant que, découvrant qu'elle peut le détruire, il ne l'oriente vers autrui[43] ». La folie furieuse n'est peut-être jamais loin. Cette question a traversé les siècles. Citons quelques textes :

– Selon Évagre Le Pontique, au IVe siècle, dans le Traité pratique, « la tristesse survient parfois par frustration des désirs, parfois aussi

---

40. Lettre de rémission, GUÉRIN Poitou, Rec. t. X (Arch. hist., t. XXXV), 1906, p. 374 (1462).

41. Jacques Bruyant, ca 1342, publié en annexe dans Ménagier, p. 822.

42. Voir l'entrée mélancolie du DMF ; melancolier, c'est rendre quelqu'un triste ou de mauvaise humeur, ou être triste ou de mauvaise humeur ; voir aussi CASAGRANDE, p. 93-125.

43. MENIEL, « La colère », p. 38. La mélancolie-désespoir procède à l'inverse.

elle est une suite de la colère. Quand c'est par frustration des désirs »,
l'âme dilatée par les souvenirs plonge dans la tristesse, l'abattement
et l'humiliation[44].

    – Selon Hildegarde de Bingen au XIIe siècle, qui insiste sur la sexua-
lité, les mélancoliques « sont sans mesure avec les femmes comme
les ânes ; c'est pourquoi, s'ils s'abstiennent parfois d'assouvir ce désir,
ils tombent facilement dans la maladie de tête, au point de devenir
fous[45] ».

    – Pour Benvenuto Cellini, au XVIe siècle, dans sa *Vita*, la colère est
une manière de réagir à la mélancolie, en passant à l'acte[46].

    – Selon le dictionnaire de Nicot (*courroucé*), « Toute personne
courroucée [irritée] est naturellement marrie [déplaisante] de ce qui
la meut à ire ».

    – Selon le père Senault au XVIIe siècle, « la colère [...] ne s'élève
jamais dans notre âme, que la douleur ne l'appelle. Elle ne recherche
point la satisfaction de ses injures, qu'elle n'y soit sollicitée par le désir
[...] et encouragée par la hardiesse, car celui qui est irrité se promet
la vengeance de son ennemi, mais quand il est si faible qu'il ne la peut
espérer, sa colère se change en tristesse, et n'ayant plus les passions
qui l'entretenaient, elle perd son nom[47] ».

    – Sigmund Freud, au sujet de la tendance au suicide du mélancolique
et de son lien avec l'hostilité et le sadisme, dit que le mélancolique
« n'éprouve pas d'intention suicidaire, qui ne soit le retournement sur
soi d'une impulsion meurtrière contre autrui[48] ».

---

44. Évagre le Pontique, *Traité pratique ou Le Moine*, Antoine et Claire Guillaumont
(éd.), Paris, Cerf, 1971, t. II, chap. 10, p. 515 ; cité dans NAGY, p. 56.

45. *Causae et curae*, cité dans KLIBANSKY, p. 180 ; deux voies s'offrent aux désirs
excessifs, la dépression ou la violence des rapports.

46. Lucie de Los Santos, « Colère et mélancolie : quand l'écriture autobiogra-
phique infléchit le destin. La *Vita* de Benvenuto Cellini », dans *Les Humeurs dans
les littératures romanes, XIIIe-XVIIIe siècles*, Giancarlo Alfano, Anne Robin, *et alii* (éd.),
Compar(a)ison. A International Journal of Comparative Literature, Humeurs, I-II,
2016, p. 111-120.

47. J. Fr. Senault, *De l'usage des passions*, Vve Camusat, 1641, p. 446-447 (Paris,
Fayard, 1986, p. 288).

48. « Deuil et mélancolie », dans Sigmund Freud, *Métapsychologie*, Paris, Gallimard,
coll. « Idées », 1978, p. 163 ; la perte et la frustration entraîne une agressivité, qui se
retourne contre soi dans un anéantissement du « moi ».

La frustration des désirs, la « douleur », entraînent la colère et le désir de vengeance. Deux voies s'ouvrent alors : l'agressivité inassouvie plongerait l'individu dans la mélancolie, alors que le passage à l'acte le libérerait de la tristesse en débouchant dans la violence. Ainsi un même terme, la mélancolie, peut être tantôt passif, tantôt actif. On peut basculer dans la haine de soi ou dans la haine de l'autre, glisser vers l'apathie ou la violence. Remarquons que, parmi les quatre humeurs de la médecine ancienne, colère et mélancolie sont si proches que l'on a longtemps cru que la bile noire était issue de la bile jaune[49]. Davantage sans doute qu'aujourd'hui, l'époque médiévale ressentait la proximité des deux passions, la tristesse et la colère ; ou plus exactement elle se plaçait en amont de leur divergence, au moment où un même effondrement du sujet risquait de se produire. Nous avons rencontré d'autres termes qui pareillement signifient tantôt la colère, tantôt le chagrin : *courroux, rancœur, marri*. Ajoutons le *mautalent*. Le terme *ire* lui-même signifie tantôt ire-colère, tantôt ire-douleur[50]. Mais les pauvres, qu'ont-ils à faire avec cette colère ? Ce sera basculer dans le vol, comme le cordonnier de Niort, dans le crime ou dans la révolte.

Le pauvre et la mélancolie

Revenons au *Débat de l'homme et de l'argent* et à l'avarice. On entrevoit que la question peut se renverser ; ce n'est plus le riche avare que guette la mélancolie, mais le pauvre qui peine à joindre les deux bouts, à vivre au jour le jour. C'est bien ce qu'indiquent *Les moyens d'éviter mérencolie, de soy conduire et enrichir en tous estatz par l'abondance de raison*. Ce petit traité de Jacques d'Adonville précise les conduites à tenir pour éviter la pauvreté : « Considéré qu'en tous états Sont de gens au monde grand tas Désirant joie et biens avoir

---

49. Jean-Marie Jacques, « La bile noire dans l'Antiquité grecque : médecine et littérature », *Revue des Études anciennes*, n° 100, 1-2, 1998, p. 217-234, spéc. p. 219-220.

50. *Courroux*, p. 63, 65 ; *Marri*, p. 65 ; *Rancœur*, p. 72 ; Sur l'ambivalence sémémique d'ire, voir Georges Kleiber, *Le mot ire en ancien français*, Paris, Klincksieck, 1978, p. 81 *sq.* et p. 437. Voir aussi MENIEL, « La colère », p. 37-48 ; et les remarques de Pierre Levron, « Mélancolie, émotion et vocabulaire. Enquête sur le réseau lexical de l'émotivité atrabilaire dans quelques textes littéraires du XIIᵉ et du XIIIᵉ siècle », dans NAGY, p. 231-271.

Mais les moyens ne peuvent savoir Suffisants pour à ce venir Et à ceste fin parvenir, Dont se donnent *merencolye* Qui avec eux se joint et lie[51]. » La mélancolie comme frustration frappe aussi le pauvre. Nous ne sommes plus ici, comme pour le savetier Blondeau, dans le thème de la pauvreté joyeuse, mais dans la dure nécessité du monde réel. Il y a bien deux discours sur la mélancolie du point de vue du pauvre : soit elle le frappe quand il devient riche, soit elle le frappe parce qu'il restera toujours pauvre. Le discours sur la pauvreté joyeuse n'est d'ailleurs peut-être qu'un leurre, dont personne n'est totalement dupe.

La tristesse, le désespoir, l'insatisfaction ou le désir inassouvi, concernent donc aussi les pauvres. Même s'ils ne les mènent que rarement au suicide. À la porte du mauvais riche, nous l'avons vu, le pauvre ladre affamé ne recevait rien et « avait sa mélancolie », jusqu'à penser en mourir[52]. Et cette mélancolie concernait bien la faim inassouvie, le pain de chaque jour. Dans la 57e nouvelle de Philippe de Vigneulles, il « y avait un pauvre savetier qui […] gagnait sa vie de son métier au mieux qu'il pouvait en bien grande peine. Et se *parforçoit* tant qu'il pouvait de devenir riche et gagner de nuit et de jour, mais Fortune lui était si contraire que pour peine qu'il prit, ne pour coucher tard ne lever matin, il ne pouvait venir de pain à autre, dont il était en grande mélancolie[53] ». C'est bien toujours le même schéma que nous voyons à l'œuvre. Il y manque le désespoir et la dépréciation de soi, mais ce dernier élément est sans doute là dès le début, dans la fatalité qui colle à la vie des pauvres ; et il prend la figure de la Fortune. C'est la présence de la Fortune, ici comme pour le duc de Bourgogne, qui, au moins en partie, donne une couleur particulière à la mélancolie de cette époque[54].

Dans la *Pacience de Job*, la femme de Job se plaint : « Nous avions l'habitude d'être tenus Les plus riches de cette terre ; Or sommes pauvres devenus Tant qu'il nous faut l'aumône querre [querir] ». Elle prie Dieu de l'ôter de cette vie ; « Or ai-je bien *merencolye* Puisque j'ai perdu

---

51. *Moyens*, p. 42 *sq.*

52. Voir p. 59.

53. VIGNEULLES, *Nouv.* n° 57, p. 238 (avant 1515). Venir de pain à autre, d'un repas à un autre.

54. La « fatalité » est aussi présente dans la mélancolie des psychiatres : « enchaînement absolu du mélancolique à son destin passé mais jamais révolu » (EY, t. III, p. 150).

tous mes biens. » Maintenant je suis « à honte et *vergoigne* De toutes la plus pauvre femme ». Plus tard, un ami dit à Job : pour les biens de ce monde, « vous estes mis à grande *rancure*, A tel *meschief* [infortune], à telle douleur Qu'il me semble que c'est fouleur[folie] » ; la variante du dernier quart du XVIᵉ siècle précise : « Tant êtes en déconfiture, En *meschef* et mélancolie Qu'il me semble que c'est folie[55]. » Reprenons notre schéma de base :

ATTENTE → FRUSTRATION → DÉCEPTION → DÉPRÉCIATION → DÉSESPOIR

L'attente, ici comme pour le duc de Bourgogne, est ce que l'on était en droit d'attendre de la vie. La frustration n'en est que plus grande. La dépréciation mélancolique correspond à la chute en pauvreté. Le regret du bonheur perdu mène à la folie.

Il nous faut revenir sur la question des liens entre les avares, les pauvres et la mélancolie. Le pauvre ne pouvant rien dépenser est en réalité contraint à l'avarice, à la lésine. C'est l'interprétation que donne Piero Camporesi d'une satire italienne de la fin du XVIᵉ siècle, *Della famosissima Compagnia della Lesina*, où sont décrits tous les moyens d'épargner pour survivre à l'étroitesse de bourse : « L'humour aigre de la Compagnie de la Lésine avait codifié un style de vie que beaucoup devaient par nécessité absolue observer ». Le livre rapporte aussi l'histoire du vice-roi de Naples qui proposait, pour résoudre les crises frumentaires, de mêler au pain des racines réduites en poudre. En diminuant la consommation de blé, l'on rendrait celui-ci surabondant. Et ce pain amer, on l'aurait fait plus gros et on en aurait mangé moins. Tout le monde en aurait profité. Mais le peuple, ces gloutons insatiables, dit le texte, ne le voulurent pas. Et Piero Camporesi ajoute : c'était bien de ce mauvais pain, dont devaient se nourrir les pauvres en temps de famine. L'ironie est amère[56]. Messieurs de Mallepaye et de Baillevent dialoguent pareillement sur l'avarice : « Je crains – Et quoi ? – Qu'avarice Nous saisisse, si devenions riches – Riches ! Quoi ? Cette

---

55. *Pacience Job*, v. 3405-3418, 4665-4656 et 4929-4931. *Rancure* : rancœur, chagrin, ici sens passif.

56. CAMPORESI, p. 142-149.

fausse lisse, Pauvreté, nous tient en sa lisse – C'est ce qui nous fait être chiches[57]. » Dans un recueil de proverbes, Pauvreté tient pareillement en ses filets le pauvre chiche : « Un pauvre homme n'est jamais riche, Pauvreté le tient en ses las [liens] Et le contraint tant d'être chiche Qu'il n'a ni plaisir ni soulas, Car quand il a pris son repas Au diner d'un ou d'autre, À son souper il n'advient pas De l'un des pains jusques à l'autre[58]. » L'avarice forcée du pauvre est bien, comme nous l'avons déjà vu, de ne pouvoir venir d'un pain à l'autre.

Nous avons changé de registre. On parle de lésine, de chicheté, l'écart se resserre entre le riche avare et le pauvre chiche. Deux discours se chevauchent. Dans le cas du pauvre, nous sommes dans l'ironie ou plutôt l'humour noir. Comme le dit Starobinsky, la mélancolie « est guérie par l'ironie, qui est distance et renversement[59] ». Le détachement à l'œuvre permet alors de surmonter l'inquiétude et la tristesse. L'autodérision opère à sa manière un « débrayage » dans la mécanique inexorable de la mélancolie.

Une locution existe depuis au moins la fin du XVᵉ siècle qui relève du même registre : « faire l'alchimie avec les dents » : « Ceux qui font l'*arquemie* aux dents »[60] ; « faire aux dents l'*arquemye*[61] ». Maître Aliboron a parcouru le monde : « Je suis nu comme un veau Et n'ay de quoi fourbir mes dents » ; j'ai « sans feu aux dents fait l'*arquemie* »[62]. Le dictionnaire de Furetière[63] explique ainsi notre locution : « lorsqu'on remplit sa bourse par l'épargne de sa bouche ». Faire l'or ou l'argent avec les dents, c'est les détourner de manger, économiser en jeûnant.

57. *Mallepaye,* p. 120 ; voir *supra,* p. 30 ; *lisse* : la chienne et le champ clos d'un tournoi.
58. FRANK, *Proverbes,* p. 73, v. 1129-1136 (dernier quart XVᵉ siècle). *Soulas* : joie, consolation.
59. KERBRAT-ORECCHIONI, « Problèmes de l'ironie », p. 10-46 ; voir aussi le n° 36 de *Poétique,* nov. 1978 ; STAROBINSKI, *L'encre,* chap. Le salut par l'ironie, p. 376 ; et KLIBANSKY, p. 380.
60. COQUILLARD, p. 228, *Droitz,* v. 1989 (1480) ; HASSEL, *Middle French Proverbs,* A72.
61. *Repues franches,* v. 134 et 230 (ca 1480).
62. *Ditz de Maistre Aliboron* (ca 1495), MONTAIGLON, *Rec.,* t. I, p. 37 et 39. Voir aussi *La Boutique des usuriers,* de Claude Mermet (1574), MONTAIGLON, *Rec.,* t. II, p. 174.
63. FURETIÈRE, 1690, Alchymie.

Selon la légende, Dionysos lui ayant accordé un vœu, Midas avait demandé que tout ce qu'il touche soit transformé en or ; cela le conduisait inexorablement à la famine, comme le rappelle Fleury de Bellingen, qui associe la locution à l'avarice[64]. Dans la 91e nouvelle de Philippe de Vigneulles, un avare « avait des biens en abondance car il faisait langue nue, c'est assavoir l'or et l'argent aux dents[65] ». La formule est en tout cas ironique : devenir riche non en trouvant le secret de l'or, mais en rognant sur les dépenses. Dans nos textes, ce discours est surtout attribué au jeûne forcé des pauvres ; ce sont eux souvent qui « font l'alchimie » en jeûnant, sans feu, et en ayant froid aux dents. Nous sommes toujours dans l'autodérision. « Assez jeûne qui n'a que manger » dit un proverbe du XIIIe siècle[66]. Et Mallepaye et Baillevent sont « de donner pour Dieu dispensés, Car nous jeûnons assez souvent[67] ». Le jeûne et l'aumône (donner pour Dieu) rachetaient les péchés. L'ironie se joue ici du discours chrétien, qu'elle subvertit.

La maladie de Faute d'argent

Il y a une grande proximité entre le ventre creux et la bourse vide. Dans une pronostication « pour trois jours après jamais », « il court une maladie Fort mauvaise, selon ce qu'on dit, Car le pauvre homme qui mendie Sera banni de tout crédit. Pauvres gens, qui n'auront nuls vivres Et ne pourront d'argent trouver, Ainsi que je trouve en mes livres, Auront licence de jeuner[68] ». Le pauvre mélancolique manque de pain, mais aussi d'argent. Obsession de l'argent et mélancolie sont liées : « Il est en telle *merencolie*, Qu'il ne parle rien que d'argent[69]. » Rabelais disait des gens soumis à Saturne qu'ils en étaient dépourvus. La maladie qui les frappe pourrait bien être celle que l'époque a appelée Faute

---

64. FLEURY, 1656, p. 45-46 : « il arrive à l'avare ce que les fables disent être arrivé à Mydas », d'approcher la mort par famine ; l'avarice se « vante de faire l'alchemie avecque les dens ».

65. VIGNEULLES, *Nouv.*, p. 352.

66. MORAWSKI, n° 139 (XIIIe siècle) : qui a seulement de quoi manger.

67. *Mallepaye*, p. 114.

68. « Pronostication nouvelle » (ca 1525), MONTAIGLON, *Rec.*, t. XII, p. 158. Faute d'argent est aussi manque de crédit.

69. *Repues franches*, v. 293-294.

d'argent. Panurge était « sujet de nature à une maladie qu'on appelait, en ce temps-là, Faute d'argent c'est douleur non pareille ; toutes fois il avait soixante et trois manières d'en trouver toujours à son besoin, dont la plus honorable » était le larcin[70]. La *Pantagrueline Prognostication pour l'an 1533* prévoit, parmi les maladies de l'année, que « régnera quasi universellement une maladie bien horrible, redoutable, maligne, perverse, épouvantable et mal plaisante, laquelle rendra le monde bien étonné, et dont plusieurs ne sauront de quel bois faire flèches, et bien souvent composeront en rêvasserie, syllogisant en la pierre philoso-phale ; et l'appelle Averroys […] faute d'argent[71] ». Rabelais fait du manque d'argent une maladie de naissance pour Panurge, mais aussi pour tout le monde une épidémie redoutable, conjoncturelle, qui rend taciturne et fait délirer en rêvasserie et en alchimie.

À la même époque, Roger Collerye, dans le rondeau 71, décrit plus précisément la maladie : « Faute d'argent rend l'homme tout défait, Triste et pensif, non pas gras et refait, Mais maigre et sec, tremblant comme la feuille. » Dans le rondeau 48, « Faute d'argent Me fait crier Hélas Piteusement, d'estomac enrhumé Par ce temps cher[72]. » Une poésie des mêmes années dit d'un vaurien pauvre et malade : « Tu t'es nommé languissant douloureux, Signifiant un dolent langoureux […] Tu languissais ayant les couleurs pâles, Par la douleur qu'on dit faute d'argent. Lors te voyant malade et indigent », tu te fis voleur de bourse et fut pris[73]. La mélancolie du pauvre cordonnier de Niort aussi le poussait à voler.

Rabelais et Collerye font allusion à une chanson, dont le premier vers est « Faute d'argent c'est douleur non pareille », qui existe sans doute dès les années 1510[74]. Elle est bien associée à la mélancolie.

---

70. RABELAIS, livre II, chap. 12 de l'édition de 1532 (*Pantagruel*, éd. V. L. Saulnier, Genève, Droz, 1965) et chap. 16 et 17 dans l'édition des *Œuvres complètes*, p. 280 et 285.

71. *Pantagrueline*, chap. III, p. 11-12. La pierre philosophale est la pierre des alchi-mistes. L'édition de 1542 ajoute après philosophalle « et es aureilles de Midas » ; on a vu pourquoi.

72. COLLERYE, Rond. n° 71, p. 223 ; n° 48, p. 208 ; voir n° 50, p. 209.

73. *Le vin du notaire qui a passé le testament de quatre tournoys,* dans MONTAIGLON, *Rec.*, t. X, p. 12. *Langoureux* : affamé, souffreteux.

74. BROWN, *Music in the French Secular Theater,* n° 131, p. 218-219 ; Lazare Sainéan, *La Langue de Rabelais,* Paris, de Boccard, 1922, t. I, p. 268 ; PICOT, *Sotties,* t. II, p. 152-153. C'est aussi une chanson de Josquin des Prés, des mêmes années.

Dans la sottie de Gringore de 1512 contre le pape Jules II, les moines de l'abbé de Frévaulx, qui a dépensé tous les revenus de son cloître, « bien souvent quand croient repaître, Ils ne savent les dents où mettre, Et sans souper s'en vont coucher ». La Commune [le peuple commun] chante « Faute d'argent c'est douleur non pareille » ; elle se plaint : « marchands et gens de mestier N'ont plus rien : tout va à l'Église ». « J'en suis […] tant pleine de mélancolie Que n'ai plus écus ni ducats[75]. » Mélancolie et Faute d'argent se confondent. Dans la farce de *Faulte d'argent, Bon Temps et les troys gallants*, Faute d'argent tient Bon Temps en prison par le moyen d'Avarice. Bon Temps leur conseille de renoncer à Avarice. Et les galants-sans-souci chantent « pour passer mélancolie » : « Ne sommes-nous pas bien heureux De vivre sans mélancolie ». Mais ils ne parviennent pas vraiment à chasser Faute d'argent : « Nous perdons quasi la parole, Quant Faute d'argent nous assaut […] Par Dieu, nous ne savons que dire, Car nous nous tiendrons de l'abbaye Faute d'argent[76]. » Dans la *Farce du savetier, Marguet et Jaquet*, Faute d'argent et mélancolie se croise à nouveau : ils n'ont plus d'argent : « Souci me lie Et suis en grande *melencolye* […] Faute d'argent, c'est douleur non pareille[77]. »

Faute d'argent pourrait bien être un autre nom de la mélancolie des pauvres et signifier les situations difficiles liées au retour des crises frumentaires. Dans *La venue et résurrection de Bon Temps, avec le bannissement de Chière Sayson*, Bon Temps commande de « chasser Mélancolie, Laquelle était au monde ces années » de famine, et de réconforter « pauvres gens »[78]. Les chertés sont vécues dans la tristesse, de manière très physique : elles rendent languissant, maigre et pâle. Mais le manque d'argent, c'est aussi ce qui caractérisait l'avare. En réalité, « avare » a longtemps signifié aussi avide, convoiteux, celui

---

75. Pierre Gringore, Sottie de 1512 : *Le Jeu du Prince des Sotz et de Mère Sotte*, Alan Hindley (éd.), Paris, Champion, 2000, v. 248-250, 320, 552-553, 642-644 ; et PICOT, *Sotties*, t. II, p. 147-172, v. 248-250, 320, 548-549, 637-639.

76. Abbaye de dérision. *Farce de Faulte d'argent, Bon Temps et les troys gallants*, dans *Rec. Florence*, n° 47, v. 156-160, 257-258, 261-263 (publié en 1540).

77. Antoine Leroux de Lincy et Francisque Michel, *Recueil de farces, moralités et sermons joyeux*, Paris, Techener, 1837, t. IV, n° 73, p. 4-5.

78. MONTAIGLON, *Rec.*, t. IV, n° 95, p. 132 (XVIe siècle).

qui a le désir d'acquérir ce qu'il n'a pas[79]. Il existe bien un lien entre la mélancolie, Saturne, les avares et les pauvres, et c'est le manque d'argent.

Comment sortir de la mélancolie

L'abattement et la dépression peuvent laisser la place à des rêveries « fantastiques ». La mélancolie emplit le cerveau de visions et forge des chimères[80]. Les rêves des pauvres sont une manière d'éviter le désespoir, de sortir de la mécanique mélancolique : un « débrayage » temporaire, qui ne fait que retarder le retour douloureux au réel. Il existe d'autres manières plus durables d'éviter le désespoir. L'autodérision et l'ironie jouent ce rôle ; comme le haut-le-cœur et la « risée » du duc de Bourgogne[81]. Le vol et le meurtre, nous l'avons vu, peuvent aussi permettre d'échapper à la mécanique infernale qui mène au suicide.

Enfin l'on peut après la frustration parvenir à la patience, à la résignation. Cette opération trouve son terrain d'élection dans le thème de la pauvreté joyeuse. Il est porté, nous l'avons vu, par les figures du savetier et du berger, mais aussi, dans le théâtre, par celle du galant sans souci[82]. Les *Cris de Paris* commencent par un échange entre les galants : « Et puis ? – Et fontaine ? – Et rivières. Ce sont toujours de tes manières, Tu te gaudis. – Je me gaudis/ Et en pauvreté m'ébaudis En passant ma mélancolie. » Et les galants continuent : « Je n'ai d'or ne d'argent que faire, Ni de bource – Ni moi aussi. Il n'est que vivre sans souci. – Mieux vaut que vivre sans six sous[83]. » L'autodérision vient alors se loger au cœur de ce discours. Le peuple se le réapproprie à sa manière et tente ainsi de survivre à la mélancolie. Le terme de *mélancolie* laisse d'ailleurs le plus souvent la place à un presque synonyme, celui de *souci*.

---

79. Voir HUGUET, t. I, p. 427.

80. *Fantaisies, rêvasseries*. Voir plus haut la pronostication de 1517, la citation de Dupin, le Débat de l'homme et de l'argent et la *Pantagruéline* (voir p. 62, 66).

81. Voir p. 63.

82. Sur les gueux sans souci, voir p. 50 *sq*.

83. *Cris de Paris*, dans KOOPMANS, *Sotties*, t. I, n° 4, v. 1-5 et 26-28. *Se gaudir, s'esbaudir* : se réjouir.

Résumons le parcours que nous avons suivi. Nous sommes partis des enfants de Saturne, parmi lesquels il y avait les pauvres et les mendiants, et nous avons cherché si l'on retrouvait ces mélancoliques dans les textes, en particulier ceux à destination populaire. À « l'âge d'or de la mélancolie » des princes et des poètes, pouvait-il exister aussi une mélancolie des pauvres ? Le drame arrivé au duc de Bourgogne, où la pauvreté physique était bien présente, a permis de proposer un schéma de la mélancolie dans ses étapes successives. C'est de basculer dans la pauvreté, prise ici au sens large, qui plonge le duc dans la mélancolie. Or, ce schéma s'est révélé être proche de celui de l'avarice. On ne peut étudier la mélancolie, sans examiner la toile de fond, sur laquelle elle se détache, et les liens qu'elle entretient avec les « passions » apparentées. L'avare est précisément l'un des types du mélancolique. Quel est alors le lien avec les pauvres ? C'est que le peuple lui-même est contraint à l'avarice forcée et à « faire l'alchimie avec les dents ». L'argent est au cœur du problème ; et son obsession est la maladie de Faute d'argent. Nous avons aussi croisé le savetier et le thème de la pauvreté joyeuse, qui sert de contre-discours à l'avarice, à la tristesse et à la mélancolie. Et nous avons tenté d'éclairer ce que la société en faisait.

Quelle est l'originalité de cette mélancolie des pauvres ? Si nous réexaminons le fonctionnement de notre schéma à travers nos exemples, il apparaît que leur parcours n'est pas toujours le même et qu'il nous faut distinguer au moins trois catégories de textes. Une première série, avec la femme de Job, le savetier de Niort, le *Chemin de povreté et de richesse* ou le duc de Bourgogne, ne parle pas tant de l'état de pauvreté, que du processus d'appauvrissement, de la chute en pauvreté. Dans ces textes, la mélancolie conduit au désespoir. Elle est aussi parfois accompagnée par la honte. Mais les riches, qui s'appauvrissent, sont ceux précisément que l'on appelle les pauvres « honteux », ceux qui, par quelque mauvaise fortune, en sont réduits à mendier et ressentent de la honte à le faire[84]. D'une manière plus générale, le pauvre lui-même a honte de sa pauvreté. Dans le *Roman de la Rose*, Pauvreté se tenait,

---

84. RICCI, « Naissance du pauvre honteux », p. 158-177 ; et *Poverta, vergogna, superbia. I declassati fra Medioevo et Età moderna*, Bologne, Il Mulino, 1996.

« comme honteux, en un *coignet* » car pauvre chose est toujours méprisée[85]. Et pour Guillaume Alexis, les « pauvres vivent à honte, En misère et confusion [malheurs] », et à la fin la Pauvreté « de désespoir *chet es lyens* », tombe dans la prison du désespoir[86]. Pourquoi nous intéressons-nous à la honte ? Posons la question autrement. Il n'aura pas échappé au lecteur que, dans notre schéma, la case de l'autodépréciation, du sentiment de culpabilité, pose souvent problème La honte peut-elle alors occuper cette case ? La honte aujourd'hui suppose une intériorisation de l'humiliation. À la fin du Moyen Âge, elle dépendait davantage du regard de l'autre. Mais le pauvre ne s'en sortait pas indemne. Nous sommes dans le très long passage de la *shame culture* à la *guilt culture*, de la honte à la culpabilité, dont parle Jean Batany au sujet du *Roman de la Rose*[87]. Et la Fortune, que nous avons vu intervenir avec le duc de Bourgogne et le savetier de Vigneulles, traverse une même évolution. Elle est en voie de désacralisation au XVIe siècle et elle doit compter avec la montée de la responsabilité individuelle[88]. S'il y a responsabilité, il y a culpabilité. La pauvreté est une fatalité où l'homme a aussi sa part. C'est sans doute dans ces liens avec la honte et la fatalité que réside en partie l'originalité de la mélancolie des pauvres. Et cette mélancolie apparaît principalement lorsqu'il y a chute en pauvreté[89], et que celle-ci est accompagnée, dans notre schéma, par la déception, la dépréciation et le désespoir. Nous sommes bien proches de la crise mélancolique. Mais nous n'avons pas tout éclairé. Si, dans la mélancolie amoureuse, on pleure la perte de l'objet d'amour, de quelle perte s'agit-il dans une mélancolie sociale ? Du rôle à tenir, de l'honneur, de la Fortune ?

La mélancolie apparaît aussi dans une seconde série de textes, ceux qui regrettent la disparition de Bon Temps ; ce ne sont plus alors les pauvres, qui sont concernés, mais le peuple frappé par les chertés et la famine. Le regret du bonheur perdu ne s'accompagne pas

---

85. *Rose*, v. 454-457 ; voir *infra*, p. 98.
86. ALEXIS, t. II, p. 131, v. 604-605, 613 (*Passe-temps*).
87. BATANY, *Approches*, p. 101, 109. Ces catégories ont d'abord été développées par Ruth Benedict (*The Chrysanthemum and the Sword*, 1947).
88. MUHLETHALER, « Quand Fortune ce sont les hommes », p. 177-206.
89. Remarquons qu'Hildegarde de Bingen reliait la mélancolie à la Chute, celle d'Adam : KLIBANSKY, p. 139-141.

nécessairement ici de dépréciation ni de désespoir. Les cases de notre schéma ne sont pas toutes remplies. Nous nous éloignons de la crise mélancolique. C'est la même situation pour la troisième série de textes, le *Débat de l'homme et de l'argent*, les *Moyens d'éviter mélancolie* ou le pauvre savetier de Vigneulles. Ici, le pauvre est triste, parce que, quoi qu'il fasse, il ne parvient pas à sortir de sa pauvreté. Nous sommes devant la tristesse de vivre.

Nous avons tenté avec la mélancolie de démonter, pas à pas, à la manière d'un bricolage, le schéma d'une passion, qui est en même temps une maladie, et de chercher à savoir en quoi elle concernait aussi les pauvres. Il y a bien eu à l'époque de la mélancolie des génies saturniens une ou plusieurs mélancolies des pauvres.

Chapitre IV

Le vocabulaire français de la pauvreté
à la fin du Moyen Âge

L'étude du vocabulaire de la pauvreté nous éloignera parfois du vécu des plus pauvres ; elle nous fera accéder à la langue de tous, c'est-à-dire au cœur des conceptions, que la société elle-même se forge sur les pauvres ; des conceptions qui peuvent parfois nous scandaliser. Mais elle mettra aussi en lumière quelque chose que l'enquête n'avait pas prévu, une *serendipity*, le hasard d'une découverte : que cette langue d'avant le XVIIᵉ siècle n'était pas la nôtre, parce que certains mots signifiaient à la fois une chose et son contraire, et que la polysémie était vécue bien au-delà de ce que l'on accepterait aujourd'hui. Mais reprenons l'enquête à son point de départ.

Que nous dit la sémantique ? Le pauvre peut être celui qui est paupérisable, ou celui qui est paupérisé, donc réduit à la mendicité. Robert Estienne distingue « un pauvre qui vit de son labeur » et celui qui est en « pauvreté telle qu'on demande sa vie », en « extrême pauvreté »[1]. Le jeune cordonnier de Niort, sans argent, est « à grande

---

1. ESTIENNE, Robert, 1549 ; NICOT.

pauvreté et misère » et doit mendier[2]. Ailleurs, du fait des guerres, la plupart des habitants « sont chus en grande pauvreté et mendicité », et ne peuvent plus s'entretenir[3]. Remarquons l'usage du verbe *choir*, qui est au cœur de notre vocabulaire. Et nos textes multiplient les doublets, pauvreté et misère, pauvreté et mendicité, pauvreté et indigence, *souffrette* et pauvreté, etc. Examinons avant d'aller plus loin quelques moules syntagmatiques impliquant la pauvreté (sujet/verbe/complément). Ces constructions généreront à leur tour d'autres parasynonymes.

X choir, tomber en pauvreté. « *Choir* en grande pauvreté et indigence[4]. » La chute en pauvreté peut impliquer un agent, le malheur ou la malchance. On entre alors dans la sphère de la Fortune, du mal-heur, du mal-choir ; nous sommes dans la recherche des causes.

X souffrir pauvreté. Souffrir transitif est encore très proche de son sens étymologique « supporter ». *Endurer* ou *porter* peuvent se substituer à souffrir. La pauvreté est ici conçue comme un poids, une douleur qui pèse physiquement ; « je tombe presque sous le *faix* de pauvreté » dit Roger de Collerye[5].

X être détenu en pauvreté. La pauvreté est comme une prison, un lieu étroit et resserré. C'est le trait étroitesse, qui donnera *détresse*. La pauvreté et la misère sont parfois liées à la prison, et cette proximité donnera *chétif*, c'est-à-dire « captif ». « En pauvreté suis détenu », dit Job, frappé par la maladie[6]. Taillevent dans le *Régime de Fortune* dira de la Fortune : « on est de ses sièges haultains mis en la *chartre* où pauvreté redonde[7] » ; la chartre, c'est la prison, où la Fortune nous a fait choir.

Pourvoir à la pauvreté de X. C'est la sphère de l'assistance, de la pitié, des réactions, à la vue du pauvre.

---

2. Voir *supra*, p. 68.

3. *ORF*, t. XIII, p. 497-498 (1447).

4. Tournai, p. 90 (1441).

5. COLLERYE, p. 83 (1502).

6. *Myst. Viel Test.*, t. V, v. 37196. Même formule dans la *Pacience Job*, p. 113, var. du v. 4207.

7. TAILLEVENT, v. 79-80 (ca 1445). Jean Bouchet dira dans le *Labyrinthe de Fortune* « on voit souvent les gens en hautes gloires qui sont soudain renclos en *chartres* noires » (BOUCHET, chap. 24, v. 2685-2686, p. 83).

Ces moules syntagmatiques nous renvoient, d'une part à ce qui peut être la cause de la pauvreté, la chute, et d'autre part à ce qui est la réponse à cette chute, la pitié. Ils nous font accéder aussi à ce qu'on pourrait appeler des traits périphériques, comme les sèmes étroitesse et poids-douleur. Et surtout apparaît au centre du champ sémantique les moules « avoir pauvreté », « vivre en pauvreté », et la pauvreté vécue comme manque.

La sphère du manque

À la pauvreté sont constamment associés des parasynonymes ; beaucoup renvoient effectivement au manque et acceptent la formule manque DE quelque chose : indigence, disette, souffrette, nécessité, besoin. Nous sommes là au cœur de ce vocabulaire de la pauvreté. Comme le dit Pierre Gringore, dans *le Château de labour* : « À gens oiseux vient besoin et souffrette, Nécessité, maleurté, disette » ; un couple est alors assailli par quatre personnages, Besoin, Nécessité, Souffrette et Disette, « Pauvreté était leur mère ». Pierre Gringore reprend ici le texte du *Chemin de povreté et de richesse* de Jean Bruyant de 1342 : les quatre personnages étaient déjà là : Besoin, Nécessité, Souffrette et Disette ; « Pauvreté si fut leur mère et les engendra *Meseur*[8]. » Et le *Roman de la Rose* rappelle que « pour la pauvreté douteuse [à craindre], Il [Salomon] parle de la souffreteuse, Que nous appelons indigence[9] ».

Le terme *INDIGENCE* qui apparaît au XIIIe siècle, vient de *indigere,* manquer de : manque de blé, de biens. L'indigent est le destinataire des aumônes, et l'un des termes des polices des pauvres au XVIe siècle. La *DISETTE* apparaît aussi au XIIIe siècle, et ce n'est pas un hasard ; la pauvreté est en train de changer. On dit disette de vivres, disette de biens ; mais l'étymologie de disette est peu claire ; elle vient sans doute du grec *disekhtos*, qui a donné « bissextile », au sens année malheureuse ;

---

8. Pierre Gringore, 1499 (BnF, Rés. Ye 1 330, fol. a IV°et IVv°) ; le texte de 1342 est publié dans *Ménagier*, 1994, p. 813.

9. *Rose*, v. 8179-8181. Jean de Meun ajoute que les « indigents » sont refusés comme témoin en droit écrit, car considérés comme « diffamés » (v. 8187).

le malheur qui advient est pensé comme cyclique, lié au temps, aux chertés, aux crises frumentaires, comme dans le proverbe « Après plenté [abondance] vient bien grande *disette*[10] ». La *SOUFFRETTE* (ou *souffrète*), comme l'indigence, est l'horrible pauvreté ; souffreté de biens, de vivres. Mais le terme n'est pas fréquent dans les polices des pauvres du XVIᵉ siècle. On le trouve par contre dans les textes à destination populaire ; il semble très proche du vécu des classes pauvres : « l'ennemi mortel des *souffreteux*, qui est chère saison », c'est-à-dire la crise frumentaire[11]. *Souffrète* apparue au XIᵉ siècle, donc avant le terme indigence, est employée jusqu'au début du XVIIᵉ siècle, où elle tend à se confondre avec *souffrance* ; mais le mot ne vient pas de *sufferre*, souffrir, mais de *suffringere,* qui a donné l'ancien français *sofraindre*, manquer de. *Souffreteux* sera, après la disparition de souffrète, rapproché par fausse étymologie populaire de souffrir. En réalité la confusion est ancienne, comme le montre la proximité de *soufferte* et de *souffrète*, ainsi que les emplois de *souffrance*. Nicot dit que « souffrance se prend pour souffrète et pauvreté […] qui est pauvre tolère et souffre l'indigence des choses à lui nécessaires ». *Souffreteux*, parfois associé à la maladie, possède donc un trait /douleur physique/[12]. Cette proximité du manque économique et de la douleur, que l'on retrouve dans *langoureux*, appartient bien à la pauvreté vécue.

Le *BESOIN* et la *NÉCESSITÉ, besogneux* et *nécessiteux* ont longtemps renvoyé à la pauvreté. « Besoin ne garde loi » a d'ailleurs précédé « Nécessité n'a point de loi[13] ». La nécessité (l'obligation, la contrainte) de faire quelque chose ne s'est différenciée que progressivement et imparfaitement du besoin d'avoir quelque chose. Le manque conçu comme besoin pressant entraîne la nécessité de le combler. Avoir « si grand besoin et nécessité » de vivres[14]. Avoir « nécessité de blés et grande famine[15] ». La nécessité est un terme de l'Aumône urbaine au

---

10. MORAWSKI, n° 120. Voir aussi « Cherté et disette de vivres » (ISAMBERT, t. XIV, p. 600, 1586).

11. *Venue et resurrection de Bon Temps*, dans MONTAIGLON, *Rec.*, t. IV, p. 127 (XVIᵉ s.).

12. BRIAND, 1512, p. 33 ; LORMIER, peste, 1512, p. 8, § 8.

13. MORAWSKI n° 237 (note 6, p. XV) ; *Myst. Viel Test.*, t. V, v. 39647.

14. MAUPOINT, 1465, p. 94.

15. *Reg. délib. Bureau de Paris*, t. I, p. 100 (1505).

XVIᵉ siècle : il faut secourir ceux qui mendient par nécessité et non ceux qui mendient sans nécessité ; les « pauvres nécessiteux » sont les vrais pauvres[16]. Selon Furetière, « nécessité signifie encore besoin, disette, pauvreté, misère ».

La *NUDITÉ* est une figure de la pauvreté traditionnelle. Le pauvre dénué de biens est « nu jusqu'à l'oreille », « nu sans chemise », « c'est l'épargne des couturiers »[17]. Les mêmes mots peuvent signifier la ruine d'un pays ou celle d'un individu. Ainsi *DÉSERT* : « *désert* de bien et plein de pauvreté*[18] » ; les bonnes gens « étaient en péril d'être *déserts* à toujours maiz [désormais] et mis à pauvreté »[19]. L'*ORFANTÉ*, l'état d'orphelin, est une autre figure de la pauvreté ; le terme disparaîtra au XVIIᵉ siècle. Nous sommes toujours dans la sphère du manque : orphelin, privé de, « orfenine de robe*[20] ». L'orfanté exprime aussi une situation malheureuse qui appelle le mépris : la croix était jadis « tenue en grande *orfenté*[21] ». Le terme évolue en moyen français vers la sphère de la douleur physique. Le peuple qui se plaint de ses souffrances dit : Dieu puisse-t-il me jeter « hors de cette langoureuse vie, puisque désormais n'y puis demeurer fors en *orphanté*[22] ». Et Job demande à Dieu de le « jeter de cette *orphanté*[23] ». Cette évolution est à rapprocher de celle de *souffreteux* et de celle de *chétif*. *CHÉTIF*, qui se spécialisera dans l'idée de faiblesse physique, a été jusqu'au XVIIᵉ siècle synonyme de pauvre et de malheureux. Job est « *chétif, doulant* et trestout nu*[24] » ; « Multitude de veuves et d'orphelins chétifs, mendiants et désolés*[25] ». La bassesse sociale entraîne aussi le mépris : « Je n'ai

---

16. LORMIER, peste, 1512, p. 11, § 14.
17. *Deux savetiers*, dans TISSIER, t. XII, n° 61 v. 22 ; Complainte de 1422, dans MONSTRELET, t. VI, p. 179 ; *Folie des gorriers* (ca 1465), dans PICOT, *Sotties*, t. I, n° 5, p. 164, v. 415.
18. Nicolas Martin, *Noelz et chansons nouvellement composez* (1555), Clément Gardet (éd.), Annecy 1973, p. 50. Voir aussi LITTRÉ (Amyot).
19. *ORF*, t. V p. 33 (1367).
20. *Rose*, v. 6154 ; « robe », vêtements. Voir aussi LITTRÉ.
21. *Passion* Greban, v. 24510-24550.
22. Alain Chartier, *Quadrilogue* (1422), dans *Jeux et sapience*, p. 879.
23. *Pacience Job*, v. 5975, 6204 : les variantes du XVIᵉ siècle remplace orphanté par : ne soit plus « tourmenté ».
24. *Pacience Job*, v. 5445 ; dolent, affligé.
25. Alain Chartier, *Quadrilogue* (1422), dans *Jeux et sapiences*, p. 877.

cure d'un tel chétif », dit une femme riche d'un jeune sans le sou[26]. Chétif a longtemps signifié captif et l'étymologie a été entendue jusqu'en 1500. Avec l'orphelin et le captif, nous avons deux situations, qui causent la pauvreté, selon « l'analogie » entre la cause et son effet. Le sème /étroitesse/ présent dans la prison se retrouve dans la *DÉTRESSE*. Détresse, de *distringere* serrer, caractérise aussi bien un lieu qu'une personne. Chastellain parle des « détresses et pauvretés » des assiégés ; et Monstrelet d'une famine « si grande et si *destreceuse* », que c'était pitié de voir « les pauvres gens mourir[27] ». Détresse et détroit acceptent comme complément l'objet qui manque : « détresse de viande », « détroit de vivres »[28]. La *détresse* se spécialisera davantage au XVIIᵉ siècle dans les afflictions de l'esprit. Détresse, comme souffrète ou chétiveté basculeront dans une sphère voisine de celle du manque, une sphère de la douleur, où elles rejoignent la *langueur*.

La pauvreté se dit sous de multiples formes et dans des termes qui aujourd'hui nous surprennent ; elle est une notion plus large que celle d'aujourd'hui.

La sphère de la douleur

Languir a qualifié la tristesse amoureuse, mais aussi la pauvreté et la faim. Pauvreté est *LANGOUREUSE*[29]. « Chétif seras et langoureux, car vieilles gens sont souffreteux[30]. » Les impôts excessifs ont fait vivre le peuple « en grande misère et affliction », et « les pauvres gens mécaniques et de labeur » vivent « en *langueur*, pauvreté »[31]. Les pauvres réduits à la famine sont « souffreteux, mendiants et langoureux[32] ». *Langoureux* est souvent associé à *souffreteux* et à la famine : « Notre face si *eslize* [maigre] et tous languis de pauvreté[33] » ; « Gens affamés

---

26. *Cent Nouvelles nouvelles* (1462), dans *Conteurs français*, n° 53, p. 216.

27. CHASTELLAIN, t. I, p. 177 ; MONSTRELET, t. V, p. 339, 1438.

28. LITTRÉ (Villehardouin) ; GODEFROY (Amyot).

29. LA PORTE, *Épithètes*, 1571, p. 198.

30. DESCHAMPS, *Miroir de mariage* (fin XIVᵉ s.), dans *Œuvres*, t. IX, p. 6.

31. Tournai (1443), p. 105.

32. Jean de Marcouville sur la famine de 1528, dans CIMBER, t. III, p. 407.

33. Complainte de 1422, dans MONSTRELET, t. VI, p. 179. *Langoureux* est traduit par NICOT *strigosus*, maigre.

et plus *alangoriz* et secs, que les corps apprêtés à faire anatomie[34]. »
Un autre terme a qualifié plus particulièrement une manière physique de
vivre la pauvreté et la faim, la *MESAISE*, qui a été doublée très tôt par
malaise. Philippe de Vigneulles et son père sont « blessés et malades
jusques à la mort [...] ayant grande mesaise[35] ». *Mésaise* et *malaise*
signifient avant tout le « tourment[36] ». L'affadissement de *malaise* et
la disparition de *mésaise* après le XVIIe siècle ont sans doute correspondu
à l'effacement de l'ancienne association entre la pauvreté, la souffrance du corps et la tristesse ; une pauvreté douleur où le physique et
le non-physique étaient souvent confondus. Nous retrouvons le sème
poids-douleur. Selon Roger de Collerye, « l'homme qui est par amère
tristesse Atteint au cœur d'un ennui détestable [...]. Courroux le détient
et oppresse Et n'a de quoi entretenir sa table[37] » ; la pauvreté entraîne
une tristesse physique (*détient*, sème étroitesse) traduite par les termes
d'*ennui* et de *courroux*, que nous avons croisé aussi dans la mélancolie.

Dans le *Mystère de Saint-Quentin*, le pape décrit la pauvreté des *indigents* : « pauvreté qui vient au corps, et est quand on perd santé,
vigueur de corps ou beauté, ou quand on n'a point de potage, or ni
argent, robe ni avantage, d'en avoir par art ou science ». La pauvreté
n'est pas qu'un manque matériel, elle peut être aussi physique ; c'est
la maladie, la peste ou la famine. « Venir en la conquête de la cité par
force ou par pauvreté [famine][38]. » Cette confusion de la pauvreté et de
la maladie ou de la faim renvoie à ce que les contemporains vivaient
continuellement. « Dans l'esprit de l'époque, malade et pauvre ne font
qu'un[39]. » Et du manque d'argent, le pauvre en souffre aussi, comme
le proclame la maladie de Faute d'argent[40]. C'est dans cette proximité
entre la pauvreté comme manque et la pauvreté comme douleur qu'il
faut voir le noyau du sémantisme de pauvre et de ses parasynonymes.

---

34. Lyon 1539, *Police de l'aulmosne*, p. 7.
35. VIGNEULLES, *Chron.*, t. III, p. 198 (1490).
36. *Malaise* au sens de tourment : *Pacience Job*, v. 4146 et 5344.
37. COLLERYE, n° 47, p. 207.
38. CHASTELLAIN, t. II, p. 190 ; voir aussi t. I, p. 178.
39. GEREMEK, *Marginaux*, p. 195.
40. Voir p. 76 *sq.*

La sphère de la pitié

La *MISÈRE*, terme à l'origine biblique (XIIᵉ siècle)[41], est à partir du XIVᵉ siècle associée à la pauvreté. En 1384, un meurtrier a dû s'absenter, il « a souffert et enduré grande misère et pauvreté » ; et sa femme et ses enfants sont « mendiants » et « déserts »[42]. La *misère* est un état malheureux, qui aggrave l'état de pauvreté. *Misérable*, comme aujourd'hui l'anglais *miserable*, caractérise une personne malheureuse. Mais le terme possède aussi le sens d'accessible à la pitié[43]. Et l'étymologie latine, *miserari* (avoir pitié de), fait de misérable un synonyme de pitoyable, ce qui nous renvoie aux mots miséricorde, commisération : toute misère appelle miséricorde. Les aumônes doivent être faites à « personnes pauvres et misérables[44] ». C'est le moule syntagmatique « avoir pitié de la misère de quelqu'un ». D'Aubigné appellera « Misères » le tableau piteux des malheurs du royaume, le premier livre des *Tragiques* (1589). À partir du XVIᵉ siècle, *misérable* a pris aussi un sens péjoratif, qui inspire le mépris, le sens que nous lui connaissons : c'est la « déréglée et misérable vie » des moines, de ces « misérables moines », qui abusent de l'Hôtel-Dieu[45]. Le sens de grande pauvreté matérielle se développe de son côté avec *miséreux*. Le substantif *misérable* apparaît au milieu du XVIᵉ siècle. Victor Hugo avait d'abord appelé son roman *Les Misères*, mais il a choisi « *Misérables* », parce qu'il n'y a pas d'un côté les malheureux et de l'autre les criminels ; c'est la détérioration sociale dans les bas-fonds de la grande ville qui fait des malheureux des criminels. Au Moyen Âge, *malheureux* et *méchant* signifiaient aussi à la fois malheureux et méchant.

Pauvre, comme *misérable*, peut signifier aussi pitoyable. André Burger dans son lexique de Villon a distingué *pauvre* opposé à riche et *pauvre*, qui excite la pitié. Et selon Jean Rychner et Albert Henry, dans leur commentaire du Testament de Villon, « Villon s'est appliqué

41. *Terra miseriae* (Job, X 22) ; misère de la nature humaine. Adam envoyé au « lac de misère ».
42. Lettre de 1384, GUÉRIN Poitou, t. XXI, p. 228.
43. GODEFROY, t. V, p. 344b (1340).
44. *ORF*, t. III, p. 161 (1357) ; *ORF*, t. IV, p. 508 (1364) ; *ORF*, t. VIII, p. 296 (1398).
45. VIGNEULLES, *Nouv.*, n° 59, p. 250 ; COYECQUE, *Hôtel-Dieu*, t. I, p. 381 (1537).

souvent cet adjectif pauvre, qui le désigne à la pitié des autres[46] ». Selon Nicot, « *Pauvre* aussi est un terme de commisération ». Nathalie Zemon Davis, au sujet de Lyon au XVIe siècle, remarque que l'on disait « être dans un réel besoin, ou *PITIÉ* », et bailler l'aumône « si la pitié et la nécessité le requiert[47] ». Michel Zink remarque de même, au sujet des Congés de Jean Bodel et Baude Fastfoul, que *pitié* signifie soit l'intérêt charitable pris au malheur de quelqu'un, soit le plus souvent la souffrance de ce quelqu'un[48]. La femme de Job appelle ses amis pour voir « la grande misère où Job est mis », pour regarder « la *pitié* » et la douleur de son mari[49]. La pitié peut être une catastrophe climatique : « Fut la non pareille *pitié* que jamais on eut vu de grêle[50]. » Le même mot signifie le sentiment, et sa cause ou le sentiment et son objet, l'état malheureux ; nous sommes toujours dans la pensée analogique. Le terme de pitié, du latin *pietas* a signifié aussi la piété ; et la « piété » ne s'est différenciée de la pitié qu'au XVIe siècle ; on parle des monts-de-piété. L'étymologie latine en effet associait la piété au sentiment de compassion. Constatons aussi que *pitoyable* ou *piteux*, c'est tantôt faire pitié (sens passif), tantôt avoir pitié, compassion (sens actif)[51] ; ce dernier sens subsiste aujourd'hui dans *impitoyable*. Et les deux sens passif et actif parfois se croisent, se répondent : « Les cœurs humains sont aujourd'hui tant acérés et durs, si fort qu'il n'est *pitié* [malheur] tant pitoyable, qui *piteux* les put rendre et marris [tristes], mais plus aises et riant du déplaisir de leur prochain[52] » ; ce qui est *pitoyable*, qui fait pitié, devrait rendre *piteux*, compatissant, mais les hommes aujourd'hui en rient, constate Saint-Gelais. Dans la formule c'est pitié de voir une telle misère, « était *pitié* de nous ouïr » pleurer, la pitié est bien celle de ce qu'on voit, mais elle touche tout homme qui pourrait

---

46. BURGER, *Lexique* ; VILLON, *Test.*, *Commentaire*, p. 97.

47. DAVIS, p. 82 et 103.

48. ZINK, « Le ladre, de l'exil au royaume » (fin XIIe-XIIIe s.).

49. *Pacience Job*, v. 4461-4463.

50. VIGNEULLES, *Chron.*, t. III, p. 150 (1476).

51. À rapprocher du schéma inverse faire honte (sens actif) et avoir honte (sens passif) ; la honte comme la pitié sont contagieuses.

52. Octovien de Saint-Gelais, *Le Séjour d'honneur* (1490-1495), Frédéric Duval (éd.), Genève, Droz, 2002, p. 134 ; cité dans le *DMF* : *piteux* est ici au sens actif. La formule « piteuses plaintes » peut être ambiguë : qui suscitent la pitié du spectateur ou pour celui qui pleure de pitié.

être là[53]. Cette ambivalence /sentiment du spectateur/ *vs* /situation du destinataire/ ou actif *vs* passif, qui permettait la contagion des larmes et la circulation de l'aumône, était condamnée à terme avec l'efface-ment de la réversibilité passif/actif dans les sentiments, réversibilité où c'était la même chose qui était échangée de part et d'autre. Peut-être s'agit-il d'une très ancienne conception de l'homme et du monde, que nous allons retrouver dans la sphère de la Fortune.

La sphère de la Fortune

Fortuné est resté très longtemps ambivalent, dans un sens positif ou négatif. Au Moyen Âge, il signifiait aussi pauvre et malheureux.

> Pourquoi suis-je demeuré né, pour être ainsi fortuné ; Qu'ai-je méfait en ce monde pour être si avant fortuné ? J'aimasse mieux n'être jamais né[54].

Dans *l'Histoire de Griselidis*, le marquis, avant d'épouser la pauvre fille du laboureur Jehannicola, veille « à ce que Griselidis n'apporta avec soi aucunes reliques de la vile fortune de pauvreté », et pour cela fait dépouiller « toute nue » l'humble pucelle « teinte du soleil et ainsi maigre de pauvreté » ; puis il la fait revêtir de beaux habits. Elle verra cette noblesse trop vite acquise, mise à dure épreuve, et toute l'histoire de Grisélidis raconte comment sortir de cette infor-tune de naissance, qu'est la pauvreté[55]. Tout se joue à la naissance, comme le proclame la formule « né en la male heure » ou la locution « enfants de Turlupin, malheureux de nature », commentée par Fleury de Bellingen « sujets à avoir du malheur [...] c'est-à-dire infortunés par le malheur de leur naissance[56] ». Et dans les *Gens nouveaux*, le Monde se plaint : « Fortune, tu m'es bien contraire, Contraire dès que je fus

53. VIGNEULLES, *Chron.*, t. III, p. 55, 85, 198, 200 (1477-1490) ; MONSTRELET, t. V, p. 339 (1438). Les tournures impersonnelles sont très fréquentes en moyen français.
54. *Pacience Job*, v. 4878-4879 et 5733-5735 ; variante XVIᵉ siècle « si mal fortuné ».
55. *Ménagier* (ca 1393), p. 202.
56. FLEURY, 1656. Existe déjà au XVIᵉ siècle dans *L'Apologie des chambrières qui ont perdu leur mariage à la blanque* (MONTAIGLON, *Rec.*, t. II, p. 272-273) ; les Turlupins étaient en 1376 une secte impudique de pauvres ; dans le *Testament* de Villon (v. 1161), les turlupins sont de faux dévots.

né, Ne fus qu'en peine et en misère, Misérable[57]. » Jean Meschinot disait : « Moi plain de désolation Méchant naquis sous constellation D'infortune qui ne vaut tant soit peu[58]. » Nous comprenons mieux l'importance, à l'époque, de l'astrologie et des horoscopes du jour de la naissance.

Malotru, mauvais, méchant et *malheureux* renvoient pareillement au destin, à la Fortune, à la chance. Être *MALOSTRU* ou *malestru*, c'est être né sous un mauvais astre (*male astrucus*). Les *Maraulx enchesnez* se disent « méchants, malotrus... cette malheureuse et méchante Fortune nous est bien contraire[59] ». Le terme est souvent associé à *pauvre*[60]. Il s'est restreint à partir du XVIIe siècle au sens de grossier, mal élevé. Mais ce sens de grossier, mal bâti physiquement ou moralement, « fol », existe dès le Moyen Âge[61]. D'où l'étymologie proposée par Littré *male instructus*, qui peut s'appuyer sur la proximité *malestru* et *malestruit*, mal instruit. Nous avons là une étymologie populaire, qui a pu déborder sur celle du mauvais astre.

MAUVAIS, dès l'ancien français, selon son étymologie *malifatius*, signifie mal fortuné, au mauvais destin (*fatum*), mais aussi qui fait le mal, de « mauvaise vie » ; le contraire de *bonifatius*, Boniface. Le sens de malheureux a évolué assez vite vers celui de funeste, de mauvais augure.

En moyen français, *MALHEUREUX* et *méchant* sont des quasi-synonymes, signifiant tantôt malheureux, tantôt méchant. La clarification, qui s'est opérée depuis, a rejeté *méchant* du côté du mauvais, qui fait le mal volontairement, tandis que le *malheureux* n'était plus que la victime d'un mal venu de l'extérieur. Mais auparavant le malheureux pouvait être le destinataire ou le destinateur du malheur ; le mal vient sur lui ou vient de lui, ce qui suppose que la responsabilité individuelle reste secondaire. Cette ambivalence correspond à une notion floue de la causalité, liée particulièrement à l'action de la Fortune. L'*heur* du latin *augurium*, présage, n'est tombé en désuétude qu'après

---

57. KOOPMANS, *Sotties*, t. I, n° 6 (ca 1461), v. 249-252.
58. MESCHINOT, *Lunettes*, p. 13, v. 7-9 (1461-1465) : « tant soit peu », si peu que ce soit.
59. *Maraulx enchesnez*, p. 581, v. 1 et 12-13.
60. HUGUET, t. V, p. 110-111 ; ESTIENNE Robert, 1549 ; NICOT ; COTGRAVE.
61. KOOPMANS, *Sotties*, t. I, n° 3, *Folle Bobance* (ca 1500), v. 167-168.

le XVIIᵉ siècle. La proximité de *heur* et de *heure*, accrue par l'amuïssement du E final aux XVᵉ et XVIᵉ siècles, a pu entraîner par ailleurs la confusion avec la « male heure ». Nicot fait venir « *heur* » de *hora*, confusion qui renvoie à l'importance de l'heure de la naissance. Comme dit le proverbe, « mieux vaut à bonne heure naître[62] ». Le temps est lié à la Fortune, il est lui aussi plus ou moins favorable. Tout ce qui arrive arrive sous la couleur du Temps. Selon le proverbe, « toutes choses ont leur saison[63] ». Nous sommes toujours dans une pensée cyclique, comme l'indiquait déjà l'étymologie de *disette*.

De *heur*, l'ancien français a dérivé *MESEUR*, attesté encore chez Olivier de La Marche[64], et *MALEURTÉ*, attesté jusqu'à Nicot. *Maleurté* a signifié malheur mais aussi action condamnable. Le dictionnaire d'Huguet dégage quatre acceptions de *malheurté* : état ou événement malheureux, action méchante ou méchanceté. Cette acception active concerne aussi le *malheureux*, au sens de méchant avec intention ; elle semble s'être développée dès l'ancien français, comme l'indique le dictionnaire de Godefroy ; mais on la retrouve dans le dictionnaire de Littré[65].

Méchant : le changement de sens

Nous nous intéresserons plus particulièrement à l'évolution de *MÉCHANT*. Comme Meschinot le disait, le méchant naquit sous constellation d'infortune. La *chance*, c'est la chute des dés ou des osselets, le hasard ; c'est toujours le sens de *chance* en anglais. Le terme a d'abord été neutre comme *heur*, *fortune*, *succès* ; l'étymologie *cadere* renvoie au verbe *cheoir*. « Fortune, la *mescheans*, Quant sur ses hommes est *cheans*, si lor en vérité fait par son *mescheoir* » découvrir les vrais amis[66]. Les simples gens se réjouissent, « esperant que l'eur de bonne chance les jeta hors de leur *malle meschance*[67] ». Le *méchant* est le malheureux, l'infortuné, le malchanceux. Philippe

---

62. MORAWSKI, n° 1238 ; variante avec « eur ».
63. MORAWSKI, n° 2395, d'après Mielot (1456) ; n° 343.
64. Olivier de La Marche, *Mémoires*, ca 1470, cité dans GODEFROY et le *DMF*.
65. GODEFROY, *maleuros*, t. V, p. 117 ; LITTRÉ, malheureux n° 10 et 13 ; HUGUET.
66. *Rose*, v. 4949-4951.
67. CRÉTIN, mort en 1525, *Œuvres*, p. 192, v. 61-62.

de Beaumanoir dans les *Coutumes de Beauvaisis*, parle des « cas qui adviennent plus par *mesqueance* que par malice », plus par malchance que par méchanceté : le hasard malheureux peut concerner l'homicide involontaire[68]. Le proverbe dit : « Au plus meschant *chiet la soiete* », tombe la flèche. *Malheureux* remplacera ultérieurement *méchant* : « au malheureux chiet toujours la buchette[69] ». Panurge ayant échappé à une tempête, une « infortune », remercie Dieu : « Dieu qui n'oublie point ses amis au besoin, voyant que pour *meschans gens* nous étions si [pourtant] gens de bien, nous jeta et préserva hors de ce péril[70]. » Le texte joue sur l'ambivalence de *méchant* ; ils sont infortunés, mais ils n'en sont pas moins gens honorables ; et l'on croise l'antonymie redoutable gens de bien *vs* méchantes gens.

Méchant signifie aussi pauvre. Un voisin dit à un « pauvre simple homme », chargé de famille, « tu es pauvre et meschant homme et n'as de quoi vivre et nourrir ton ménage. Si tu me veux croire, par le sang Dieu, toi et moi serons riches à jamais[71] ». *Méchant* entre aussi dans la dichotomie sociale pauvre *vs* riche, et s'oppose à « gens de bien ». La Tortemove, ce malheureux avare décrit par Philippe de Vigneulles, craint de partager son cochon avec ses voisins : « si je ne leur en baille, je serai haï et *villenez* [injurié] et plus tôt des plus *meschans* que des gens de bien[72] ». Bassesse morale et bassesse sociale se confondent.

La signification active et péjorative de *méchant*, enclin au mal, va se développer à partir du XIVe siècle, et triompher au cours du XVIe siècle, au moment où la *méchanceté* remplace la *meschance*. Certains proverbes, cités par Meschinot, Molinet et Noyers, semblent être clairs : les *meschans gens* sont mauvais : « a *meschans* gens chestive serte », pauvre récompense ; « a *meschans* gens povre monnaie » ;

---

68. BEAUMANOIR, éd. Beugnot, t. I, chap. 1, p. 18 ; t. II, chap. 69, « Des cas d'aventure qui adviennent par *mescheance* », p. 483 *sq.* ; éd. Salmon, t. I, p. 17, t. II, chap. 69, p. 478 *sq.*
69. MORAWSKI, n° 188 ; VIGNEULLES, *Nouv.*, n° 91, p. 356. « On dit maintenant tirer à la courte paille », selon LITTRÉ, voir p. 52.
70. *Disciple de Pantagruel* (1538), chap. 17, p. 45.
71. GUÉRIN Poitou, t. XXXV, p. 205, 1459.
72. VIGNEULLES, *Nouv.*, n° 52, p. 222 ; voir aussi *meschans* substantif, glosé simples gens et opposé à *seigneurs* (*Passion* Michel, v. 19029-19030).

« a *meschans* gens on ne peut gaigner », où méchants est traduit par *pravi*[73]. Citons deux exemples : un enfant ne doit pas suivre gens diffamés, qui hantent « meschans gens », « mauvais garçons », « un tas de truandaille, de meschans gens, de coquinaille » ; il lui faut au contraire « hanter toujours gens de bien » ; à nouveau bassesse sociale et bassesse morale se confondent[74]. Dans le conflit de l'Hôtel-Dieu de Paris en 1537, « méchant » sert d'injure pour qualifier les moines ou les sœurs. Une religieuse est allée coucher avec des hommes : « si elle y était allée bonne, elle en est venue meschante » ; avec « la meschante vie qu'elle a menée, il semble d'un grand diable en couvent »[75].

Comment s'est opéré le changement de sens, et le glissement généralisé à un sens actif et péjoratif ? Cela suppose d'abord l'intervention de la responsabilité humaine. Le pauvre n'est pas totalement innocent, il est souvent jugé responsable de sa pauvreté. Un second élément va venir aggraver sa situation, la confusion entre bassesse sociale et bassesse morale, où vient se loger la honte. Reprenons le processus. La responsabilité humaine intervient avant même que la *meschance* soit pure méchanceté. Le malheureux lui-même est responsable de ce qui lui arrive, il fait lui-même sa *meschance*. La femme de Job, dans le *Viel Testament*, lui dit : « tu es méchant devenu, Tu as tout perdu, tu n'as rien » ; mais elle ajoute : « si tu fusses homme de bien, Tu ne fusses pas en ce point » ; tu as dû offenser Dieu. Le faisant responsable de sa pauvreté, pauvre par sa faute, elle joue sur l'ambivalence sociale/morale de « méchant » et de « gens de bien », et fait intervenir la responsabilité humaine[76]. Selon la *Condamnacion de banquet*, les « fous ont grande volonté De chercher leur *male mescheance*. Quand on a bien ri ou chanté, A la fin faut tourner la chance »[77]. À Pierre de La Broce « chu en *maleurté* », Fortune disait : c'est ta fausseté qui t'a mis en cette « *mescheance* »[78].

---

73. MESCHINOT, *Lunettes*, v.1068, p. 64 ; MOLINET, *Faictz*, t. I, p. 73 ; NOYERS, p. 2.

74. *Myst. Viel Test.*, t. IV, v. 34936, 34904, 34916-34917, 34900.

75. COYECQUE, *Hôtel-Dieu*, p. 377-381 et 389.

76. *Myst. Viel Test.*, t. V, v. 37048-37051.

77. LA CHESNAYE, p. 70-71, v. 107 : la chance finit par tourner.

78. Pierre de la Broce, *Rom.*, t. LVIII, 1932, texte n° 3, v. 204 et 210. Pierre de La Broce favori du roi Philippe III, devait finir pendu en 1278.

En ce qui concerne le pauvre, en quoi est-il alors responsable de sa pauvreté, de son malheur ? Dans la pensée commune de l'époque, la cause en est l'oisiveté, la paresse : comme le dit le *Roman de la Rose* « par vie oiseuse et *fetarde* [paresseuse], Peut-on à pauvreté venir[79] ». La paresse est d'ailleurs une notion très large, plus morale qu'économique ; elle est voisine de la lâcheté[80]. Dans *Le Chemin de povreté et de richesse*, il faut choisir entre les deux voies : le chemin de « pauvreté », c'est le « chemin de paresse », « malheureux est celui qui y entre » ; « Mais de tels gens, en vérité, Doit-on avoir peu de pitié, Quand ils sont en si bas degré ; Puisqu'ils se mettent tout de gré En si douloureuse aventure, Que *mesaise* aient c'est droiture » ; rappelle-toi les *meschean*s que tu vois chaque jour, suivre ce chemin et devenir « si malheureux »[81]. Le pauvre n'est plus tant pitoyable que coupable. Et à côté de l'oisiveté, d'autres vices mènent à la pauvreté : la gourmandise ou la luxure : le *train*, le style de vie, une vie mal conduite. Les polices des pauvres condamneront au XVIe siècle la vie désordonnée des pauvres. La proximité entre *maudit* et *malduict* ou, comme nous l'avons vu, celle de *malostru* et *malestruit*, renvoient à ce lien entre pauvreté et mauvais *train*, mauvaise manière de vivre. Le « train malheureux » apporte le malheur, mais il a aussi un responsable : « Si le peuple a quelque indigence, La taverne en est la cause […] De malheur ne me puis défaire ; […] Par taverne et *train* malheureux, Plusieurs sont en nécessité[82]. »

Au cœur du changement de sens, il y a notre second point, la confusion bassesse sociale/bassesse morale, où va venir se loger le mépris pour le pauvre et l'inférieur. Et ce mépris du pauvre va induire en lui un sentiment de honte de son état. Être pauvre, c'est « vivre en grande *vergogne*[83] ». « Quand un pauvre meurt, l'on ne sonne Sinon les cloches

---

79. *Rose*, v. 10198-10199.

80. Dans le *Ménagier*, la paresse est dormir en bon lit, faiblesse de caractère, négligence, rancune, qui fait oublier de faire le bien, et même désespérance (p. 90).

81. *Chemin de povreté*, 1342, dans *Menagier*, 1994, p. 822-823 ; voir DELUMEAU, p. 258-259 ; et Anne M. Scott, « Le Chastel de labour, La voie de povreté et de richesse, and a luxury book », dans SCOTT, *Experiences*, p. 253 sq.

82. *La Réformation des tavernes*, XVIe siècle, dans MONTAIGLON, *Rec.*, t. II, n° 52, p. 225-226. Voir aussi « mauvais gouvernement », *infra* p. 128.

83. MICHAULT, 1466, p. 56 ; vergogne, honte.

d'un côté[84]. » La pauvreté, dans le *Roman de la Rose*, « comme chien honteux en un *coignet* [petit coin] Se *cropoit* et se tapissait. Car pauvre chose, où qu'elle soit, Est toujours boutée et *despitée* [méprisée] » ; la honte induit un comportement, s'accroupir, se tapir, qui prévient le comportement d'autrui, frapper, mépriser[85].

– Quand un homme n'a plus rien, Chacun lui rechigne [montre les dents] et gronde, Et lui court sus comme un chien[86].
– Qui n'a rien [...] n'est à rien prisé [...] L'on se moque de qui n'a rien, Et l'en dit : c'est un fol méchant[87].

La honte au Moyen Âge se confondait avec le mépris et le déshonneur. Dans la Pacience Job, le malheureux sur un fumier est « à grande honte » ; « maintenant est en reproche, Homme qui soit de lui n'approche »[88]. Reproche a un sens très fort d'opprobre ; la honte est solitude et exclusion sociale. C'est le proverbe « pauvre homme n'a nul ami ». Mais on dit aussi : « pire est gabeiz [moquerie] de pauvre que le mal qu'il a[89] ». Car la honte est aussi outrage, comme le montrent les verbes ahonter, honnir. Selon Furetière, le mot honte peut signifier « affront, injure qu'on reçoit, infamie qu'on souffre ». La honte est un échange qui inclut la dévalorisation de l'un et la supériorité de l'autre, en cela elle est contagieuse. Elle est aussi la peur de l'humiliation sans réponse possible. Le pauvre ne sait pas parler, mais « onc ne vis riche muet[90] ». La honte est donc au cœur de la confusion bassesse sociale/bassesse morale.

Entre les deux acceptions de *malheureux* ou *méchant*, active et responsable et passive en tant que victime, il semble bien avoir existé un continuum. Explorons ce continuum. D'abord certains caractères,

84. Menus propos 1461 dans PICOT, *Sotties*, t. 1, p. 94, v. 343 (t. II de KOOPMANS, *Sotties*, à paraître) ; *La complainte de François Garin* (1460), Presses universitaires de Lyon, 1978, v. 1719 : « Pour les povres cloches ne sonnent. »
85. *Rose*, v. 454-457 ; MOLLAT, *Les pauvres*, p. 231 ; voir *supra*, p. 79-80.
86. *Pacience Job*, v. 3368-3370.
87. *Moralité de Charité*, avant 1550, dans MONTAIGLON, *Théâtre*, t. III, p. 360.
88. *Pacience Job*, v. 4768 et 4773-4774.
89. MORAWSKI, n° 1714 et n° 1636.
90. « Onc », jamais ; MORAWSKI, n° 1445.

où intervient la responsabilité humaine, sont qualifiés de « méchant », sans qu'il y ait vraie méchanceté : l'avare et le lâche.

– L'avare est *méchant*. La femme du *savetier qui ne répond que chansons* et refuse de lui offrir une robe, est « bien malheureuse femme » ; elle le traite de « meschant homme De pauvre sorte et déshonnête » ; elle ajoute plus tard « meschante suis de coucher À ton côté vilain infâme ». L'infamie a fait tache d'huile ; la bassesse morale est bien proche de la bassesse sociale et du mépris[91].

– L'association *lâche et méchant* est fréquente aux XVᵉ et XVIᵉ siècles. Cotgrave, à *Meschant*, précise : « sans être poursuivi le méchant prend la fuite ». Nicolas de Troyes met en scène un amant qui reproche au mari sa lâcheté : « tu ne vaux rien, tu es lâche et meschant, tu es ivrogne », tu la prêtes et la mets « au chemin de meschanseté » ; sans elle, tu fusses « meschant et malheureux », pauvre et sans ami. Il faut distinguer ici plusieurs sortes de *méchant* : le lâche, adonné à la boisson, la *méchanceté* de sa femme, qui a perdu son honneur et le *méchant* malheureux (sans ami). Bassesse morale et bassesse sociale à nouveau se rejoignent[92].

L'avarice et la lâcheté ont été de façon ancienne associées à la bassesse sociale. D'autres conduites expriment davantage l'ambivalence entre les deux acceptions active-responsable et passive-victime. Citons quelques textes :

– La *meschance* peut être le hasard malheureux d'un homicide involontaire : mon enfant « en l'eau se noya par ma meschance », dit la mère au juge, et cette *meschance* est précisée comme *meschief* [malheur], fatigue ou « sujétion de l'ennemi », du diable ; une conduite fautive a été causée par la malchance, un accident ou l'intervention d'une puissance surnaturelle. Cette *meschance* passive a pu être aussi partiellement active La malchance n'est peut-être jamais totalement innocente[93].

– Un mari dit à sa femme, grande coureuse, « tant luxurieuse et chaude sur potage » : « vous êtes obstinée en votre meschante vie » ;

---

91. *Rec. de Florence*, n° 37 (début XVIᵉ s.), v. 136, 140-141 et 340-341.
92. NICOLAS de TROYES, n° 55, p. 137 (1536-1537).
93. *Mir. N.-Dame.*, t. II, n° 15, p. 310, v. 800-801. Sur l'homicide involontaire, voir *supra*, p. 95.

mais elle lui répond qu'elle n'y peut mettre remède, « car je suis tellement née sous telle étoile, pour être prête et servant aux hommes ».
Ici la mauvaise intention est encore immergée, non sans ironie, dans
la destinée, et les étoiles[94].

– D'une manière plus générale, le malheureux ou le méchant met
en marche un malheur, qui rejaillira sur lui ou sur ses enfants. D'après
Étienne Metge, des mauvais garçons avaient endommagé un pont :
« fait sinistre, barbare et malheureux, et dis que tels gens qui ce ont
fait, ne sentent le mal qui à ceste cause leur pourra advenir, pour
se réjouir de la ruine publique[95] ». La méchanceté va revenir comme
malheur sur le responsable, tel un boomerang.

– Étienne Metge raconte aussi l'histoire d'un nouveau-né abandonné, « là malheureusement exposé et jeté par quelques maudites
créatures » ; des personnes le remettent en bon état, le font baptiser
et le prennent en charge, « pensant ce leur être présage de bonne
aventure » ; et Metge conclut : « J'arbitre que quelque malheureux
homme fut conducteur de tel mystère », car une femme, elle, l'eut tué.
Malheureusement ne renvoie sans doute pas seulement à l'enfant, mais
plus encore au *malheureux* responsable, qui en sera sans doute maudit.
Le malheureux est à la fois responsable et victime de la malédiction.
Recueillir un enfant porte bonheur, et l'avoir abandonné va lui porter
malheur[96].

– Un laboureur se plaint que sa vigne ne rend rien, qu'elle ne lui
donne que peine et verjus : il la traite de « vieille, torte, boiteuse, Infecte,
pleine de tourment, Laide, hideuse et malheureuse, Toute horreur et
encombrement » ; c'est la mauvaise volonté même de la vigne, qui
apporte le malheur, lui fait du tourment et finalement le rend malheureux. Mais la vigne lui répond : « toute ta méchanceté ne vient pas
d'autre que de toi », de ton manque d'ordre, de tes « tromperies et
faussetés ». Sa *méchanceté*, sa pauvreté, vient bien de lui, il y a eu
échange de responsable[97].

---

94. *Cent Nouvelles nouvelles*, n° 91, dans *Conteurs français*, p. 321.
95. PODIO, t. I, p. 461 (1554).
96. PODIO, t. I, p. 555-556 (1565).
97. *Débat de la vigne et du laboureur* (XVIᵉ s.) dans MONTAIGLON, *Rec.*, t. II, p. 317,
321, 323.

Sur quoi repose ce continuum ? Nous tentons de différencier la victime passive, malheureuse, et le responsable actif, le méchant. Mais entre les deux, souvent se maintient une force qui les relient et les encadrent, les étoiles, la malchance, le hasard ou la malédiction ; et la malédiction revient en boomerang sur l'auteur de la mauvaise action, qui récolte ce qu'il a semé. Ce que l'époque appelait le plus souvent la Fortune ou la destinée.

Le triomphe et le déclin de la Fortune

Dans la confusion toujours possible entre la bassesse sociale et la bassesse morale, dans ce flou, vient se loger l'évolution de *méchant* et de *malheureux*, sous la main de la Fortune. La Fortune a deux faces, heur et malheur, richesse et pauvreté. Elle ressemble à ce qu'elle donne, selon ce mécanisme toujours efficace à la fin du Moyen Âge qui opère la confusion entre agent, action et résultat de l'action, que nous retrouvons dans la déesse, qui tantôt tourne la roue, tantôt tourne sur la roue, ou dans l'Amour aveugle, intransitif ou transitif, aveuglé ou aveuglant ceux qui se livrent à lui. La connexion de la Fortune avec des cycles voisins révèle sa proximité avec la culture de l'époque, qui pense de façon cyclique. Relisons le texte de la Célestine, qui fait de la Fortune la fatalité naturelle qui régit le monde :

> Le monde est ainsi fait, laissons-le passer. Il tourne sa roue, aux uns prospère, aux autres adverse. La loi de Fortune est que nulle chose en un état ne peut longtemps durer *permanable*. Son ordre est muance […] C'est un proverbe antique que tout ce qui est en ce monde, ou il croît ou il décroît. Il n'y a chose qu'elle n'ait ses limites et son degré […] Je montais pour descendre, je fleuris pour sécher, je naquis pour vivre, je vécus pour croître, je crûs pour envieillir, j'envieillis pour mourir[98].

Nous sommes face à une pensée circulaire, réversible, une conception du monde qui ne s'effacera que progressivement après la Renaissance.

---

98. *La Celestina* de Fernando de Rojas (1 499) a été traduite en français dès 1527 ; Gérard J. Brault (éd.), Détroit, Wayne State University Press, 1963, p. 127-128. Voir aussi NICOLAS de TROYES, p. 298.

Le cycle décrit ici est celui des Âges de la vie, qui est au centre de l'interprétation du monde au temps de la Renaissance. La mort ne termine pas le cycle, le vieux fond rural dit qu'il y a toujours renaissance. C'est le passage carnavalesque de la mort à la vie dont parle Bakhtine[99]. Cette conception du monde, de la nature et du temps est saturée de cycles, les quatre éléments, les quatre humeurs, les quatre caractères (chaud, froid, sec, humide), ou le cycle des vicissitudes humaines : après la paix, vient la richesse, puis la guerre qui amène la pauvreté[100]. Dans cette vision du monde, le divin, l'homme et le monde ne sont pas séparés ; la responsabilité et la culpabilité de l'individu sont encore prises dans un ensemble de puissances agissantes qui le dépassent, où la Fortune et les étoiles ont longtemps conservé une place[101].

Mais la Fortune elle-même est en train de changer, face à la montée de la responsabilité individuelle. La Fortune en effet se vulgarise à la fin du Moyen Âge, le pauvre lui-même dépend des astres, et la Fortune a à faire avec la destinée individuelle. On assiste à une sécularisation de la Fortune. Dans le théâtre, son rôle, qui a pu être important, semble ensuite s'effacer au profit de figures comme le Temps, le Monde ou la Folie[102]. La roue continue de tourner toute seule. Le succès littéraire de la déesse commence à s'essouffler dans la seconde moitié du XVIe siècle. Henri Estienne atteste pourtant toujours de son succès parmi le peuple : « Maintenant tout est plein de Fortune [...] ce que dit la populace, tant ailleurs qu'à Paris : c'est Fortune, Dieu le veut[103]. » Mais en se désacralisant, elle va se trouver écartelée entre la montée de la responsabilité individuelle et celle de la Providence. La Fortune sera un des enjeux

---

99. NICOLAS de TROYES, p. 255 ; BAKHTINE, p. 325-329, 349, 360-362.

100. Ommegang de 1561 : JACQUOT, « Ommegangs anversois », p. 362 ; d'autres références dans ROCH, « Le roi, le peuple et l'âge d'or », p. 200. Voir aussi la comptine italienne du XVIe siècle, « la richesse fait l'orgueil, l'orgueil fait la pauvreté, la pauvreté fait l'humilité, l'humilité fait la richesse, la richesse fait l'orgueil », RICCI, « Les pauvres orgueillleux », p. 161.

101. MÜHLETHALER, « Quand Fortune ce sont les hommes », p. 177-206.

102. Absente dans la Folie des goriers (ca 1465), PICOT, Rec., t. I, n° 5, v. 325-328 ; Folle Bobance (ca 1500), KOOPMANS, Sotties, t. I, n° 3, v. 382 sq. ; dans Pou d'Acquest, FOURNIER, p. 63a, 65a : le Temps « nous mettra à la Roue de Fortune ».

103. ESTIENNE, Henri, Deux dialogues (1578), p. 342,344.

décisifs de la Réforme contre l'Humanisme[104]. Il a existé en réalité au Moyen Âge deux discours parallèles sur le rôle de la Fortune, tantôt toute-puissante, tantôt fiction méprisable. Cette critique de la déesse est affirmée clairement au XVe siècle dans le *Quadrilogue* d'Alain Chartier :

> Ainsi y errent les plusieurs. Car en racontant les faits qu'ils connaissent à l'œil, ils demeurent en méconnaissance de la cause. Et pour ce que les jugements de Dieu, sans qui rien ne se fait, sont une abîme parfonde ou nul entendement humain ne sait prendre fond [...] nous imputons a Fortune, ce qui est chose feinte et vaine et ne se peut revancher, la juste vengeance que Dieu prend de nos fautes[105].

Si la Fortune ne peut « se revancher », reste la vengeance divine, car il faut bien, pour que la terre continue de tourner, que le mal soit vengé, tel un boomerang. Dans le *Labirynth de Fortune*, un siècle après Alain Chartier, Véritable Doctrine enseigne à l'auteur que la déesse dame Fortune n'existe pas ; elle n'est qu'une figure qui représente le sentiment qu'a l'homme de l'arbitraire des choses[106]. Mais si la Fortune n'est qu'une fiction, dans quel cadre peuvent alors coexister le libre arbitre de l'homme et la prédestination, autrement dit la justice divine ? La venue au premier plan du thème de Job au XVe siècle[107] tente de répondre à ces questions. Étienne Metge au XVIe siècle montre bien que la question est toujours là, en éclairant ce que l'on peut appeler à la suite de Jeanne Favret-Saada, analysant la sorcellerie du Bocage, « l'affolement de la causalité »[108] :

---

104. Voir Michael Andrew Screech, « L'humanisme évangélique du riche en pauvreté », poème attribué parfois à Marot (avant milieu XVIe siècle ?), dans *L'Humanisme français au début de la Renaissance*, Colloque de Tours, Paris, 1973, p. 241-251 ; en particulier un sermon de Calvin de 1556, p. 248.

105. *Quadrilogue*, 1422, dan *Jeux et sapiences*, p. 863.

106. BOUCHET, *Le Labirynth*, chap. 20, v. 2376-2377, p. 75. Voir Pascale Chiron, « Le *Labirynth de fortune* de Jean Bouchet, imitation du *Livre de l'Espérance* d'Alain Chartier », *CRMH*, 2017-1, n° 33, p. 256.

107. Voir l'introduction d'Albert Meiller à la *Patience Job*.

108. Jeanne Favret-Saada, « Le malheur biologique et sa répétition », *AESC*, t. XXVIII, 1971, p. 873-888, spéc. p. 879.

Je ne sais entendre les faits que je vois en ce monde, car les choses certaines fois sont prospères, autres fois incommodes, comme en cette présente année 1546 que le peuple par diverses fortunes a été assez affligé et martyrisé, et mon entendement en ce demeure perturbé, méditant que ce peut être par la providence et permission divine, de laquelle le pouvoir et savoir n'est pas mesurable, ou c'est par le péché du peuple, ou c'est par la vertu, influence et force des astres et corps célestes[109].

Comment comprendre le malheur des innocents, si la Fortune n'existe pas ? Et la roue de fortune, qui faisait et défaisait les riches et les pauvres, laisse l'individu et Dieu seuls responsables. C'est là un des éléments de la crise de la Renaissance. L'homme devient responsable de son malheur, de sa *malfortune* ; cette affirmation ne cesse de retentir du *Roman de la Rose* à Pierre Michault[110] ou à Boccace :

Le ciel et les étoiles ne sont point a blâmer pour les malles fortunes qui adviennent à l'homme, puisque l'homme, qui est chu du haut au bas, a procuré et quis [recherché] le cas de sa malle fortune[111].

L'évolution de la Fortune est double ; elle perd son ambivalence positive/négative, et l'agent s'efface dans les résultats de son action. Le « fortuné » perd son sens de victime et n'est plus que le riche et le favorisé. Son ambivalence s'est cependant maintenue longtemps, comme en témoignent l'adjonction de « bien » ou « mal », la rareté de l'antonyme « infortuné » et les emplois actifs de *fortuner*. Au XVIIe siècle le sens bascule et se bloque du côté du bonheur : Pierre Richelet dans son *Dictionnaire françois* (1680) dit de fortuné « ce mot commence à n'être plus guère en usage, il signifie heureux[112] ». À ce moment-là un pan entier de la vieille conception du bonheur et du malheur, de leur réversibilité, se sera effacé.

---

109. PODIO, 1546, t. I, p. 397-398.

110. *Rose*, v. 17718 ; MICHAULT, 1466, p. 107.

111. Trad. Laurent de Premierfait, début XVe s. *Des Cas des Nobles hommes*, éd. Paris, 1538, BnF, Res. G359, f° 47.

112. RICHELET, *Dict.*, 1680.

Du côté de la langue

On a entendu sans doute longtemps, en arrière-plan à la *mescheance*, un mauvais choir. L'effacement du E de *mescheant*, qui reste difficile à dater, car les deux formes coexistent avant et après 1400, peut être interprété comme déconnexion d'avec le verbe cheoir et distance croissante à l'étymologie. Mais le fait décisif a été le remplacement de choir par tomber au XVIe siècle. *Meschant* se retrouve isolé, et le préfixe « mes » le tire vers la signification péjorative négative, qui domine à partir de la fin du XVe siècle. Notre moderne *malchance* n'existe pas encore. Les femmes dissolues, les vagabonds, les mendiants les aventuriers pillards, toutes ces catégories sociales, dont la moralité fait problème au début du XVIe siècle, s'adonnent à *meschante vie*. Et celle-ci définit non un accident, mais un style de vie, un train de vie : « un qui est meschant non pas en une certaine chose, mais la meschanceté duquel est générale » ; « meschant *per omnes casu* » ; « meschant en cramoisi »[113]. Les contemporains supposent alors des étymologies, où la Fortune s'efface. Bovelles propose « mechanique » en 1533, personnage bas et méprisable, qui gagne sa vie de ses mains[114]. Henri Estienne propose en 1578 *moichos*, paillard[115]. La *meschance* médiévale va laisser la place à la *méchanceté*. Maurice de La Porte en 1571 confond « meschance ou meschanceté » et les affuble d'épithètes condamnables[116]. Mais Palsgrave en 1530 traduit encore *meschant* par *unluckye* ; et Nicot en 1606, à côté de *meschanceté* qui remplit de crimes deux tiers de colonne, mentionne brièvement « meschance : id est *meschef* et infortune », comme si la vieille meschance avait gardé sa valeur jusqu'au bout, au moment où elle va disparaître.

Dans le même temps, le sémantisme d'une partie du vocabulaire va changer. Un certain nombre de verbes, exprimant un mouvement, étaient à la fois transitif et intransitif, comme aujourd'hui je sors

---

113. ESTIENNE, *Deux dialogues*, 1578, p. 348 et 437. Cramoisi : d'une façon éclatante.
114. BOVELLES, p. 15 et 147. Voir Linton Cooke Stevens, *La Langue de Brantôme*, Paris, Nizet, 1939, p. 51 : *moequaniqueté ou mecaniqueté*, caractère bas.
115. ESTIENNE, *Deux dialogues,* p. 131 : « car on appelle une femme de méchante vie une paillarde » (HUGUET).
116. LA PORTE, 1571, fol. 164v°.

la voiture du garage et la voiture sort du garage. Ces mots expri-maient un changement d'état tantôt de manière active et transitive (un agent causateur vers un patient victime), tantôt de manière passive et intransitive (le patient change d'état). Cette connexion, cette indéci-sion grammaticale, renvoie peut-être à l'affolement de la causalité dont nous avons parlé ; sans doute aussi à un individu toujours immergé dans les mouvements du monde.

PROSPÉRER, du latin *prosperare,* a conservé le sens étymologique faire prospérer (transitif, actif), jusqu'au premier tiers du xviiᵉ siècle ; mais il a signifié aussi réussir, être favorable (intransitif passif), qui est le sens qui a survécu. On rencontre l'opposition *prospérer* vs *maleurer. Maleurer* a signifié tantôt rendre malheureux, tantôt tomber dans le malheur. *APPAUVRIR* de même a signifié tantôt rendre pauvre quelqu'un (transitif actif), tantôt pour ce quelqu'un devenir pauvre (intransitif passif), aujourd'hui nous dirions s'appauvrir, utilisant la voie pronominale (passif). De même *melancolier* c'est rendre quelqu'un triste ou courroucé (transitif, actif) ou devenir triste ou irritable (intran-sitif, passif) ; on disait aussi *se merancolier.* Ces verbes ont perdu leur possibilité combinatoire au cours de l'époque moderne. Par ailleurs, la Fortune, nous l'avons vu, se fixe du côté favorable, comme *succès* et *réussite* ; le *succès*, ce qui arrive de bon ou de mauvais à la suite d'un événement (succéder), se cantonne au milieu du xviiᵉ siècle dans la réussite. La « bonne *estrenne* » (la chance) et la « male *estrenne* » (le malheur) disparaissent, mais pas le cadeau. La conception du hasard qui agissait auparavant n'est plus celle d'aujourd'hui. « Le hasard est une invention moderne ». Avant le xviiᵉ siècle, nous sommes dans une conception que l'on pourrait nommer « à l'orientale », qui ne vient pas tant de l'extérieur que de nous-mêmes, où le divin, l'homme et le monde sont interdépendants[117]. Le pur hasard est bien une invention moderne.

Si nous considérons maintenant *meschant* et *malheureux*, nous sommes tantôt devant un agent actif, le destinateur du mal, tantôt devant la victime passive destinataire du mal. Nous retrouvons une opposi-tion voisine pour *pitoyable* (*piteable*) et *piteux* : *piteux* avait à la fois

---

117. Voir *Figures de la Fortune*, revue *Traverses*, n° 23, nov. 1981.

le sens de pitoyable (passif), mais être piteux à quelqu'un, c'était être compatissant, miséricordieux, avoir pitié de quelqu'un (actif), jusque dans la seconde moitié du XVIIe siècle ; *pitoyable* c'était être enclin à la pitié (actif) jusqu'au XVIIe siècle, mais aussi susciter la pitié (passif), le sens actuel. *Désastreux*, né sous un mauvais astre, apparu au milieu du XVIe siècle au sens de malheureux (« vieux » selon Furetière), a signifié à qui il arrive un désastre, mais aussi qui cause un désastre : « cet emploi n'est pas recommandé », dira Littré. *Dédaigneux*, c'était être méprisant (actif), mais aussi être méprisable, qui mérite le dédain (passif)[118]. Le *dépit* aujourd'hui est un chagrin mêlé de colère ; mais, jusqu'au début du XVIIe siècle, le mot a signifié le mépris (*despectare*). Être *despiteux*, c'était être méprisant, arrogant, peu piteux, peu compatissant (actif), mais c'était aussi jusqu'au XVe siècle être méprisable, piteux au sens pitoyable (passif). *Piteux* et *dépiteux* ne cessaient d'ailleurs de se croiser, on y verra les traces d'une étymologie populaire[119]. *Pitoyable* a inexorablement dérivé vers le mépris (susciter le mépris), sens qui apparaît d'ailleurs dès le Moyen Âge, dans la proximité de la bassesse sociale et de la bassesse morale. Il en a été de même pour *misérable*, qui suscite la pitié, et qui a pris de plus en plus une signification péjorative. *Mauvais* a évolué pareillement au sens de sans valeur, défectueux, insuffisant.

Il n'est pas inutile de se pencher pour terminer sur le cas de *laid* et de *laidement*, qui expriment une laideur physique ou morale, mais qui, avant le XVIIe siècle, avaient aussi le sens de désagréable, d'une manière outrageuse, faisant souffrir, qui conservait le sens étymologique du francique : une sorte de « transitivité active », qui part du sujet et est dirigée contre quelqu'un d'autre ; mais qui peut aussi se retourner en sens inverse contre le sujet, « selon la direction de l'influence » : *il m'est laid*, il m'est désagréable. La *laidure*, c'est l'injure, l'outrage[120]. La laideur s'est faite active.

---

118. LITTRÉ, n° 6 : « inusité en ce sens ». Littré traduit *dédain* par honte (passif), dans *La Satire Ménippée* (1593).

119. Le préfixe DÉ-. Par exemple dans le *DMF* (dépiteux, A-1c) : paroles si piteuses, qu'il n'y eut cœur si dépiteux, qui, à l'entendre n'en eut pitié.

120. NILSSON-EHLE, « Vieux français *lait* ». À rapprocher du mot *ennui*, au sens ancien de tourment (actif) et de dégoût *de vivre* (passif).

Des mots comme *meschant, fortuné, pitié* perdent ainsi un certain nombre de possibilités combinatoires qu'ils avaient au Moyen Âge. On constate, comme l'a remarqué Jacqueline Picoche, « la réduction de riches polysémies à d'indigentes monosémies, l'âge d'or est aux origines et nous vivons au milieu des ruines[121] ». C'est de cette évolution dont nous avons voulu rendre compte, en nous intéressant plus particulièrement au *meschant*. Ce que nous avons supposé de l'évolution de la Fortune laisse entrevoir que l'une des explications pourrait bien être l'effacement d'une très ancienne conception du Monde.

121. « Quelques principes de lexicologie historique », dans *Actes du cinquième Colloque international sur le moyen français*, Milan, 1986, t. II, p. 159.

Chapitre V

Aux marges de la nomenclature sociale, vrais et faux mendiants[1]

La catégorie des faux mendiants, proposée par Erik von Kraemer, n'est pas nommée ainsi dans nos textes. Ceux-ci parlent de « gens oiseux et vagabonds », de « mendiants sans nécessité », et surtout utilisent un vocabulaire proche de l'injure, qualifiant les mendiant profession-nels, ceux que nous appellerons faux mendiants. Seuls les « pauvres », qui deviendront à partir des XVe et XVIe siècles les « vrais pauvres »[2], ont droit à l'assistance ; ce sont des mendiants invalides, des mendiants « par nécessité ». Les autres, les vagabonds, les polices des pauvres au XVIe siècle les chasseront impitoyablement des villes. Mais ce vocabu-laire joue en réalité sur une certaine ambiguïté et les frontières entre vrais et faux mendiants semblent parfois poreuses : ainsi à Amiens en 1532, la municipalité prévoit de nourrir les « pauvres *maraulz* »,

---

1. Ce chapitre reprendra en partie deux articles, ROCH, « Quémander, caymant, Caïn : réflexions d'un historien sur une étymologie obscure », *Travaux de linguistique et de littéra-ture*, Faculté de Strasbourg, 1987-1, p. 299-324 ; ID., « De l'histoire à l'étymologie. Bélîtres, marauds et autres gueux », *Travaux de linguistique et de philologie*, 1992, XXX, p. 37-63.
2. Mons, 1438, HEUPGEN, *Doc.*, p. 5 ; Paris, 2e moitié XVe siècle, GEREMEK, *Truands*, p. 123 ; Lille 1527 et 1541, p. 700 et 707.

nommés plus loin « pauvres *vaccabontz* », employés aux travaux publics[3]. Le faux mendiant est bien proche du vrai, en particulier, on le verra, lorsqu'il est appelé des termes les moins péjoratifs de ce vocabulaire, « coquin », « maraud », « caymant » ou « bribeur ». Ainsi le théâtre des XVe et XVIe siècles, lorsqu'il met en scène le mendiant de la rue, donne au rôle le plus souvent le nom de « coquin[4] ». Il y a donc des degrés dans l'injure. Ces noms posent un autre problème : leur étymologie reste souvent obscure, et donc muette sur les raisons sociales de leur création et de leur diffusion. Dans le même temps se forme un stéréotype, celui du mendiant valide, qui vole l'aumône due aux vrais pauvres. Reprendre cette recherche à partir du vocabulaire permettra de mieux approcher la question plus proprement historique du rapport entre la marginalisation des mendiants au Moyen Âge et à l'aube des Temps modernes, et le vocabulaire proliférant qui l'accompagne, et qui du même mouvement va servir à nommer et à exclure ; quand dire c'est aussi faire, selon la formule de John Austin.

Naissance d'un stéréotype

La Peste noire de 1348 ouvre le siècle de l'homme rare. Ce qui entraîne au moins deux conséquences : les villes attirent l'exode rural, ce qui accroît le déracinement ; la population est plus mobile, mais aussi moins encadrée. Et la rareté de la main-d'œuvre entraîne une augmentation des salaires et place les ouvriers en position de force sur le marché de l'embauche ; ils attendent à l'auberge que les salaires montent. Les élites réagissent en tentant de bloquer les salaires et en multipliant les horloges, qui rythment le temps de travail. Ce qui fait l'originalité de cette première étape dans la lutte contre la mendicité, c'est qu'elle reste peut-être avant tout motivée par le manque de main-d'œuvre. Un sermon de Pierre aux Bœufs (avant 1417) éclaire ce qui se passe : les vignerons, lorsqu'on leur reproche de faire « arrêt oiseux », répondent : « nous avons assez de quoi vivre, pourquoi nous faudrait-il

---

3. *Inv. arch. com.*, Amiens, p. 438, CC121, fol. 30.
4. *Pâté tarte* ; la farce des coquins, dans *Rec. Florence*, n° 53 ; *Mystère de saint Clément de Metz* (ca 1470), Frédéric Duval (éd.), Genève, Droz, *TLF*, 2011. Voir aussi p. 125, 195.

travailler[5] ? ». Peut-être s'agit-il là du « thème le plus commun de
la littérature économique ancienne » : lorsque les prix baissent et que
donc le salaire réel augmente, le travailleur en profite pour travailler
moins ; il ne cherche pas à maximiser son profit, mais à maintenir
une situation jugée satisfaisante[6]. Ce qui se passe après la peste de 1348
a été sans doute assez semblable ; les salaires augmentent et la société
découvre effarée les délices de l'oisiveté. Le refus du travail devient
alors un moyen de pression sur les salaires.

En 1351, le roi de France Jean le Bon promulgue une ordonnance contre ceux qui mendient, « tant homme que femme », ce
que le texte appelle « truander », qui chantent dans les rues, qui
refusent de travailler et « se tiennent es tavernes et es *bourdeaux*
[bordels] », où ils jouent aux dés : qu'ils fassent « besognes de
labeur », ou qu'ils « vident la ville »[7]. Les ordonnances parisiennes
de la seconde moitié du XIVᵉ siècle parlent pareillement d'ouvriers
« oiseux », mendiants et « *truandans* », plus que de vagabonds[8].
À Dijon en 1423, « que toutes manières d'ouvriers, de quelque
métier qu'ils soient, ne soient oiseux ne trouvés oiseux parmi la ville
à peine d'être punis[9] ». À Tournay en 1440, que « tout tisserand,
foulon [...] et autres gens de métier voisent [aillent], du jour d'hui
en avant, ouvrer chacun du métier qu'il sait, sans aller oiseux ne
fréquenter fillettes, tavernes et jeux de dés[10] ». La désorganisation
de l'économie et une plus grande mobilité multiplient les recours à
la mendicité de la part des valides.

Dans le dernier quart du XIVᵉ siècle, le poète Eustache Deschamps,
qui fut aussi bailli de Senlis, fulmine contre ces truands, caymans et
coquins. Le poète est particulièrement agressif à leur égard ; il leur

---

5. Cité par MARTIN, *Un prédicateur franciscain*, p. 125. Voir aussi GEREMEK, *Lutte*,
p. 226-227.

6. GRENIER, p. 265. En période de baisse des prix, la rigidité des salaires freine
leur propre baisse, c'est « l'effet cliquet ». Il y eut effectivement baisse des prix dans
les années 1370-1410, mais il y eut surtout hausse des salaires après la peste.

7. *ORF*, t. II, p. 352 ; GEREMEK, *Truands*, p. 72-73 ; CHRISTOPHE, *Les pauvres*,
p. 138.

8. GEREMEK, *Lutte*, p. 231 *sq.* : 1354, 1367, 1382, 1389, 1399.

9. *Arch. mun.* B 151, août 1423, fol. 6.

10. Tournay, *Registres*, p. 83-84.

promet des coups de bâtons, qui auront vite fait de les guérir[11]. Le bâton accompagne d'ailleurs les mendiants durant tout le Moyen Âge[12]. Ce que montrent ces diatribes, c'est aussi que les tromperies ne sont si graves que parce qu'elles portent en même temps sur l'aumône. Ils volent les vrais pauvres, ce sont des larrons à Dieu. Et la prise de conscience se fait au monastère ou à l'église, où la gêne occasionnée par les mendiants et les « truandes » qui portent enfants semble devenir à cette époque plus sensible[13]. Deschamps développe une argumentation, qui va se retrouver dans toute la politique ultérieure contre les faux mendiants, celle du vol de l'aumône exercé par les faux pauvres aux dépens des vrais par le moyen des infirmités feintes[14]. À la même époque, le franciscain catalan Francesc Eiximenis parle de « certains *ribalts célérats* qui sont sains et forts et ne veulent travailler et feignent être infirmes et pauvres, et par des blessures faites et procurées par diverses herbes et médecines donnent à entendre qu'ils ne peuvent travailler et trompent ainsi les gens, et de cette manière ils enlèvent et soustraient les aumônes à ceux qui sont vraiment pauvres[15] ». Henri de Ferrières, dans le *Livre du roy Modus et de la royne Ratio*, dans le troisième quart du XIVe siècle, lorsqu'il aborde les ruses du renard pour chercher sa vie, les compare aux malices et aux *deceites*, aux tromperies, des faux malades, qui se laissent choir dans les églises : ils sont semblables au « trickster » Renart, l'ancêtre de Panurge, et tous les trois sont des décepteurs, qui cherchent leur vie par « malices » :

Renart [...] pour quérir sa vie fait beaucoup de malices [...] Ainsi font beaucoup de gens en ce monde, qui quièrent leurs vies par telles *deceites* et vont dans les églises, où [...] ils se laissent choir comme s'ils fussent morts [...] et font accroire qu'ils sont malades de mal de saint, pour avoir et soustraire

---

11. DESCHAMPS, t. VI, n° 1229 et 1259, p. 230 et 279 ; t. VII, n° 1299, p. 52-53 ; voir BOUDET, *Eustache Deschamps*, p. 245.

12. Sur le bâton qui sert à frapper le mendiant, p. 163, 165.

13. DESCHAMPS, t. VI, n° 233, p. 237, n° 1259, p. 280 ; Mons, 1373 (HEUPGEN, « La commune Aumône de Mons », p. 341) ; 1403 et 1409 (HEUPGEN, *Doc.*, p. 1, 3, 5) ; Paris, 1413 et 1428 (GEREMEK, *Truands*, p. 79 et 120).

14. Par exemple dans l'ordonnance attribuée à Charles VII (GEREMEK, *Truands*, p. 22-123) ou dans la police des pauvres de Paris de 1555-1557 (MONTAIGNE, p. 110).

15. Eiximenis, fin XIVe siècle ; cité par MARTIN dans *A Pobreza*, t. II, p. 604.

l'argent des gens. Telles gens sont larrons à Dieu, qui quièrent [cherchent] leurs vies par telles malices et *deceites*[16].

Ce type de tromperies est bien attesté à cette époque. Elles sont mentionnées dans les premières listes allemandes contre les faux mendiants, celles d'Augsbourg (1342-1343), qui aboutiront aux *Betrügnisse der Gyler*, aux Tromperies des mendiants (1430-1440) et au *Liber Vagatorum* (1510)[17]. Elles sont en réalité plus anciennes et semblent appartenir à un stéréotype du faux mendiant qui existe depuis la fin du XIIe siècle. Pierre Le Chantre, au sujet des clercs, qui acceptent des dons sans être dans le besoin, et ainsi volent en s'arrogeant ce qui devrait être distribué aux pauvres, propose une comparaison avec les mendiants :

> Il y en a qui sont en tout temps malheureux et rejetés, qui se font enfler en public, tremblent [*tremulosi*], prennent diverses apparences de malades et changent leur aspect comme Protée. Certains d'entre eux se cachent ensuite parce qu'ils ne veulent pas être découverts. Mais d'autres, les dons reçus, se montrent aussitôt tels qu'ils sont véritablement, reprenant leur premier visage et raillant même ceux qui leur ont donné ; et cependant ils sont plus excusables et moins mauvais que ceux qui se cachent, parce qu'ils font apparaître leur turpitude et leur *trutanniam*[18].

La conclusion de Pierre Le Chantre reste surprenante. Ce qu'il condamne est moins les maladies feintes que l'hypocrisie ; c'est que, nous le verrons, celle-ci est au cœur de la *trutannia*, de la truanderie. À la même époque, Thomas de Chobham, dans la *Summa* confessorum, aborde le « métier » des mendiants, qui ne font rien d'autre que *mendicare et manducare*, mendier et manger :

> La vie de tels gens est souvent dommageable, parce qu'ils se changent en apparence misérable, afin de paraître plus pauvres qu'ils ne sont, et ainsi

---

16. *Jeux et sapience*, p. 683. Sur le trickster, BATANY, *Scènes et coulisses*, p. 23 *sq.* ; BADEL, *Le sauvage et le sot*, p. 26. Chaque maladie a son saint guérisseur ; voir « titres des saints », *infra* p. 198.

17. GEREMEK, *Truands*, p. 182.

18. Pierre Le Chantre, *Verbum abbreviatum* (ca 1192), *PL* 205, col. 152.

trompent les autres, afin de recevoir davantage [...]. Souvent même il arrive qu'ils soient tout-à-fait vigoureux, mais ne veulent pas travailler par paresse, et ainsi reçoivent les aumônes, qui ne devraient être données qu'aux indigents. C'est péché mortel[19].

À nouveau, nous croisons deux sortes de mendiants, ici ceux qui ne font que se donner une apparence plus misérable, et ceux qui refusent de travailler par paresse ; la frontière entre mendiant et faux mendiant est bien une frontière poreuse. La condamnation des mendiants valides est présente chez les Décrétistes dès la seconde moitié du XIIe siècle[20]. On la retrouve dans le droit romain, comme le rappelle le *Roman de la Rose* :

> Et si défend Justinien, Qui fit les livres anciens, Que nul homme en nulle manière Puissant de corps, son pain ne quiere, Pourvu qu'il le trouve où gagner. L'on le devrait mieux *mehaigner* [mutiler] Ou faire en aperte justice [justice publique], Que soutenir en tel malice[21].

Le civiliste Azo de Bologne, au début du XIIIe siècle, sépare aussi les simples mendiants valides et ceux qui simulent des infirmités feintes :

> Les valides et les robustes ne doivent pas mendier, pour ne pas enlever le pain aux vrais misérables et infirmes [...] Il y a ceux qui, quoique valides et robustes physiquement, simulent des infirmités en s'appliquant quelques herbes ou onguents, et à cause de cela paraissent enflés, blessés ou estropiés, comme plusieurs *gallioti* [larrons]. Et ils paraissent infirmes ou estropiés des pieds et des mains alors qu'ils ne le sont pas[22].

Le stéréotype du faux mendiant ne date donc pas du milieu du XIVe siècle ; il se met en place dès la seconde moitié du XIIe siècle : il

---

19. Thomas de Chobham, *Summa confessorum*, 1216, F. Broomfield (éd.), Louvain, Nauwelaerts, 1968, p. 297, dist. IV, questio VI.

20. TIERNEY, « The Decretists and the Deserving Poor », p. 368-370.

21. *Rose*, v. 11345 (ca 1270).

22. Azo, *Summa Azonis* (1208-1210), édition Lyon, Frellaeos, 1540, Lib. XI, Rubrique 25, fol. 298v°°, Des mendiants valides. Thomas de Chobham et Pierre Le Chantre sont cités dans FARMER, 2002, p. 66. *Galiotus*, pirate, larron (DU CANGE, t. IV, *Galea*).

associe à la condamnation du mendiant valide, qui devrait travailler, la condamnation des fausses infirmités et le vol à l'égard des vrais pauvres. Mais cette condamnation semble lestée d'une certaine tolérance à l'égard de ceux qui se contentent d'étaler leurs misères. Et ces pratiques sont parfois comparées à l'humilité du chrétien qui doit étaler ses fautes devant Dieu, et non pas ses bonnes actions[23]. Les autorités, quant à elles, n'interviendront vraiment qu'à partir du milieu du XIVe siècle, lorsque la peste vient bouleverser le marché de l'emploi et accroître le vagabondage

Dès le XIIe siècle, un vocabulaire va se mettre en place : le *trutannus*, le truand. Et dans les siècles suivants, ce vocabulaire ne va pas cesser de s'enrichir. À quoi sert-il ? D'abord à éconduire les mendiants et à éviter leur importunité, puis à partir du XIVe siècle à les mettre au travail et à les réprimer. Par ailleurs ces termes, lorsqu'ils apparaissent, sont souvent proches de l'injure, et récapitulent la cascade du mépris social, qui s'adresse à l'inférieur. Aux XIIe et XIIIe siècles apparaissent les truands et les coquins, à la fin du XIVe siècle les caymans, au XVe siècle les bélîtres, les marauds, les bribeurs et les gueux. Les caignardiers datent des années 1520. Les calins, les gredins et les trucheurs apparaissent à la fin du XVIe et au début du XVIIe siècle. Cela fait beaucoup de mots pour une même profession. La diffusion de ces termes correspond aussi aux évolutions des mentalités et aux grandes étapes de la répression. Leur signification a sans doute quelque chose à nous dire sur les processus de marginalisation des pauvres. Mais leur apparition et leur étymologie demeurent souvent obscures et les dictionnaires étymologiques ont souvent hésité. Reprenons la liste de ces appellations du faux mendiant, qui permettent de ne pas donner et de mettre la charité chrétienne entre parenthèses. Cette recherche va nous faire pénétrer dans les bas-fonds de la société médiévale et croiser les marginaux étudiés par Bronislaw Geremek.

---

23. Voir p. 123.

En ancien français, des termes venus d'ailleurs (XIIᵉ-XIIIᵉ siècles)

Les truands, mendiants et trompeurs

L'étymologie admise est l'ancien gaulois *trugant*, malheureux[24]. Dans le vocabulaire du faux mendiant, le succès du mot truand, jusqu'au XIVᵉ siècle et au-delà, n'est comparable qu'à celui de bélître au XVIᵉ siècle, et à celui de gueux à l'époque suivante. Une des plus anciennes attestations en français se trouve dans *Guillaume d'Angleterre* (ca 1180)[25]. Le roi devenu pauvre doit mendier auprès de marchands un peu de nourriture ; l'un d'eux par « courroux lui dit : Truans fuiez, fuiez, Battu ou en la mer plongé serait, au paiement de cette foire ». Mais un autre plus compatissant lui réplique « Laissez ce *truan*, ce *ribaut, ja ne prendrés a lui estrif* [cessez de le houspiller] ; les malheureux, les *caitifs*[26], doivent vivre de ce que les *prodromes*, [les gens de bien], ont gagné, laissez-le demander, son métier est de truander par tout le monde, ici et là. Ce n'est pas d'aujourd'hui qu'il l'a commencé, et ce n'est pas aujourd'hui qu'il l'abandonnera, car il ne sait autre métier ». Il y a bien deux manières de traiter les mendiants. Et ces deux manières accompagneront l'histoire des pauvres jusqu'aux Temps modernes. Guillaume remercie le bon marchand, mais il ajoute que ce n'est pas son métier, il ne l'a pas choisi et il refuse d'en endosser l'habit ; c'est la dénégation caractéristique de l'injure sociale « spécifique »[27] : non, je ne suis pas celui que vous dites. Ce qui se joue ici concerne bien le statut social. Remarquons que le verbe apparaît en même temps que le substantif ; que *ribaut* ici est synonyme de *truan*, et que le refus de donner s'accompagne de menaces de coups.

Dans le *Tristan* de Beroul, le héros déguisé en lépreux mendie au passage de la cour ; certains, apercevant ce mendiant vigoureux, l'injurient, « truand le clament et *herlot*[28] ». Ce n'est pas la dernière fois que nous croiserons ces mystérieux herlots ou arlots. Dans la chanson de

---

24. *FEW*, XIII, 2, p. 331, Trugant.
25. *Guillaume d'Angleterre*, v. 585 sq. Voir *infra*, p. 164.
26. *caitif*, c'est-à-dire captif ; chétif a pris très tôt le sens de pauvre et de malheureux.
27. LARGUECHE, *L'Effet injure*.
28. *Tristan et Iseut* (fin XIIᵉ s), p. 190, v. 3649 ; *herlot*, glosé vaurien.

geste du XIIe siècle, *Girard de Roussillon*, un clerc voit Girard déguisé en pèlerin, en *romeu,* et se moque de lui : « voyez-vous ce truand avec ce *cap* [manteau] gris », il pourrait bien gagner de quoi vivre, et il lui attrape la main : Que viens-tu chercher ici ? Si ce n'était pour Dieu, je te frapperais[29].

Remarquons au passage cette fascination des classes supérieures pour le héros qui prend l'habit du mendiant et traverse la hiérarchie sociale. La hiérarchie, comme le proposait Louis Dumont, est bien l'englobement du contraire[30]. Nous sommes là devant un phénomène voisin de celui que nous verrons à l'œuvre dans le discours chrétien sur l'humilité, laquelle invite à changer de place, à s'humilier comme le pauvre mendiant[31]. Dans les deux cas, il y a bien échange de place ; dans cette société, on ne cesse de se croiser de haut en bas, fût-ce dans l'imaginaire.

Dans la seconde moitié du XIIe siècle, le truand a donc affaire avec la mendicité de métier, mais il est aussi impliqué dans d'autres activités. Dans la *Chanson de la croisade contre les Albigeois*[32], les soldats piétons pillards, armés de massues, qui précèdent l'armée des croisés, lors de la prise de Béziers, attaquent les murailles, forcent les portes, envahissent la ville et se mettent à piller et à tuer, avant que les chevaliers ne leur arrivent dessus et ne les écartent. Ces valets pillards sont menés par un « roi des arlots », et sont appelés « truands » ou « ribauds ». Nous avons affaire ici au niveau le plus bas de la soldatesque. Le truand entre alors dans un cadre que nous appellerons le « ribaud de guerre », qui précède ou suit les armées et s'adonne au pillage. C'est aussi à cette signification que nous ramène les *trudennes* dont parle Guibert de Nogent au sujet des Tafurs, ces supplétifs armés qui accompagnaient la première croisade et étaient renommés pour leur brutalité : « Nous les appelons *trudennes,* parce qu'ils *trudunt,* c'est-à-dire qu'ils parcourent sans bagage le pays

---

29. *Girard de Roussillon* (1136-1180), W. Manry Hackett (éd.), Paris, SATF, t. II, 1955, v. 7789 *sq.*

30. DUMONT, *Essai sur l'individualisme.* p. 245 (par exemple le mot homme englobe l'homme et la femme).

31. Voir p. 123.

32. *Chanson de la croisade albigeoise* (occitan, 1er quart XIIIe siècle), Eugène Martin-Chabot (éd.), Paris, Livre de Poche, Lettres gothiques, 1989, laisses 19-22, p. 60-62.

de tous côtés[33]. » Dans la *Chanson d'Antioche*, qui concerne aussi la première croisade, il est question des « ribauds » du roi Tafur, qui mangeaient les cadavres des Turcs[34]. *Truand, ribaud* et *arlot* à ce moment semblent se confondre.

La même étymologie par *trudere* a été proposée par Jean de Gênes à la fin du XIIIe siècle, mais dans un sens différent : « il *trudat*, il pousse ailleurs par ses paroles, à tel point qu'il trompe ; il prétend en effet que l'on croit ce qui n'est pas vrai[35] ». De cette tromperie, la mendicité fournit un bon exemple, y compris celle qui ne présente pas de fausses infirmités, mais étale ses vraies, et montre ses lambeaux, afin d'inciter à la pitié, comme le dit Guillaume d'Auvergne du *trutannus*[36]. La dénonciation de la tromperie truande va aussi apparaître dans deux autres contextes, le faux amour dans la lyrique occitane et l'hypocrisie supposée des nouvelles formes de pauvreté religieuse. Tout se passe comme si l'on disposait d'un mot très péjoratif, apte à endosser tous les abus concernant le statut social. Dans la lyrique des troubadours, *truand* signifie trompeur en amour. L'amour truand, l'amour possessif, s'oppose au *fin* amour[37]. Dans la *Bible Guiot*, Guiot de Provins, au début du XIIIe siècle, reproche aux Cisterciens d'être « hypocrite, et truand et mauvais ermite » ; les Convers de saint Antoine eux sont « truand », « *guilleor* » [trompeurs] et pratiquent la « truandise » ; ils trompent sur l'aumône, utilisent de faux miraculés et s'enrichissent par l'usure[38]. Le discours de Faux Semblant dans le *Roman de la Rose* est à sa manière une critique de l'hypocrisie des Ordres mendiants : « Tu

---

33. DU CANGE, *trutanus* : *Gesta Dei per Francos*, 1er quart XIIe siècle ; manuscrits copiés après 1200 ; *PL* 156, col. 679-838.

34. *La Chanson d'Antioche* (fin XIIe siècle), Suzanne Duparc-Quioc (éd.), Paris, Paul Gueuthner, t. I, 1977-1978, v. 2945, 4042, 4050, 4057 : « Là fu li rois Tafurs, li ribaut o (avec) lui sont » (v. 2987, p. 169).

35. DU CANGE, *Trutanus* : Le *Catholicon* de Jean de Gênes ou Jean Balbi.

36. GUILLAUME d'AUVERGNE, t. I, p. 245. Voir *infra*, p. 194.

37. TOBLER ; Bernart de Ventadour (3e quart XIIe siècle) *Chansons d'amour*, Moshe Lazar (éd.), Paris 1966, n° 30, v. 17 ; *Flamenca* (années 1270), Jean-Claude Huchet (éd.), Paris, Union générale d'éditions, coll. « 10/18 », 1988, v. 4265 ; *Le troubadour Folquet de Marseille* (fin XIIe s.), Stanislaw Stronski (éd.), Cracovie, 1910, réimp. Genève, 1968, n° 15, p. 69.

38. John Orr, *Les œuvres de Guiot de Provins, poète lyrique et satiriques,* Manchester, Impr. de l'université, 1915, v. 1241 *sq.* ; voir LANGLOIS, *La vie en France*, t. II, p. 81.

sembles être un saint ermite. – C'est vrai, mais je suis hypocrite » ; saint Paul, lui, demandait aux apôtres de travailler pour gagner leurs vies « et leur défendait *truandies*[39] ». Le faux quêteur, comme le faux mendiant ou le séducteur, demande « indûment ». À chaque fois, il y a escroquerie dans la demande et dans le rôle social qu'ils jouent. Il faut reprendre ici l'interprétation lumineuse de Jean Batany[40] ; cette hypocrisie a partie liée avec l'éveil de la conscience dans la civilisation médiévale, pour reprendre le titre d'un livre du père Chenu[41]. L'habit ne fait plus le moine, le masque se creuse de l'intériorité, l'amour s'autorise de la ruse ; Girart de Roussillon, Tristan ou Guillaume d'Angleterre s'avancent masqués. De nouvelles pratiques récusent la transparence des états sociaux. L'escroquerie sur le statut social devient possible. Nous sommes en train de passer d'une *shame culture* où la honte guidait les conduites à une culture plus intériorisée, une *guilt culture* entraînant la culpabilité mais permettant la duplicité.

Le terme de truand a sans doute très vite été attribué aux mendiants, qui commencent à se multiplier dans la seconde moitié du XIIe siècle, au moment où la croissance économique et urbaine creuse les écarts sociaux. Mais il va aussi se doubler du sentiment qu'il y a escroquerie sur le statut social, que le mendiant est aussi un faux mendiant. Une infériorité sociale est assimilée à l'infériorité morale de la tromperie. Ce qui rend possible ce glissement entre un statut et un caractère est une confusion entre le « social » et le « moral », qui fonctionne à l'arrière-plan de tout le paradigme, et que nous retrouvons dans le mot « franc » par exemple. En ancien occitan, *mendic* (mendiant) signifie aussi fourbe, perfide, trompeur[42]. Lorsque Pierre Le Chantre s'en prend aux faux mendiants, ce qu'il leur reproche davantage, nous l'avons vu, est de chercher à masquer leur vraie nature, leur *trutannia*[43]. Nous sommes toujours dans le secret, dans le masque à dévoiler.

Les ordonnances du milieu du XIVe siècle contre les mendiants reprennent le terme de truand[44]. Eustache Deschamps l'utilise à la fin

39. *Rose*, v. 11231-11232 ; et 11386.
40. BATANY, *Approches*, p. 97-110.
41. Paris, Vrin, 1969.
42. RAYNOUARD, t. IV, p. 193, *Mendic*.
43. Pierre le Chantre, *Verbum abbreviatum* (ca 1192), *PL*, 205, col. 152 : voir ici p. 113.
44. *ORF*, t. II, p. 350 *sq*. et p. 565 *sq*.

du siècle[45]. Il sera peu utilisé par la suite, sauf dans les régions du nord et aux Pays-Bas, où il reste un terme clé de la répression de la mendicité dans le premier tiers du XVIe siècle[46]. Le mot a pénétré le flamand dès le XVe siècle[47]. À partir du milieu du XVIe siècle, le terme recule devant ses concurrents. Il est vieilli au XVIIe siècle. Furetière dira : « *truander* on dit maintenant *trucher*[48] ». Il sera remis en usage au XIXe siècle. Et au XXe siècle il signifie un homme du « milieu », de la pègre. Ce n'était pas son sens au Moyen Âge.

Les ribauds, les harlots et le pillage

Le ribaud peut qualifier, comme nous l'avons vu, un mendiant, mais le terme ne renvoie pas d'abord à la mendicité ; le verbe *ribauder* n'a jamais signifié « mendier ». L'étymologie, le germanique *rîban*, renvoie à l'idée d'agresser, de violenter ; comme le dérivé du XVe siècle « ribleur ». Il existe des « ribaux de four », qui, l'hiver venu, se chauffaient auprès des fours banaux, et des « ribaux de grève », allant s'embaucher sur la place de Grève à Paris comme portefaix[49]. Dans la *Branche des royaux lignages*, de Guillaume Guiart, la véritable nature du ribaud apparaît : « ribauz de four et paillards, qui gain en guerres attendent, par les champs çà et là, *s'espandent* [se dispersent] volontiers pour aller en *feurre* », aller fourrager[50]. Richard Trexler et Enrico Artifoni[51] ont levé le voile sur ces vauriens qui accompagnent les armées régulières de Philippe Auguste ou, au siècle suivant, celles des cités italiennes. Nous sommes là au plus bas degré des gens de guerre, la « sale » guerre, les irréguliers, la liberté du pillage, celle des *guastatores* qui

---

45. DESCHAMPS, Ballades n° 1229, 1233, 1259, t. VI, p. 230-231, 237, 279.
46. *OPB*, t. I, p. 1, 94-95, 457 (1506,1509, 1515) ; t. III, p. 84, 157-158 (1531).
47. DE MAN, *Bijdrage tot een systematisch glossarium*, p. 547-548.
48. FURETIÈRE, *Truand*.
49. TOBLER, t. VIII, Ribaut : col. 1254-1257 ; Ribaut de grève dans la 2e moitié du XIIIe siècle : Diz des ribauz de Greive, de Rutebeuf : *Œuvres complètes*, Michel Zink (éd.), Paris, Garnier, 2010, t. I, p. 199 ; *Rose*, v. 5047 et 5280.
50. TOBLER, t. VIII, Ribaut, col. 1256, : Guillaume Guiart (1307), dans Jean-Alexandre Buchon, *Collection des chroniques nationales françaises*, Paris, Verdier, 1828, t. VIII, p. 417, v. 10822-10825. Jeux de mot sans doute sur four, feurre (paille) et paillard ; aller en feurre, aller faire brûler les pailles.
51. TREXLER, « Correre la terra », p. 845-902. ARTIFONI, « I ribaldi », p. 227-248.

précèdent les armées, mettent le feu à toutes les pailles et « gâtent »
le pays. Ce sont eux qui, avant l'assaut, insultent l'ennemi et esca-
ladent ensuite les remparts ; après le pillage, ils s'adonnent au jeu de
dés et fréquentent les prostituées. Le franciscain Salimbene raconte
dans sa chronique à la fin du XIIIe siècle que, « dans l'armée de ceux
de la ville de Gesso, il y avait trois sortes d'hommes, des *milites*
mercenaires, des *beruarii*, des *ribaldi* ». Remarquez, ajoute-t-il, que
« Conradin, le fils de maître Ugo di Corrado, fut fait par les *ribaldi*
capitaine et podestat de ces *ribaldi* », qu'il se mit à la tête de la plus
méprisable engeance[52] : un « roi des ribauds » en quelque sorte. Dans
le *Middle English Dictionary*, le *ribaud* est en particulier le soldat à
pied, irrégulier, chargé de ravager le pays à l'avant de l'armée[53]. Dans
le *Journal* de Jean de Roye, la *Chronique scandaleuse*, à la bataille
de Montlhéry en 1465, les « *ribaulx* piétons » du duc de Bourgogne,
les fantassins, tuèrent un grand nombre d'hommes et de chevaux[54].
Le ribaud qui accompagne les armées est devenu le soldat à pied,
le piéton, le garçon, le valet.

Mais le terme signifie aussi de manière plus générale un vagabond,
un débauché, qui s'adonne aux jeux de dé, aux blasphèmes, et fréquente
les tavernes et les prostituées. En Italie, *ribaldi* et *barattieri* sont souvent
associés ; les *barattieri* sont des trompeurs, des escrocs, des joueurs
professionnels[55]. Les statuts de Pignerol précisent : « *ribaldum*,
comprendre un mendiant valide [...] vivant le plus souvent dans
les tavernes et les bordels, qui joue ses vêtements jusqu'à la chemise,
qui n'a de quoi vivre du sien et qui le plus souvent ne travaille pas[56] ».
Les rois des ribauds seront créés par les autorités pour contrôler les jeux
et la prostitution, les marges sociales, faisant aussi parfois office de
bourreau[57]. Salimbene, lorsqu'il condamne la secte des partisans de

---

52. SALIMBENE, éd. Scalia, p. 928, fol. 486 ; trad. Brossard, t. II, p. 1106. Les *beruarii*
(ancien français berruiers) formaient une cavalerie légère chargée de piller.

53. *MED, Ribaud*, 1a, ca 1330 et XVe siècle.

54. ROYE, t. I, p. 66.

55. TADDEI, « I ribaldi-barattieri », p. 25-58. *Barattieri*, voir le français « barat »,
tromperie.

56. ARTIFONI, p. 233 ; statuts en partie du XIIIe siècle.

57. Sur le roi des ribauds, voir ARTIFONI ; et TERROINE, « Le roi des ribauds »,
p. 253-267.

Gerard Segalelli, qui à partir de 1260 imitent les Franciscains, mendient et se disent apôtres, ajoute : ce ne sont qu'une « congrégation de ribauds, de gardiens de porcs, de fous, d'ignobles personnages [...] toute la journée oisifs, toute la journée vagabonds, car ils ne travaillent pas » ; et ils volent les aumônes dues aux ordres mendiants[58]. Le ribaud ici est le pauvre du bas peuple, inculte, qui veut prendre l'habit du religieux et tromper la population ; mais l'habit ne fait plus le moine, comme on l'a vu.

À côté du joueur de dés invétéré et du ribaud de guerre, le terme a signifié la lubricité, une personne débauchée. Et ces ribauds se font aussi mendiants, comme dans les statuts de Pignerol. Eustache Deschamps utilise ainsi le terme dans les ballades 1229 et 1299[59] et on le trouve en catalan, dans le texte de Francesc Eiximenis, que nous avons cité, sur les *ribalts celerats*[60]. Mais s'il a pu qualifier le faux mendiant, c'est, semble-t-il, de manière injurieuse.

À partir du XIIe et du XIIIe siècle, la croissance démographique multiplie sur les places publiques des sans-travail, des sans-abri, au moment où se diffuse le jeu de dés, et où la guerre offre des occasions nouvelles de pillage. *Arlot, herlot* a sans doute eu, nous l'avons vu, un sens voisin de *ribaud*, du ribaud de guerre. Le terme apparaît au XIIe siècle, en même temps que le verbe *herler*, crier, faire du tapage ; il signifie aussi vagabond, et il est vraisemblablement lié à la chasse sauvage, l'armée des morts d'Herle-king, la « maisnie Hellequin », la *familia Herlechini*[61]. L'origine de ces légendes et de l'apparition d'*herlot* est sans doute anglaise ou anglo-normande. Mais Hellequin comme Herlot vont évoluer par la suite vers une figure de diable comique et une image de bouffon ; et c'est au XVIe siècle qu'apparaîtra en France la figure

---

58. SALIMBENE, éd. Scalia, p. 369-426 ; trad. Brossard, t. 1, p. 495 ; Voir Michèle Brossard, « Les pseudo-apôtres de Gérard Ségalelli, dans la *Chronique* de Salimbene de Adam : mise en scène d'une déviance », dans « Conformités et déviances au Moyen Âge », *Cahiers du CRISIMA*, n° 2, 1995 p. 51-63 ; Olivier Guyotjeannin, *Salimbene de Adam*, Brepols, p. 223-241.

59. DESCHAMPS, t. VI, p. 230-231 et t. VII, p. 52.

60. Eiximenis, fin XIVe siècle ; cité ici p. 112.

61. Apparue dans la première moitié du XIIe siècle, voir SCHMITT, « Les superstitions », p. 528-529. Sur herlot, herler, herle-king, le roi Herla, voir DELBOUILLE, p. 177-185 ; Jean Dufournet, *Adam de la Halle à la recherche de lui-même*, Paris, Sedes, 1974, p. 147-158.

d'Arlequin, très lointaine héritière de la chasse sauvage et du ribaud de guerre.

Harlot dans le *Middle English Dictionary* est un bouffon, un parasite ; mais il est aussi un mendiant dans l'*Ancrene Riwle*, la règle des recluses, du dernier tiers du XIIe siècle. Reprenons la traduction française du XIIIe siècle : « Humilité est semblable à ces habiles *harloz*, mendiants et *meseisez* [malades] », ils montrent toujours d'abord leurs ulcères, et pour apitoyer les riches, ils cachent leur drap entier et mettent par-dessus des tissus déchirés. De même l'humilité trompe Notre Seigneur par de bienheureuses « *truandises* », elle cache son bien et montre sa pauvreté devant les yeux de Dieu[62]. La pauvreté volontaire s'identifie à la pauvreté réelle. La mendicité trompeuse est prise comme modèle de comportement de la religieuse, qui face à Dieu lui présente d'abord ses péchés. Faux-semblant et la tromperie sont déjà là. Mais ce n'est pas toujours en mauvaise part.

Les coquins et la cuisine

Le mot apparaît sans doute dès le dernier quart du XIIe siècle, dans les *Proverbes au vilain* : au péage, celui qui fait payer trouve gens marchands, mais « un coquin, un ribaut S'en va outre » à grand pas, sans être interpellé ; de quoi paierait-il, celui qui ne porte rien[63] ? Ce n'est pas nécessairement un mendiant, mais un pauvre. Plusieurs étymologies de coquin ont été proposées, le coq, la coque, le cuisinier. Selon le *Dictionnaire historique de la langue française*, *coquin*, « cuisinier », supposerait une formation demi-savante, peu en accord avec les formations populaires dérivées de *coquere* (cuire). Il faut pourtant

---

62. *Harloz* et *truwandise* se retrouvent dans le texte anglais et français : *Ancrene Riwle, English Text*, p. 148,149 ; *French Text*, p. 234 (voir aussi p. 257 : « mendier si come un harlot », qui donnait dans la version anglaise, p. 161 : « beggen ase on harlot »). La version plus tardive de la fin du XIIIe siècle remplace *harloz* par *truans*, p. 87-88). Sur l'humilité du chrétien comparée à l'attitude des mendiants, voir *infra*, p. 194-195.

63. MORAWSKI, n° 1522 : *Coquin* et *ribaud* sont associés ; *Proverbes au vilain*, Ms du XIIIe siècle, Adolf Tobler (éd.), Leipzig, Hrzel, 1895, strophes 107-108 ; cité dans LANGLOIS, *La vie en France*, t. II, p. 37 ; voir un autre texte dans TOBLER, t. II, col. 837, Eustace le Moine (ca 1200).

suivre le *Trésor de la langue française* ainsi que Christian Schmitt[64], et se rallier à cette dernière hypothèse, à cause du lien étroit entre le mendiant glouton et la cuisine, à cause aussi du petit « marmiton », du « souillard » de cuisine ou du « coistron[65] ». C'est d'ailleurs l'étymologie que proposaient les lexicographes de la Renaissance : « coquin, vient de cuisine, parce qu'il aime la cuisine et réchauffe sa paresse auprès des tisons et de la cheminée[66] ». « Un mendiant volontaire qui halène ordinairement les cuisines[67]. » Nous aurions affaire à un dérivé semi-savant, le *coquus* ayant, lui, donné par ailleurs le dérivé populaire *queu*. Le *coquin* serait ainsi né, non dans la langue populaire, mais dans les cuisines des monastères et des palais, pour qualifier le plus bas niveau des serviteurs. Son origine renverrait donc d'emblée au mépris de l'inférieur. C'est l'hypothèse la plus vraisemblable. La difficulté, c'est que l'on n'a pas beaucoup de véritables preuves que de petits coquins tournaient dans les cuisines et les châteaux aux XIIᵉ et XIIIᵉ siècles. Il en existe cependant une. Les *cokini* du roi d'Angleterre, Édouard Iᵉʳ, entre 1251 et 1307, furent des messagers de rang inférieur, peu payés, liés à l'origine à la cuisine et à la garde-robe. Le terme disparaît dans cet emploi devant *cursores*, sous Édouard II, sans doute à cause des connotations péjoratives du terme coquin[68].

Il faut remarquer autre chose : le mot *coquin* s'impose plus lentement que *truand*. Nous disposons de très peu de références avant 1300, et celles-ci ne semblent pas renvoyer à la mendicité, mais plutôt à la bassesse sociale et au mépris qui l'accompagne. Par ailleurs le verbe *coquiner*, mendier, apparaît tardivement, au début du XVᵉ siècle (1407), selon le dictionnaire de Du Cange. Tout laisse supposer que le terme de *coquin* a gardé, aux XIIᵉ et XIIIᵉ siècles, le sens vague d'homme vil et méprisable. Les premières attestations renvoyant explicitement à la fausse mendicité datent des années 1330, dans le *Pèlerinage de la vie*

---

64. SCHMITT, « Französisch *coquin* bettler ».

65. *Coistron*, valet de cuisine (*cf.* cuistre) ; *Marmiton* (XVIᵉ s.), jeune aide de cuisine, à rapprocher de l'ancien *marmiteux*, hypocrite, pitoyable, dont le sémantisme associe la *mite*, la chatte à une demande honteuse.

66. BOVELLES, p. 56 et 135.

67. PASQUIER, *Les recherches*, 1625, p. 718 ; 1996, t. III, VIIIᵉ livre, chap. 42, p. 1637.

68. GUENÉE, p. 200 ; HILL, *The King's Messengers*, p. 15-19 ; LATHAM, *Dict.*, t. II, *Cokinus* : 1240-1307, messager, courrier.

humaine de Guillaume de Digulleville : « relief [restes] à coquins n'a truans donner » ; « coquinerie nommée est et truanderie [...] qui bribes *repont* [cache] en son sachet » et elles y moisissent[69]. Dans le dossier de canonisation d'Yves de Tréguier, le saint fut traité de *coquinum sive trutanum*, qui n'a rien à perdre, mais nous sommes ici proches du registre de l'injure[70]. Le terme sera utilisé au sens de mendiant jusqu'au milieu du XVIe siècle, avant de s'affadir progressivement et d'évoluer vers la vie libertine et fainéante et l'enfant espiègle. On le trouve dans les lettres de rémission citées dans le dictionnaire de Du Cange (t. II, 593), aux XIVe et XVe siècles, pour qualifier non le vagabond criminel, mais le simple mendiant vagabondant par le pays. Dans une lettre de 1409 : « venant du pays du Forest [Forez] trouvèrent quatre coquins ou au moins gens pauvres, qui quéraient et mendiaient leur vie par le pays [...] Un des dits coquins vint quérir l'aumône[71] ». Dans une procédure criminelle à Apt, en 1439, « une femme s'en allait [...] avec un coquin qui l'avait conduite pendant trois ans [...] vagabondant à travers le monde en demandant l'aumône[72] ». Ces coquins se font reconnaître par leurs manteaux et leur besace. Ils sont présents dans les ordonnances municipales de la seconde moitié du XVe siècle et du premier tiers du XVIe siècle. Le *coquin*, comme le *ribaud* et le *truand*, ne renvoie pas à l'origine spécifiquement au faux mendiant, mais à des pratiques méprisables et à une infériorité sociale, parmi lesquelles vient se loger la mendicité, plus ou moins condamnable.

---

69. GUILLAUME de Digulleville, *Pèlerinage de la vie humaine*, v. 2360, 9725, et aussi 9957.

70. *Monuments originaux de l'histoire de Saint Yves*, Arthur de La Borderie, Dauphin Tempier *et alii* (éd.), Saint-Brieuc, Prudhomme, 1887, p. 56, 33 et 118 (ca 1330).

71. AN, JJ 164, n° 114, Arronnes (Allier) ; voir aussi GEREMEK, *Truands*, p. 131.

72. Françoise Gasparri, *Crimes et châtiments en Provence au temps du roi René. Procédure criminelle au XVe siècle,* Paris, Le Léopard d'or, 1989, p. 119 et 240. Voir aussi dans le même registre, p. 269 : *de coquino seu mendicante.* Ces mendiants sont à distinguer, dans cette procédure, des bandes de criminels comme les *coblars*, les trompeurs, d'Apt.

En moyen français, des termes plus spécifiques (XIVᵉ-XVIᵉ siècles)

Les hommes vagabonds (1378)

Le vagabond n'est pas toujours un mendiant valide. Les Coquillards de 1455 sont « *compaignons* oiseux et *vaccabundes* » et mènent la vie dissolue des « *ruffiens* et *houliers* », des souteneurs ; ils volent et sans doute tuent, mais ils ne mendient pas[73]. D'autres comme Jean Machin en 1390, « homme *vacabond* », allait « pourchassant sa vie », c'est-à-dire mendiait[74]. Une première remarque s'impose : avant la seconde moitié du XVᵉ siècle, on ne parle pas encore de vagabonds, mais d'hommes *vagabonds*. Le terme n'est qu'un qualificatif, il n'a pas toujours la signification très péjorative, qui sera plus tard la sienne[75], et il peut concerner tous ceux qui n'ont « fermes demeures » et vont de lieux en lieux : des pillards et des voleurs de mauvaise vie, mais aussi des serfs fuyant leur village, des colporteurs, des marchands ou des compagnons artisans passant par la ville à la recherche d'un emploi[76]. Le mot, qui est une réfection savante sur le bas latin *vagabundus*, est attesté en français, selon le *FEW*[77], à partir de 1382 ; il est présent déjà, peu auparavant, dans certains registres fiscaux[78]. Et surtout, il est employé sous sa forme latine, depuis la première moitié du siècle, par les élites, les juristes, les responsables de collèges d'étudiants. Guillaume Du Breuil dans le *Stilus curie parlamenti Francie* (ca 1330), qui sera

---

73. SAINÉAN, *Argot*, t. I, p. 87.

74. *Registre criminel*, t. I, p. 376-378 ; cité dans GEREMEK, *Marginaux*, p. 120.

75. Même remarque de Maria Serena MAZZI, p. 263.

76. Serfs « fuitz, vacabonds » (Arch. dép. Yonne, G 1 275, 1383, dans Augustin Berton, *Courtenay et ses anciens seigneurs,* Montargis, Grimont, 1877, p. 97) ; marchands (Picardie, 1407, dans GODEFROY, t. VIII, p. 126) ; ouvriers qui restent à Caudebec une semaine ou deux, « qui sont nommez vacabondes » (1402, dans ROCH, *Un autre monde du travail,* p. 264 ; voir aussi *Idem,* p. 55, 198, 254).

77. *FEW*, t. XIV, p. 119.

78. Auxois, 1378, Henri Dubois, « La pauvreté dans les premières cherches de feux bourguignonnes », dans *Horizons maritimes*, p. 300 : un terrassier « vacabunde » ; dans le Bourbonnais, les registres fiscaux distinguent (en 1379) les « povres mendians querant leurs vies » et les feux devenus « vacabons » (René Germain, *Les Campagnes bourbonnaises à la fin du Moyen Âge, 1370-1530,* Clermont-Ferrand, Faculté des lettres, Institut d'études du Massif central, 1965, p. 56).

traduit en français à la fin du siècle, donne la définition suivante : « est vagabond ainsi qu'il ne sait pas où il a son domicile[79] ». En réalité le terme existe déjà depuis la fin du XIIIe siècle en Italie et le début du XIVe siècle en Occitanie. Le franciscain Salimbene de Parme dit de la secte des Apostoliques : *tota die ociosi, tota die vagabundi*. On le trouve chez Matfre Ermengaud, et à Manosque en 1315, où le terme apparaît pour la première fois, dans les archives judiciaires, et concerne des femmes seules, souvent prostituées : *mulierem utique vagabundam et certum domicilium non habentem*[80].

Les formes masculines attestées en français d'oïl peuvent nous paraître étranges : nous lisons fréquemment *vaccabonde*, alors que le midi occitan, proche du latin, s'en tient à *vagabond*. Le E pour les formes masculines, que l'on retrouve dans *monde* [pur, cf. *immonde*], pourrait correspondre à une dé-latinisation incomplète. Le C manifeste la proximité de *vagus, vagare* (errer) avec *vacuus, vacare* (être inoccupé). L'ancien français avait *vague* et *vai* (*vagus*) au sens d'errant (de formation populaire). *Vagabond* va les remplacer au XIVe siècle ; c'est un terme technique, précis, qui se diffuse massivement à la fin du siècle, et prend au XVe siècle, dans le couple « oiseux et vagabond », une signification souvent très négative : des souteneurs, des joueurs professionnels, des mauvais garçons, des pillards, parfois des mendiants. Mais c'est au XVIe siècle, que devenant substantif, il va servir de plus en plus à qualifier les mendiants valides, vagabondant par le pays ou par la ville. À Paris ou à Rouen, dans les années 1530, on parle des « oyseux, vagabons et mandiens valides », des « oisifz, vacabonds, maraulx et mendians valides[81] ».

---

79. Guillaume Du Breuil, Felix Aubert (éd.), Paris, Picard, 1909, p. 15, cité dans GEREMEK, *Truands*, p. 84 ; Statuts du collège Ave Maria, 1346, dans GEREMEK, *Marginaux*, p. 183 ; en 1368, les couteliers de Paris, appauvris, se rendent en divers lieux *vagabundi* (Jacques Foviaux, « Discipline et réglementation des activités professionnelles à travers les arrêts du Parlement de Paris [1257-1382] », dans *Travail au Moyen Âge*, 1990, p. 233).

80. SALIMBENE, voir p. 122 ; Lucques 1340, Saverio Russo, « Potere publico e carita privata. L'assistenza ai poveri tra XVI et XVII secoli », *Società*, 1984, 23, p. 45-80, p. 50, *bando* de 1340 ; En Occitan, Matfre Ermengau, fin XIIIe s, cité dans RAYNOUARD, t. V, p. 458 ; Manosque (Alpes de Haute-Provence), Maryse Guénette, « Errance et solitude féminine à Manosque, 1314-1358 », dans HÉBERT, p. 25.

81. FONTANON, t. I, p. 908 (1532) ; PANEL Rouen, t. I, p. 24 (1534).

Les caymans, fils de Caïn (1382)

Quémander : dérivé de l'ancien français caïmand, 1393, mot trisyllabique signifiant « mendiant », usuel jusqu'au XVIe siècle, encore dans les patois ; origine inconnue. Aujourd'hui, dans le sentiment populaire, le verbe est rapproché de *demander* (Bloch Wartburg, *Dict. étymologique*).

Parmi toutes les étymologies du faux mendiant, celle de caymant demeure sans doute la plus mystérieuse. Le *FEW* a dû la rejeter dans les derniers tomes des étymologies obscures[82]. Le mot apparaît dans les ballades d'Eustache Deschamps, composées dans le dernier tiers du XIVe siècle, dans le quarantième *Miracle de Notre-Dame* (1382), et dans les archives judiciaires et hospitalières, dès les années 1390.

– 1390 : un *quaymant* ou *caymant* manchot, querant « sa vie par le païs », est soupçonné avoir distribué du poison pour empoisonner les puits du pays chartrain (Grandville, Eure-et-Loir)[83].

– 1392 : « un homme querant et demandant aumône, qui était vêtu d'un manteau tout plain de *paleteaulx* comme un coquin ou caimant » (Chevry-en-Sereine, Seine-et-Marne)[84].

– 1396 : un « homme ivrogne caymant et de très petit et mauvais gouvernement », a emmené son fils avec lui « caymander et demander pour Dieu par le pays » (Reg. d'audiences civiles du Châtelet)[85].

Ces premiers caymans mendient sur les routes du sud-ouest et du sud-est de l'Île-de-France. Ce ne sont pas des faux malades. On accusa certains, en 1390, d'avoir empoisonné les puits du Chartrain. Mais le plus souvent ce sont des vagabonds, des mendiants, et non des criminels. Le mot *vagabond* apparaît au même moment : alors pourquoi ce dernier terme n'a-t-il pas suffi à les nommer ? Rappelons que *vagabond* n'est encore qu'un adjectif, et qu'il caractérise une plus large palette d'activités, depuis l'ouvrier à la recherche d'un emploi, jusqu'aux criminels de la bande des Coquillards (1455). La société avait

---

82. *FEW*, t. XXII, 2, 303.
83. *Registre. Criminel*, t. I, p. 450.
84. Lettre de rémission, DU CANGE (*Coquinus*), AN, JJ 142, n° 297.
85. GEREMEK, *Marginaux*, p. 234.

besoin d'un substantif et d'un terme spécifiant davantage la mendicité vagabonde ; un terme aussi qui venait préciser les anciennes appellations de *coquin* ou de *truand*. Mais de quelles précisions, s'agissait-il ?

Ce sont les contextes littéraires, parce qu'ils exploitent le mot souvent aux limites mêmes de sa signification de mendiant, qui vont nous permette d'éclairer davantage son sémantisme. Le quarantième *Miracle de Notre-Dame*, que Rudolf Glutz date de 1382, ce qui correspondrait à la première attestation du mot, met en scène l'histoire de saint Alexis. Revenu incognito chez son père, et hébergé comme malade et mendiant, celui-ci doit subir les moqueries des serviteurs :

> Ce n'est qu'un paillard *affaitié*, Qui déçoit de sa mauvaistié Ainsi les gens par son parler [...] Crois-tu point qu'il saurait, S'il était entre gens là hors, Contrefaire le pauvre corps Et le *caÿment affaitié* ? Oil, sûr que de la pitié Qu'il ferait à la pauvre gent, Voulussent ou non, leur argent Lui donneraient[86].

Il y a bien ici deux sortes de faux mendiant. Ce pauvre, qualifié d'*affaitié*, habile à mentir, s'il était dehors au milieu des gens, pourrait encore mieux nous tromper en contrefaisant le corps malade et le faux mendiant. Suivons cette piste de l'infirme et du pauvre corps, qu'elle soit vraie ou feinte. Le *caymant* se reconnaît en effet à sa démarche boiteuse et tremblante : dans *Ponthus et Sidoine*, « Si s'en part clochant et faisant le *chaymant*[87] ». Dans la *Passion d'Arras* d'Eustache Mercadé et dans la *Passion* d'Arnoul Gréban, le Christ, lorsqu'il monte au calvaire, titubant sous la croix, et qu'il ne peut plus avancer, est traité par les Juifs de *caymant* :

– Il veut faire le caÿmant[88].
– Marchez, vieux truant détestable, Portez votre gibet avant ! – Il fait trop bien du caÿment. Suz [debout] ! passez ribaut, marchez fort[89] !

---

86. *Mir. N.-Dame*, t. VII, v. 1987-1989 et 2010-2017.
87. *Le roman de Ponthus et Sidoine* (avant 1425), Marie-Claude de Crécy (éd.), Genève, Droz, *TLF*, 1997, chap. XI, v. 428, p. 123 ; cité dans GODEFROY, t. I, p. 770.
88. *Myst. de la Passion d'Arras* (1re moitié XVe siècle), v. 15866-15868.
89. *Passion* Greban (1458), v. 23944-23950.

Il ne s'agit pas ici de mendicité, mais d'un reproche précis, celui de manquer de courage, de traîner les pieds : démarche hésitante, proche de la lâcheté. Dans la *Passion de Semur* (v. 7341), l'aveugle Longis est mené par son valet au milieu de l'assemblée ; il a peur, tout le corps lui « tremble ». Le valet lui dit : « bien ressemblez un caÿment », montez sur mon dos, vous n'êtes qu'un poltron. La connotation démarche tremblante du caymant pourrait bien appartenir au sémantisme du mot lui-même. On la retrouve dans le motif du mendiant d'amour. Charles d'Orléans, dans les rondeaux consacrés à Soupir, compare ce dernier à un mendiant repoussé qui s'en va « meschantement » :

> Hola ! Hola ! Soupir, on vous hoit [entend] bien ; Vous vous cuidez embler trop *coiaement* [vous pensez vous esquiver trop furtivement], Contrefaisant un peu le cayement, Grand faim avez, qu'on vous dise : tien[90].

Le sémantisme de caymant semble donc relier une certaine démarche à l'acte même de demander. Il n'est pas nécessairement un simulateur. C'est de faire ou de contrefaire le pauvre ou le mendiant qui ferait clairement apparaître son hypocrisie. Le moule faire (contrefaire) a été peu utilisé pour les autres noms du faux mendiant, sans doute parce qu'il ne semblait pas nécessaire. Il est fréquent avec caymant :

> Grande peine et grand labour est à un riche de contrefaire le pauvre et à un sage de faire l'ignorant, à un fort et puissant de faire le faible et le caymant[91].

Dans le *Mystère de saint Crespin et saint Crespinien*, le bourreau, qui lie l'un des saints, s'écrie : « A ! Qu'il fait le quaÿmant Et le coquin[92]. » Les ballades d'Eustache Deschamps dénoncent les tromperies des faux mendiants, en les nommant tantôt caymant ou tantôt faux caymant[93]. La « feintise », la tromperie, n'est si grave, que parce qu'elle porte sur l'aumône, comme l'indique un sermon de Jean Gerson, sur la paresse :

---

90. CHARLES d'ORLÉANS, t. II, n° 308, p. 468.
91. TIGNONVILLE, *Ditz Moraulx* (1402), p. 962.
92. *Mystère de saint Crespin et saint Crespinien*, 1458, P. Chabaille et L. Dessales (éd.), Paris, Silvestre, 1836, p. 113 ; traduit « pleureur », « souffreteux ».
93. DESCHAMPS, Ballade 1259, t. VI, et ballade 1299, t. VII.

Une personne forte et qui pourrait gagner sa vie, peut-elle mendier ? Je y réponds [...] que si bonne fin aucune n'existe [comme l'humilité religieuse], c'est mendicité tel péché, et est comme larron parce qu'il feint qu'il soit pauvre et impuissant, et sur cette intention on lui donne, autrement non. C'est ici feintise, qui ravit les biens et aumônes, lesquelles devraient être aux pauvres. Notez ici contre ces cayniens[94].

Les « caïniens » ou caïnites sont une secte hérétique du IIe siècle, se réclamant de Caïn. Mais il faut sans doute plus vraisemblablement interpréter les manuscrits par M et non par NI, et lire *caymens*. La confusion est d'autant plus troublante que les caymans, comme nous le proposerons sont sans doute des sectateurs de Caïn.

Quémander a pris de plus en plus le sens de demander, quêter, comme l'atteste le dictionnaire de Furetière (1690), qui écrit encore *caimander*. Ce rapprochement avec demander semble en réalité être présent dès l'origine ; le caymant de 1396, nous l'avons vu, « demande » pour Dieu. La quasi-simultanéité de l'apparition du substantif et du verbe est d'ailleurs un phénomène relativement rare dans le paradigme, où elle n'est attestée que pour *truand*. Lazare Sainéan avait proposé comme étymologie *caym*, le « khan », le chef, qui serait le roi des mendiants. Il cite à l'appui de cette hypothèse le « grant caym de la crocheterie » de la bande des Coquillards (1455)[95]. Mais le *caymant*, apparaît beaucoup plus tôt. L'hypothèse *caym* doit pourtant être réexaminée, mais à partir de Caïn, que le Moyen Âge écrivait *Caym*, *Chaïm*. Le mot *caymant* existe comme adjectif en breton, en néerlandais et dans les langues romanes, où il a servi en particulier à qualifier le traître. Peire Roger, à la fin du XIIe siècle parle de la « gent cayma[96] ». Comme nom propre, Caïn resurgit dans la littérature en tant que prince sarrasin ou juif serviteur de Pilate[97]. Remarquons aussi que le caractère trisyllabique de *caymant* s'est maintenu jusque dans

---

94. GERSON, *Œuvres*, t. VI, 2, p. 893 (1403).

95. SAINÉAN, *Sources indigènes*, t. I, p. 339 ; et *Argot*, Glossaire.

96. *FEW*, t. II, 1, p. 46 ; Sur « Kaîm » breton, voir *Revue celtique*, 1894, t. XV, p. 354.

97. Dans la *Passion du Palatinus* (début XIVe siècle), Grace Franck (éd.), Paris, Champion, 1972, et dans la *Passion d'Amboise* (fin XVe siècle), Émile Picot, *Romania*, 1890, t. XIX, p. 274.

la première moitié du XVIᵉ siècle[98]. Le suffixe -ant doit sans doute
être compris sur le modèle flamand, comme suffixe patronymique ou
ethnique (germanique -ing, -enc). Le caymant serait un descendant
de Caïn, un membre du « lignage Caïn ». Si donc les caymans sont
une race, qu'ont-ils à faire avec le père de tous les meurtriers, et
que peut signifier être fils de Caïn ? Il nous faut relire la Genèse, et
la relire avec les yeux du Moyen Âge. Nous découvrons alors que
Caïn n'est pas seulement le meurtrier d'Abel, mais aussi un tricheur
et un fugitif marqué d'un signe.

Caïn est associé à Judas, comme le modèle du traître. Et, bien que sa
race soit supposée avoir disparu dans le déluge, elle resurgit toujours
parmi les traîtres et les meurtriers. Peire Cardenal le dit d'un chanoine
du Puy, la fleur des « *fins trachors del mond* », des parfaits traîtres
du monde : « *si Caïms a del segle semensa, Esteves cre que fos de
sa naissénsa* » ; si Caïn a dans le monde sa race, je crois qu'Estève
pourrait être de sa lignée[99]. De même dans les romans du XIIIᵉ siècle :

– De Caym, sont issus li *fiel* [félons] et li tirant[100].
– Qaïns fut leur ancien père [à tous les meurtriers][101].

Cette nature a été attribuée particulièrement aux sarrasins, que
les Chansons de geste appellent « le lignage Caïn[102] ». Et des princes
sarrasins ont pu y être appelés *Caïmant*[103]. L'ennemi, l'étranger,

98. Par exemple dans la Réponse de six dames de Paris à Clément Marot, 1529,
dans *Œuvres satiriques de Clément Marot*, C. A. Mayer (éd.), Londres, Athlone Press,
1962, p. 188, v. 83. L'orthographe en É, qui entérine la prononciation, se développe dans
la seconde moitié du XVIᵉ siècle.

99. *Poésies complètes du troubadour Peire Cardenal (1180-1278)*, René Lavaud (éd.),
Toulouse, Privat, 1957, p. 154, 1213.

100. *Florence de Rome* (1ᵉʳ quart XIIIᵉ s.), Axel Wallensköld (éd.), Paris, Firmin Didot,
SATF, 1907-1909, t. I, v. 20.

101. *Floriant et Florete* (XIIIᵉ s.), H. F. Williams (éd.), Univ. Michigan, 1947, v. 235.

102. *FEW*, Caïn ; *Aye d'Avignon* (fin XIIᵉ s.), S. J. Borg (éd.), Genève, TLF, 1967,
v. 2793 ; BODEL, Michel (éd.), t. II, p. 66 ; et Brasseur (éd.), t. I, p. 451, v. 4936 ; *Chanson
du chevalier au cygne et de Godefroi de Bouillon* (XIIIᵉ s.), Célestin Hippeau (éd.), Paris,
Aubry, 1877, t. II, p. 91 et 155 ; *Maugis d'Aigremont* (XIIIᵉ s.), Ferdinand Castets (éd.),
Montpellier, 1893, v. 8710.

103. *Mainet* (XIIᵉ s.), Gaston Paris (éd.), *Rom.*, t. IV, n° 15-16, 1875, p. 310, p. 323,
v. 149, p. 336, v. 127 ; *La Table des noms propres de toute nature compris dans les chansons*

est un traître. Caïn n'a pas fait que trahir son frère, il a aussi trahi Dieu. Avant même de tuer son frère, il a trompé Dieu en limitant son offrande. C'est d'ailleurs le refus de Dieu d'agréer celle-ci, qui entraîne la jalousie et le meurtre.

Après le meurtre d'Abel, Caïn, maudit de Dieu, est condamné à être vagabond sur la terre. Les traductions de la Bible jusqu'au XVIe siècle disent « vague et fuitif[104] », mais Caïn, errant au pays de Nod, a bien été considéré comme un vagabond et un pauvre :

> – Dieu le père le maudit et toutes ses œuvres et tout son labour de terre ; et quand il vit qu'il ne pouvait profiter, il fut *vacabont*[105].
> – (Tu) est maudit et *mal ostouit* [malotru], Et toujours seras fugitif, Dolent, pauvre, vil et chétif, Toute ta vie sur la terre[106].

Cette malédiction, débordant sur l'errance et la misère, a été attribuée à d'autres races perfides. Eustache Deschamps décrit les Flamands après leur défaite à Roosebeke (1382), comme une race odieuse, semblable aux juifs, descendant de Judas le traître, et ajoute : « Comme Caym soient fuyants, maudits, Pour leur méfait[107]. » Les juifs ont été pris dans cette malédiction :

> Ce sang saint et sacré de Jésus huche [crie] contre vous, comme fit le sang d'Abel contre Caïn son frère ; et avez semblables maudissons, en ce que vous estes *vagues* et fuitifs par tout le monde sans avoir stable demourance[108].

Caïn a bien été considéré comme le père des races vagabondes. Mais il y a encore autre chose. Caïn le maudit, craignant d'être tué au premier carrefour, reçoit de Dieu un signe, que la Genèse ne précise pas, mais que le Moyen Âge a compris comme « tremeur de kief et palasinete »,

---

*de geste imprimée*s (d'Ernest Langlois, Paris, Bouillon, 1904) cite aussi *Anseis de Carthage* (avant 1250).

104. Traduction de Raoul de Presles pour Charles V (BnF, ms fr 153, fol. 2v°) ; Bible de Jean de Rely, fin XVe-début XVIe s. (BnF, Res. A 270, fol. 11 et Res. G A22, p. 13).

105. Règles de la seconde rhétorique (entre 1411 et 1432), dans Ernest Langlois, *Recueil d'arts de seconde rhétorique*, Paris, 1902, Genève, Slatkine, 1974, p. 39.

106. *Passion Semur* (1er tiers XVe s.), v. 861-864.

107. DESCHAMPS, t. X, p. LX ; et t. III, p. 41 (ca 1385).

108. GERSON, *Œuvres*, t. VII, 2, p. 488 (1403).

tremblement de tête et paralysie[109]. Il y a une analogie troublante entre cette tradition et les mendiants tremblant comme la feuille de froid et de faim. Le tremblement a été d'ailleurs une technique de mendicité, tant avec les *attremanti* du traité de Teseo Pini[110], qu'avec les « écaments » du Jargon de 1628, que Sainéan rattache aux caymans, et qui précisément font les « trembleurs[111] ». La démarche tremblante du caymant serait donc un vestige étymologique ayant survécu à l'oubli de l'origine.

L'image de Caïn semble très voisine de celle du caymant : un traître, doublement tricheur, et par là condamné à errer en tremblant. Et cette image de Caïn a continué à être impliquée dans la gueuserie aux siècles suivants. Dans *Martin Markall* (1610), qui appartient à la littérature de la gueuserie anglaise, la population du royaume de Thevingen, pays des escrocs, des gueux et des voleurs, descend de Caïn. Ce texte a poussé Bronislaw Geremek à nommer les gueux « fils de Caïn » et à en faire le titre de son livre[112].

Mais faire des mendiants les fils d'un meurtrier semble une accusation particulièrement lourde. L'affaire de l'empoisonnement des puits du Chartrain en 1390 irait dans ce sens. Pourtant le *caymant* semble avoir été un terme plus neutre, que ses concurrents synonymiques. Il a été peu employé comme injure pure[113]. La forme féminine ne semble pas avoir signifié la prostituée, à la différence de *truande* ou de *gueuse*. Il n'a pas généré le dérivé très péjoratif en -aille (*truandaille*, *bélistraille*). Il a évolué davantage que ses synonymes vers la neutralisation, jusqu'à aboutir à notre *quémander*. Et cette neutralisation semble avoir été rapide : dans une ordonnance du XVe siècle, les caymans sont de

109. Rédaction anonyme d'après Guiart des Moulins, Hugo Loh (éd.), *Histoires tirées de l'Ancien Testament*, Münster, Bredt, thèse, 1912, p. 8 ; Pierre le Mangeur, *Historia scolastica* (ca 1170), *PL*, CXCVIII, col. 1078 ; *Myst. Viel Test.* (après 1450), t. I, p. CXVII et v. 2864 et t. VI, p. 235-236. Voir aussi DAHAN, « L'exégèse de l'histoire de Caïn », p. 65.
110. Fin XVe s. : Piero Camporesi, *Il libro dei vagabondi*, Turin, Einaudi, 1973, p. 37. Pierre le Chantre parlait déjà des *tremulosi* (voir ici p. 113).
111. SAINÉAN, *Argot*, glossaire ; *FEW*, t. XXI, p. 436-437.
112. Éliane Cuvelier, « Réalisme et mythe de la confrérie des filous dans Martin Markall de Samuel Rid », dans JONES-DAVIES (dir.), *Misère et gueuserie*, p. 109 ; GEREMEK, *Les fils de Caïn*, p. 169.
113. DESCHAMPS, t. VII, ballade n° 1285 ; *Mystère de saint Sébastien* (2e moitié XVe s.), Leonard R. Mills (éd.), Genève, Droz, *TLF*, 1965, v. 6278 ; FAGNIEZ, *Documents*, t. II, p. 257 (1462).

simples mendiants valides et sont différenciés des belistres, qui, eux, contrefont les maladies et volent les aumônes. Nous sommes à nouveau devant deux sortes de faux mendiants[114].

Comment penser la néologie lexicale ? Il faut supposer que l'image très négative, mais aussi complexe de Caïn a pu être réemployée dans les milieux à la fois cultivés et engagés dans la répression, ou du moins voulant accroître la répression ; comme par exemple l'entourage d'Eustache Deschamps. Lorsque le terme est ensuite repris de manière plus large, les éléments les plus négatifs vont s'effacer. La mendicité associée au vagabondage (et au tremblement) subsiste seule. C'est elle la grande nouveauté de la seconde moitié du XIVe siècle. Caïn n'est plus que le père des races vagabondes. Le terme ne se serait diffusé qu'en oubliant sa signification première et en se rapprochant de « demander ». Et il aurait survécu sous une forme très peu injurieuse presque jusqu'à nos jours dans certains patois de l'Ouest[115].

L'ordre de belître (1455)

Plusieurs compagnons oiseux, que communément on nomme *varigaux*, ont été pris en la dite ville par justice [...] ils étaient gens *vacabondes*, qui allaient de fête en fête, tenaient *brelens* [maison de jeux] à fermes, menaient fillettes par le pays, suivaient l'ordre de *belistre*, se pourchassaient [mendiaient] et allaient de pays à autre, sans métier faire ni ouvrer[116].

Le terme *belistre* apparaît en 1460, dans les registres municipaux d'Amiens. Ces compagnons oiseux et vagabonds mendient, s'adonnent au jeu et à la prostitution et vont de fête en fête. Bronislaw Geremek cite une ordonnance royale du milieu du XVe siècle, pour la ville de Paris, contre les « belistres et belistresses qui [...] contrefont maladies[117] » ; mais la date en est incertaine. Elle se trouve dans un recueil de 1501 ; il pourrait s'agir des propositions de la municipalité, qui aboutiront

---

114. GEREMEK, *Truands*, p. 122.

115. *FEW*, t. XXII, p. 195, Mendiant : *Caimand,* qui demande avec bassesse et avec persistance.

116. Dans GEREMEK, *Truands*, p. 50 (*Inv. arch. com.*, t. II, série BB p. 163, G. Durand, Amiens, 1894) ; et dans THIERRY, *Rec.*, t. II, p. 225. *Varigaud* voir ici p. 149.

117. GEREMEK, *Truands*, p. 122.

aux mesures prises par la Parlement en 1473. *Belistre* apparaît aussi dans les textes littéraires. Et d'abord dans le *Mystère du roi Advenir* de Jean du Prier, dit le Prieur (1455), où un mendiant par nécessité, ayant reçu une aumône, dit : « Ha, dea, la chose va très bien. À ce coup suis ravitaillé. Oncques en fus mieux conseillé Que d'être en l'ordre de belistre[118]. » Remarquons que les deux attestations les plus anciennes parlent non de *belistres*, mais de *l'ordre de belistre*. La VIIIe ballade en jargon, attribuée à Villon, qui pourrait dater de quelques années après, emploie deux fois un dérivé : « belistriens perpétuels des pieds », en perpétuel vagabondage[119]. Le suffixe -IEN, comme dans « baso-chien », indique un métier ou un « art ». Cette forme est attestée dans de nombreux textes du dernier tiers du XVe siècle :

> *Pâté tarte* (fin XVe s.), v. 278 ; *Sottie des sots fourrés de malice* (ca 1480), *Recueil Trepperel*, t. I, n° 5, v. 147 ; *Myst. st Quentin* (dernier tiers XVe s.), v. 15194 et 20567 ; *Myst. St Martin*, d'Andrieu de La Vigne (1496), v. 5448.

Ce suffixe apparaît très tôt. Il ne semble pas avoir été utilisé pour les autres noms du faux mendiant. Dans la *Farce du pâté et de la tarte*, le premier coquin emploie le mot comme formule d'adresse à l'égard de son collègue, à qui il vient de faire partager les coups de bâton d'un pâtissier, qui s'était fait subtiliser un pâté : « Qu'en dit-tu, hé ! belitrien », ne devions-nous pas partager les coups, comme tout à l'heure le pâté ? Ne sommes-nous pas tous deux des « recevant de bos », des receveurs de coups de bois. *Belitrien* ne signifie pas seule-ment ici mendiant, mais compagnon d'infortune, frère dans l'ordre des mendiants. Proposons une première hypothèse : au début *belistre* ne signifierait pas mendiant, seul existerait l'ordre de belistre. Et c'est cela qui aurait rendu nécessaire le recours au suffixe -IEN. Quoi qu'il en soit, *belistre* est attesté dans le théâtre et quelques œuvres facétieuses du dernier quart du XVe siècle, comme injure pure ou pour indiquer des mendiants peu recommandables.

---

118. DU PRIER, v. 2724-2727. L'auteur a révisé le manuscrit et reçu un cadeau du roi René en 1455.
119. VILLON, *Ballades en jargon*, p. 112, 114.

Myst. Viel Test. (2e moitié xve s.), t. IV, v. 28131, 31703 ; *Myst. Actes des Apôtres*, BnF, Res-YF-19, fol. CVv°, scène des « belistres » ; COQUILLART, *Œuvres* (1479), p. 107 ; *Passion Michel* (1486), v. 19551, 23341 ; *Myst. st Quentin*, v. 493 ; *Myst. st Martin* (1496), v. 2230, 4688, 7101, 8097, 8916.

C'est sans doute peu avant 1500, que *belistre*, comme terme technique dénonçant la fausse mendicité, va se diffuser largement dans la France du nord puis dans celle du midi. Vers 1500, un sermon anonyme d'Auxerre rappelle le rigoureux partage entre bons et mauvais pauvres :

Que on face bien aux bons pauvres, non point aux gros *blittres* qui sont pleins de maux et de péchés. Et quand on les connait membres au diable, on ferait plus grand bien de leur donner un coup de bâton que de leur faire du bien ou du pain[120].

Belistre va devenir le terme clé de la « police » des pauvres et des réformes de l'assistance. Ce succès le différencie de ses concurrents. Remarquons aussi que cette diffusion précède chronologiquement les années 1525-1530, qui voient les œuvres d'assistance submergées par l'avènement d'un chômage de masse.

Chartres 1499 (*Arch. mun.*, C1a, p. 11) ; Tours 1501 (B. Chevalier, *Tours ville royale*, Paris Louvain, 1975, p. 391) ; Bourges 1502 (GODEFROY, t. X, p. 121) ; Genève 1503 (Jaakko Ahokas, *Essai d'un glossaire genevois d'après les registres du conseil de la ville de 1409 à 1536*, Helsinki, Société néophilol., 1959) ; Rouen 1507 (*Inv. arch. mun.*, t. I, p. 97) ; Poitiers 1507 (Robert Favreau, « Pauvreté en Poitou et en Anjou à la fin du Moyen Âge », dans MOLLAT, *Études*, t. II, p. 607) ; Abbeville 1509 (*Inv. arch. mun.*, t. I, p. 140, BB 62, fol. 131).

Il ne s'agit ici que de quelques-unes des premières attestations. Le terme va être utilisé dans les délibérations municipales jusque dans les années 1570 et même au-delà, avant de laisser la place à « gueux

---

120. Hervé Martin, *Le métier de prédicateur à la fin du Moyen Âge*, Paris, Cerf, 1988, p. 405.

et fainéants ». Pour mieux comprendre ce succès, il nous faut revenir à la formule originelle de « l'ordre de belistre ». Elle n'est pas attestée seulement dans les deux plus anciens textes, datables avec précision (1455, 1460). Nous la retrouvons dans quelques textes postérieurs. Dans la *Farce du capitaine Mal en point*, les gens mal en point ont le cul au vent, « c'est selon l'ordre de belistre[121] ». Un texte de 1471, des archives de Mons, mentionne l'arrestation d'un « petit *cockin* appelé en *l'ordene de belidre* Pain perdu ». Le changement de nom n'est pas seulement une tradition monastique, il a été une pratique courante des voyous ; mais il nous oriente aussi vers l'onomastique facétieuse du théâtre[122]. La chanson de Jean Molinet sur *l'ordre de belistrie* va dans ce sens : « deux pauvres frères du couvent de l'ordre du belistre [...] droits parfaits religieux du belistre sont [...] pauvres, cuppelés, loqueteux, Truans, coquins, paillards honteux », et les présidents « de Froivaux et de Claquedent » sont de leur « chapitre »[123]. Ces mêmes surnoms facétieux se retrouvent dans le théâtre ; nous nous trouvons ici, comme l'a remarqué Noël Dupire, devant un monastère à l'envers, une abbaye de dérision. Le *Droit chemin de l'hôpital* de Robert de Balsac (ca 1500) confirme cette hypothèse. C'est la morale de ce texte qui nous intéresse : ceux qui ne pensent pas à l'avenir et préfèrent s'amuser, finiront à l'hôpital, mais ceux qui feront le contraire éviteront la mendicité, ils seront quittes « de l'ordre de *bellistre* et de *maugouverne*[124] ». L'abbaye de Maugouverne, c'est aussi, comme Nathalie Z. Davis l'a montré, l'appellation la plus fréquente des sociétés de jeunesse, qui, à la fin du Moyen Âge, organisent les fêtes et en particulier Carnaval[125]. Et que dire de cet *ordre* ? Dans une lettre de rémission de 1380, Antoine de Sagy taxe les femmes adultères, ou qu'il prétend telles, « se comportant en ribaud et se disant de l'*ordre* des goliards

---

121. *Rec. Florence*, n° 49, v. 145 (ca 1515).

122. Texte cité dans MOLINET, *Faictz et dictz*, t. III, p. 1038. Pain perdu (aumône perdue) est un coquin de la farce n° 53 du *Recueil de Florence*.

123. Difficile à dater (dernier tiers XVᵉ s.) : MOLINET, t. II, p. 725 *sq.* ; DUPIRE, *Jean Molinet*, p. 133-134.

124. BALSAC, éd. P. Allut, 1859, p. 126 ; éd. Tamizey de Larroque, 1886, p. 300 (édition plus tardive, ca 1525, qui remplace « ordre de belistre » par « ordre de belistrerie » : le sens primitif de belistre est perdu).

125. DAVIS, *cultures du peuple*, p. 159-209.

ou des bouffons[126] ». La tradition, dont il s'autorise, appartient au roi des ribauds, dont elle semble une relecture folklorique.

C'est dans cette proximité que va se nouer le lien entre abbaye de dérision et fausse mendicité. Nous verrons que la moquerie des mendiants au théâtre ne vise pas tant la condamnation des fausses infirmités, que celle de leur goinfrerie et de leur vie au jour le jour, et c'est bien ce que fait le *Droit chemin de l'hôpital*. Et à Metz en 1512, le jour des Brandons, un chariot ferme le cortège, le « paradis des ivrognes » : « personnages [...] en manière de *bellitres* », « et menaient ces gens ici la plus grande vie que jamais on vit mener à *bellitres* », ce qui faisait rire tous les spectateurs[127]. Scène étrange, où le mendiant est caricaturé, dans sa proximité avec la goinfrerie, mais aussi où l'on peut en rire et condamner son insouciance et son apparente liberté. C'est ainsi qu'il vient s'insérer dans la pédagogie carnavalesque.

Avant d'aborder l'étymologie, quelques remarques s'imposent, que le lecteur a sans doute déjà faites. Certains des premiers emplois présentent des caractères apparemment aberrants. On dit « ordre de belistre », « ordre du belistre », et non pas ordre des belistres. Dans le *Mystère de Saint Quentin*, nous trouvons « capitaine de belistre » (v. 7401), « galants du belistre » (v. 9767), « gens de bon belistre pour couper têtes » (v. 4390-4391) ; dans l'*Enqueste* de Guillaume Coquillart, « contrôleur de belittre » (v. 884). « Ce mot est celui de toute la langue dont l'étymologie a produit le plus d'opinions », selon le dictionnaire de Ménage (1694, 1750). Depuis Nicot jusqu'au *FEW*[128], faute de certitude, on s'est de plus en plus rabattu sur une origine germanique, le *bettler*, le mendiant, qui par métathèse (déplacement du L) aurait abouti à *belistre*. Mais on ne peut rattacher le suffixe *-istre* au moyen haut allemand. Ce qui a poussé le *FEW* à proposer la forme féminine *bedelster*, mendiante en moyen néerlandais. L'attestation de *belleudre*, utilisée comme injure dans une lettre de rémission de 1403[129],

---

126. *Sub umbra ribaldie, goliardie seu buffonie* : AN, JJ 117, n° 176, fol. 113 (région de Beaujeu) ; cité dans DU CANGE, VII, 767, et dans Ludovic PICHON, *Le roi des ribauds*, Paris, Claudin, 1878, p. 169. « Goliard », clerc débauché.

127. VIGNEULLES *Chron.*, t. IV, p. 109 ; voir *infra*, p. 182.

128. MÉNAGE ; *FEW* ; NICOT 1606.

129. AN, JJ 158, n° 208, cité par DU CANGE (Balens) : « ces belleudres veulent-ils faire les maîtres » ; il s'agit de valets.

renverrait alors au moyen néerlandais *bedelaer*. Mais revenons au texte de Nicot, qui, le premier, a proposé le *bettler* :

> Aucuns mettent en avant une autre déduction, disant qu'il vient du mot latin *bliteus*, qu'Erasme en ses Adages expose *Stupidus*, Et que *bliton* dont il vient, est une herbe insipide et de nul service ès médicament, *quasi blax*, qui signifie aussi un homme stupide, et que le Français appelle les hommes de néant, *blitres* […] Mais ce ne sont que chansons.

Comme en témoigne le dictionnaire de Ménage, l'hypothèse *blitum*, l'herbe insipide et de nulle valeur, que nous appelons blette, a été la mieux partagée avant Nicot. Les étymologies anciennes ne sont jamais à négliger, car elles révèlent les associations d'idées venues naturellement à l'esprit de ceux qui réfléchissent sur la langue. Or, que nous indiquent-elles ? Que les contemporains concevaient les *blitres*, comme des gens stupides et niais, qui « ne valent un néant[130] ». En ce point où nous sommes parvenus, et devant les multiples difficultés posées par le *bettler*, il est temps d'en venir à une dernière hypothèse, reprise récemment par Corominas, à la suite de Spitzer, mais qui semble avoir été proposée pour la première fois par Isaac Casaubon (1583), et que le dictionnaire de Trévoux (1771) formule ainsi :

> Belitre […] qu'on appelle aussi un vaut-rien. Ce mot vient du grec *Blituri* qui signifie un rien. De là est venu le mot *blitri*, dont on se sert dans l'École pour désigner un homme sans nom. Nous disons un *quidam*.

Cette hypothèse a le mérite de rendre compte de la terminaison -*ITRE*. Ce qui a poussé Spitzer et Corominas à reprendre cette étymologie est l'existence de formes italiennes et ibériques *blitri*, *biltri*, *blediri*, attestées depuis le XVIIIᵉ siècle au sens d'homme ou chose sans valeur, mais aussi d'étudiant de première année[131], qu'il faut rapprocher du terme *blictri*, mot sans signification, utilisé dans l'enseignement de la logique depuis Malebranche jusqu'au début du XXᵉ siècle. Il

---

130. Léonart Fuchs, *L'histoire des plantes*, Lyon, 1558, chap. 62, p. 127 ; voir une variante du même passage dans GODEFROY, t. VIII, p. 314.

131. Leo Spitzer, « Estudios Etimologicos », *Anales del Instituto de Linguistica*, Cuyo, Mendoza, t. III, 1945, p. 5-6 ; COROMINES, *Diccionari*, t. I, p. 750-751

s'agit d'un terme de la philosophie grecque, transmis au Moyen Âge par Boèce, attesté jusqu'à Albert le Grand, que l'on pourrait traduire par « bla-bla », et que le glossaire de Suidas (XIe siècle) explique par l'imitation du son des cordes. Cette étymologie soulève plusieurs difficultés : comme le remarque le *Trésor de la langue française*, elle « supposerait un emprunt en milieu d'école, qui n'est pas reflété par les premières attestations françaises. De plus cette hypothèse obligerait à dissocier la forme *belleudre* ».

Ce terme est-il toujours employé par les écoliers au milieu du XVe siècle, et le *belistre* a-t-il pu naître en milieu d'école ? Un texte, passé inaperçu, va apporter une réponse, peut-être décisive. Il s'agit du *Sermon sur la Choppinerie*, qui a été daté par son éditeur, Jelle Koopmans, des années 1459-1465, et plus vraisemblablement de la fin 1462, c'est-à-dire très près de l'apparition du mot. Un partisan de saint Martin, c'est-à-dire un « martinet », un écolier qui change souvent de collège, comme les martinets de branche, s'oppose au prédicateur, qui prétendait que les vrais buveurs étaient les écoliers partisans de saint Nicolas, et affirme avoir trouvé un livre prouvant le contraire « en nos librairies de belistre ». Le prédicateur lui rétorque, qu'en la librairie de saint Victor on ne le trouve guère[132]. La notion de belistre, rapprochée de martinet et de bec jaune, est explicitement rapportée au monde scolaire. On peut la traduire par « novice » voire par « nullité » ou « rien qui vaille ». C'est ainsi que s'expliqueraient les formes apparemment aberrantes des premiers emplois, où belistre est au singulier. Blitri est un mot qui n'en est pas un, du bla-bla, une sottise ; et l'ordre de belistre serait l'ordre qui n'en est pas, un ordre de néant, un nouvel avatar de la secte des « Néminiens[133] ». Et l'on passe facilement de la chose à l'homme sans valeur et aux mendiants, que l'époque ne cesse d'assimiler aux « gens de néant », qui ne valent rien, « vaunéants[134] ». Nous retrouvons l'hypothèse « sans valeur »,

---

132. KOOPMANS, *Recueil de sermons*, p. 148.

133. KOOPMANS, *Recueil de Sermons*, p. 385.

134. « Riennevault » est le nom d'un valet dans la bataille de Sainct Pensard, 1485, dans *Deux jeux de carnaval*, p. 59, v. 975 ; « Vagabons et autres gens de neant qui ne servent de rien », 1522, Auguste Prudhomme, *Études historiques sur l'assistance publique à Grenoble avant la Révolution*, Grenoble, Falque et Perrin, 1898, t. I, p. 225 ; voir aussi HUGUET, t. VII, p. 409, Vauneant.

dont Nicot disait qu'elle n'était que chanson. Le bla-bla a remplacé
la blette, mais l'idée est très voisine. Reste une dernière difficulté,
celle qui constituait le cœur de l'hypothèse *bedelaer/bettler*, la preuve
même de la métathèse, le « belleudre » de 1403. Il faut, comme le disait
le *Trésor de la langue française*, dissocier cette forme ; ou plus exactement, supposer que des formes à métathèse ont préexisté à l'emploi de
blitri dans le vocabulaire de la fausse mendicité et n'ont pas été sans
influence sur lui ; ce pourrait être l'existence même de ces formes qui
aurait permis le passage dans le milieu estudiantin de *blitri* à belistre.

Une telle étymologie suppose que « belistre » est né dans le milieu
de l'École, avec une forte connotation facétieuse. Ce milieu scolaire
ou basochien est précisément à l'origine d'une partie du théâtre et
des fêtes, ce qui expliquerait les premiers emplois aberrants. La facétie
porte sur un terme sans vraie signification, c'est néant, ce n'est rien,
ce peut être le mendiant qui ne vaut rien. C'est alors que le terme
va être récupéré par les groupes qui mettent en place la réforme de
l'assistance, sans nécessairement savoir d'où il vient. Et ce serait ce
passage, qui aurait brouillé l'étymologie et fait que son origine allait
tomber dans l'oubli. Mais pourquoi a-t-on eu recours à la facétie et
à la dérision ? Nous sommes avant les années 1525-1530, lorsque
la marée des pauvres submergera les institutions d'assistance. L'opinion
publique considère les mendiants valides comme des profiteurs du
système, qui ne servent de rien, des *vaunéants*, qui pourraient travailler
et s'adonnent à la goinfrerie et à la paresse. D'une certaine manière,
on ne peut que se moquer d'eux, en faire un ordre pour rire. Et cela
passe par le folklore.

Nous avons croisé Maugouverne, les abbayes de dérision et la fausse
mendicité. Peut-on aller plus loin ? L'ordre de belistre apparaît en même
temps que le motif du roi des mendiants, au milieu du XVe siècle[135].
La société s'invente des marges à son image. Mais il y a sans doute aussi
échange, les marges viennent à la rencontre des formules qu'on leur
impose ; et cela passe par le biais du folklore, comme nous l'avons vu
avec Antoine de Sagy et comme le laisse entendre Bronislaw Geremek
au sujet de la bande des caymens de 1449, dont on disait qu'ils avaient

---

135. CHARTIER, Argot, p. 290-292 ; GEREMEK, *Fils de Caïn*, p. 205-209 ;
TOUREILLE, « le procès des Coquillards en 1455 », p. 495-506.

fait un roi et une reine « par leur dérision[136] ». La dérision fonctionne dans les deux sens. Ce qui se joue ici est aussi la naissance des sociétés argotiques. Les mauvais garçons sont appelés dans le théâtre « frères de la grande ordre[137] », l'équivalent du *Bubenorden* germanique[138].

Le maraud et le matou

Le *maraud* apparaît dans les textes littéraires de la seconde moitié du XVe siècle[139] et dans les ordonnances municipales à partir de 1499, dans le Bassin parisien, à Chartres, Rouen, Compiègne, Paris, Amiens, et dans une zone allant de Poitiers à Lyon (Bourges et Nevers). Et il sert parfois à qualifier les pauvres employés pour enterrer les morts de peste. À Chartres en juin 1532, il est « ordonné à tous marauds et vagabonds de vider et sortir de la ville » ; et en novembre de la même année, « a été ordonné qu'il sera pris des marauds pour enterrer les haillons, robes et autres choses, qui ont été jetés hors les portes sur les fossés de cette ville pour éviter le danger de peste[140] ». Les mendiants sont réquisitionnés pour les plus sales besognes, et comme un rempart face à l'inhumain. L'emploi de *maraud* dans les textes officiels est limité dans l'espace et dans le temps. Il ne dépasse pas les années 1560. Le mot apparaît en 1406 dans le compte rendu d'un concile de l'Église gallicane, tenu à Paris. Jean Jouvenel demande qu'avant de donner un seul denier au pape, l'on ôte de son entourage « un grand monceau de marauds qui y sont. Il y a tant de *happeloppins*, qu'il ne lui en

136. A. de Sagy, voir p. 138-139. Et GEREMEK, *Marginaux*, p. 219 : cette pratique est à rapprocher du Carnaval et des fêtes des fous, « où l'on choisit le roi, parmi les personnes les plus dénuées d'importance », par dérision.

137. *Passion* Michel, v. 18846 ; *Myst. st Christophe*, fol. FIIv° (Voir SAINÉAN, *Argot*, t. I, p. 290).

138. KLUGE, *Rotwelsch* ; *Bube*, garçon, a un sens aussi péjoratif que garçon en français médiéval. Les mendiants du colloque d'ÉRASME sur la mendicité (1524) ne cessent de parler de leur *ordo* : *Familiarium colloquiorum opus*, p. 355 ; *Opera omnia*, t. I, 3, p. 433.

139. *Myst. Viel Test.* (2e moitié XVe s.), t. IV, v. 28131 ; *Rec. Trepperel*, t. I, n° 1, v. 165, n° 4, v. 125, n° 6 (années 1480), v. 151 ; *Myst. st Martin* (1496), v. 5448.

140. Chartres 1499 et 1532 (*Arch. mun.*, C1a, p. 11 et 327-328) ; Compiègne 1500 (*Arch. mun.* CC33, p. 47) ; Lyon 1508-1511 et 1523 (*Inv. arch. mun.*, t. I, p. 13-14 et 19). Pour d'autres références concernant le maraud, voir ROCH « De l'histoire à l'étymologie ».

vient point la moitié », ils dépensent et perdent tout[141]. Inséré dans une violente diatribe, le terme a une connotation injurieuse et relève du registre oral, voire dialectal.

L'étymologie proposée par le *FEW* (VI, 1, 359), MARM, n'est guère convaincante. Il faut plutôt suivre ici Lazare Sainéan[142] et la plupart des dictionnaires étymologiques modernes, qui rattachent le mot à un des noms du chat mâle rôdeur et pillard, attesté dans les dialectes du Nord-Est (picard, wallon), en Normandie et dans le Centre, sous la forme *maro*[143]. Christian Schmitt est venu bousculer ce savant édifice en s'appuyant sur une attestation de *maraudise*, travail de paysan (Hainaut, XIIIe siècle), et surtout sur une citation du Picard Charles de Bovelles, dans *La différence des langues vulgaires* (1533)[144]. Bovelles appelle le menuisier *marault* ; ainsi, entre le paysan et le menuisier (*questier* en picard), il y aurait un même outil, la « marre » du vigneron, la houe. Certains éléments iraient dans ce sens : la forme *marrault*, avec deux R, attestée à Lyon et à Nevers, et le fait que les pauvres enterreurs de peste, qui utilisaient un fossoir, aient pu être appelés maraud, mais rarement d'un autre des noms des faux mendiants. Une étude attentive de la cartographie dialectale semble pourtant aller contre cette interprétation. La marre est liée à la culture de la vigne et elle n'a guère dépassé au nord l'Orléanais[145]. Nous sommes loin de la Picardie. Mais revenons au texte de Bovelles : « queste » signifie tantôt *quaestus* [recherche], tantôt *scrinium* [coffret] :

> Lorsqu'il signifie *quaestus,* on en tire le mot questeur ; lorsqu'il signifie *scrinium,* à partir de ce sens on DIT marault, c'est-à-dire escrinier ou menuisier.

---

141. Je remercie Gilles Roques de m'avoir communiqué cette référence : Bourgeois de Chastenet, *Nouvelle histoire du concile de Constance*, Paris, 1718, p. 233b ; voir aussi Louis Battifol, *Jean Jouvenel prévôt des marchands de la ville de Paris*, Paris, Champion, 1894, p. 169. *Happelopin* : qui attrape les bons morceaux.

142. Lazare Sainéan, *La Création métaphorique en français et en roman*, Halle, Niemeyer, 1905, p. 72.

143. GUIRAUD, *Dictionnaire*, p. 387.

144. SCHMITT Christian, « Französich maraud », p. 863-873 ; étymologie reprise dans le *Trésor de la langue française* ; BOVELLES, *Sur les langues vulgaires*, p. 76.

145. Voir mes remarques et la carte de la répartition de *marre* et *maraud*, ROCH, « De l'histoire à l'étymologie », p. 53-55.

On DIT, on surnomme le menuisier « maraud » : c'est un jeu de mot, possible seulement en picard, où le questeur devient menuisier. L'on peut cependant supposer que la marre a laissé quelques traces : dans le Centre, l'étymon *maro* aurait été réactivé en direction de l'homme grossier par sa proximité avec la marre. Nous nous trouverions devant un phénomène analogue à celui que nous avons rencontré à l'origine de *belistre*. L'existence d'un terme très proche relance la néologie lexicale et en appuie la diffusion. Les fausses étymologies, comme l'a remarqué Pierre Guiraud, interviennent de façon parfois décisive dans le succès d'un mot, dont elles suppléent pour une part à l'obscurité.

Les bribeurs et leurs bribes

Le mot vient de la bribe, du morceau de pain, qui apparaît en anglo-normand vers 1290, dans Walter de Bibbesworth, et dans le *Pèlerinage de vie humaine* de Guillaume de Digulleville vers 1330[146]. Dans le *Registre criminel du Châtelet* (1390), le nommé Jehannin Machin, qui est accusé d'avoir rançonné et extorqué une dizaine de personnes à Paris et pratiqué le vol, va aussi mendier dans les villages « esquels pays il allait en *bribes* en pourchassant sa vie[147] » ; le voleur, pratiquant l'extorsion, se fait aussi mendiant. Le bribeur apparaît plus tard en 1426, sous sa forme féminine, près de Creil, dans une injure : « il n'était fils que d'une *briberresse*[148] ». Le terme va se diffuser dans le dernier tiers du XVe siècle[149]. Il caractérise le picard, et en particulier le nord picard (le rouchi) ou la nasalisation donne le brimbeur[150]. Son étymologie le rattache à une famille onomatopéïque concernant des choses de peu de valeur (briche par exemple), qui a donné bribe ; cette étymologie est claire, elle a freiné son utilisation comme injure et permis sa survie au sens assez neutre de mendiant. L'intérêt du terme

---

146. Voir TOBLER, t. I, p. 1139 ; et GUILLAUME de Digulleville, *Pèlerinage,* v. 9729.

147. *Registre criminel*, t. I, p. 378. Voir GEREMEK, *Marginaux*, p. 120 et 146.

148. DU CANGE, *Briba*, AN, JJ 173, n° 376 : Rieux-sur-Oise (Oise), injures entre pêcheurs.

149. *Pâté tarte*, v. 5 et 16 ; *Bataille* (1485), v. 43, 494, 544, 634, dans *Deux jeux* ; Liège 1488 dans S. Bormans, *Recueil des ordonnances de la principauté de Liège*, 1re série, Bruxelles, 1878, p. 763.

150. *OPB*, t. I, p. 590 (1517), p. 630 (1518), t. II, p. 69-70 (1521), etc.

dans notre paradigme du faux mendiant est ailleurs. Le *bribour* anglo-normand (1354) et le *bribour* anglais (1377) ont précédé le bribeur français et ne semble pas avoir signifié le mendiant et le vagabond avant la fin du XVe siècle[151].

Henri de Lancastre, dans *Le livre des saintes médecines* (1354), décrit le corps envahi par les sept péchés principaux, « et les péchés véniels, qui poursuivent l'ost comme *bribours* et ribaudaille », qui suivent l'armée comme ribauds[152]. William Langland, dans *Piers Plowman* (1377) décrivant les gens de guerre régulièrement engagés et figurant dans les registres, ajoute : « sur le champ de bataille, tous les autres seront considérés comme *bribours, pilours and pykeharneys*, et, dans toutes les paroisses du pays, ils se feront injurier[153] ». Ce sont les dignes descendants des ribauds de guerre. Il est vraisemblable qu'en anglais l'on soit passé directement du morceau au pillage, comme pour l'ancien français « peille » (morceau de chiffon) qui a donné piller. Une nouvelle fois nous constatons la proximité de notre vocabulaire avec les pratiques inférieures de la guerre. Le terme a aussi d'emblée le sens de voleur, celui qui extorque ; et comme nous l'avons vu avec Jehannin Machin, le mendiant se fait lui-même parfois voleur.

Les coquillarts et les faux pèlerins

Sur le témoignage du *Jargon ou langage de l'argot réformé* (1628)[154], la plupart des commentateurs ont fait des « coquillarts », des gueux travestis en pèlerins, portant des coquilles supposées rapportées de Saint-Jacques-de-Compostelle. Le mot « coquin » lui-même a parfois été dérivé de coque et interprété comme faux pèlerin. Une telle étymologie de coquillard semble particulièrement fragile dès que l'on remonte aux premiers emplois du mot. Le terme utilisé dans la seconde moitié du XVe siècle et la première moitié du XVIe siècle ne renvoie jamais au faux pèlerin, mais à la niaiserie et à son contraire, la tromperie,

---

151. *Anglo-Norman Dictionary* ; *Middle English Dictionary*.

152. Henri de Lancastre, *Le Livre de Seyntz Medicines*, Émile Jules Arnould (éd), Oxford, Blackwell, 1940, p. 82 (fol. 42 v°).

153. LANGLAND, version B, passus XX, v. 262-263 ; traduction d'Aude Mairey, p. 256 : « détrousseurs de cadavres et pillards » ; *pikehernois*, qui perce les armures.

154. SAINÉAN, *Argot*, t. I, p. 224. Voir aussi CHARTIER, *Gueuserie*, p. 155.

le niais et le faux niais. Le terme est influencé par *coquard*, « sot », « benêt ». Le nom pris par la bande de *ruffiens* arrêtés à Dijon en 1455 renvoie explicitement à la coquille comme emblème de la tromperie : « s'appellent iceux *galans* les coquillarts, qui est à entendre les compagnons de la coquille [...] La secte et piperie [tromperie] de la coquille[155] » ; cette bande de voleurs fréquentant les tavernes, les bordels et les jeux de dés, ne semble pas avoir mendié ni s'être travestie en faux pèlerins. La coquille dont ils font leur emblème est déjà purement symbolique. Villon a repris le terme : « Maint coquillart [...] beau de bourdes, *blandi* de langue fauve », beau de mensonges, flatteur de paroles fourbes[156]. Mais pourquoi la coquille du pèlerin a-t-elle pris ce sens ?

Le dictionnaire de Furetière éclaire la question : « À qui vendez-vous vos coquilles ? À ceux qui reviennent de Saint Michel, se dit aux vendeurs qui croient que les acheteurs ne connaissent pas le prix de ce qu'ils marchandent. » Les pèlerins ne vendent d'ailleurs pas seulement leurs coquilles, ils les font aussi baiser contre rétribution. On vend du symbole, on vend du vent. Ce sens de coquille est attesté depuis le milieu du XIVe siècle[157]. La coquille, c'est la tromperie, la « pipée ». Cela ne signifie pas que les faux pèlerins n'aient pas existé, mais en France du moins ils n'avaient pas le nom de coquillards au Moyen Âge[158]. Le terme, peu utilisé au XVIe siècle, où par ailleurs un certain discrédit frappe les pèlerinages, resurgit dans *Le Jargon ou le langage de l'argot réformé* (1628), où les « coquillards » sont tantôt de vrais pèlerins, tantôt de faux pèlerins.

Les gueux (1454)

Le mot apparaît dans la seconde moitié du XVe siècle, et il a alors le sens de compagnon, galant, gaillard. Il est utilisé comme terme d'adresse, de reconnaissance entre mauvais garçons ou pauvres hères

---

155. Voir GEREMEK, *Truands*, p. 52, 55.

156. VILLON, *Ballades en jargon*, Ball. X, v. 9, p. 139.

157. *Poésies de Gilles Li Muisit* (après 1350), Kerwin de Lettenhove (éd.), Louvain, Lefever, 1882, t. II, p. 260 ; et TOBLER : « vos cokilles, trop bien saviés a quy vendiés ».

158. En Germanie, nous trouvons les *Clamyerer*, *Calmierer* ou *Cristianer*, voir GEREMEK, *Truands*, p. 182, 194.

dans le théâtre. Son étymologie a été rapportée au moyen néerlandais *guit*, garçon, gaillard, fanfaron, trompeur[159]. Il apparaît en particulier dans les textes argotiques : « Et l'appelle [t] on en bon patois, la *gueue*[160] », la prostituée ; le terme « patois » à cette époque (1454) encore très imprécis, pourrait signifier le jargon, l'argot ; c'est le sens que lui donnera Guillaume Bouchet à la fin du XVIe siècle[161].

– Quel gueux à porter l'étendard Sous une vieille capeline[162].
– Dieu garde les gueux de fier plumage[163].
– Où broue [va] le gueux ? A Pampelune, En Portugal ou en Esture[164].
– Comme broue [va] le gueux ? Sus la drogue [la mendicité][165].
– He gueux ! Avance moi la poue [la patte][166].

Le gueux prend progressivement le sens de mendiant, en particulier avec la formule « gueux de l'ostière », qui va mendier de porte en porte[167]. Auparavant, il a dans la formule « rouge gueux », le sens de trompeur. Le terme assez neutre au départ, mais argotique, va se retourner contre ceux qui l'avaient d'abord utilisé (ou étaient censé l'utiliser) et passer dans les textes répressifs à partir de 1560. D'une certaine manière, le maraud, le belistre et le gueux semblent reposer à l'origine sur un sémantisme voisin, celui de l'homme grossier, l'homme sans qualité, le compagnon.

---

159. *FEW*, Guit, XVI, p. 98-99 ; 1452.
160. Poème sur les filles de joie (1454), de Philippe Bouton, dans Arthur Piaget, « *Les princes* de Georges Chastellain », *Rom.*, t. 47, 1921, p. 172.
161. SAINÉAN, *Argot*, t. 1, p. 173.
162. Il s'agit d'un homme de main d'Hérode, qui pense davantage à la cuisine qu'à la guerre. *Passion* Gréban, 1458, v. 7488.
163. *Passion* Michel, 1486, v. 18609.
164. *Ordre de mariage et de prêtrise* (fin XVe s.), *Rec. de Florence,* n° 31, v. 98. Pampelune proche de la lune et des châteaux en Espagne. Voir aussi la farce n° 53 du même recueil (*Trois coquins*, années 1510), v. 63.
165. *Gautier et Martin* (fin XVe s.), v. 52-53.
166. *Myst. st Christophe*, (1527), fol. E IIIIv° (SAINÉAN, *Argot*, t. I, p. 280).
167. RABELAIS, *Œuvres*, livre I, chap. 1, p. 41 (1533) ; voir FURETIÈRE, Gueus.

Les varigauds d'Amiens (1460)

Le terme apparaît dans le *Mystère de saint Quentin*[168] et dans les archives amiénoises dans les années 1460 à 1502, donc dans une période relativement brève. Le texte de 1460, que nous avons cité, montre la vraie nature de ces compagnons oiseux et vagabonds : mendicité, jeu, et prostitution[169]. En 1461, un brasseur soutient en sa maison « plusieurs *varigaux*, garchons, joueurs de dez, coquins, truhans, querans leurs vies, qui chacun jour jouaient aux dez[170] ». Le mot va survivre dans les dialectes jusqu'à l'époque contemporaine. Le *FEW* (VII, 540) a proposé comme étymologie le néerlandais *warrig*, déguenillé, qui aurait donné en moyen français *vari*, vagabond ; mais l'influence de *varier*, aller çà et là, errer, a certainement joué. La mention du texte de 1460, *communément*, montre que le terme est récent, populaire, dialectal. On remarquera aussi que la fausse mendicité n'est pas ici la seule activité, et que, d'autre part, ce nom est resté local, comme d'autres des noms du faux mendiant et du vagabond. L'utilisation officielle du terme est datée : elle correspond à une époque, la seconde moitié du XVe siècle, où la répression s'en prend à la belle vie des mendiants, au jeu, aux tavernes et aux filles, alors que le chômage de masse n'a pas encore fait son apparition. C'est cette même fenêtre dans l'histoire de la fausse mendicité, qui donne naissance à la formule de l'ordre de belistre, comme nous l'avons proposé.

Les caignardiers et le triomphe de la paresse

Le *caignardier* apparaît dans *Le franc archer de Cherré*[171] ; le mot se diffuse dans les années 1520-1530. Il ne passera dans les textes répressifs que de manière limitée.

---

168. *Myst. st Quentin*, p. 160, v. 9791 (seconde moitié XVe s.).
169. Texte de 1460, cité ici, p. 135. Voir pour les années suivantes, *Inv. arch. mun.*, t. IV, p. 234, 282, 302, 364.
170. *Inv. arch. Amiens*, t. II, p. 180.
171. *Le Franc archer de Cherré*, v. 405, 1523-1524, dans POLAK, p. 61 ; *FEW*, t. II, 1, p. 185, Cania ; *Pantagrueline prognostication*, 1533, V, p. 17.

Plusieurs belistres et caignardiers, par imposture et déguisements de maladies, prennent l'aumône au lieu des vrais pauvres [...] maladies, impostures et déguisements, dont plusieurs usent pour avoir occasion de belistrer et vivre sans rien faire, en frustrant les vrais pauvres de leurs aumônes[172].

Le parcours sémantique va de la *caigne*, la chienne, au *caignard*, l'abri pour les gueux, le lieu où l'on paresse au soleil ; on parle toujours dans le midi du *canhard*, l'abri au soleil et de la *canha*, la chienne et la paresse. Le caignard, le lieu où les mendiants se retrouvent, le ventre au soleil, a précédé le caignardier. Caignard a aussi le sens de paresseux, de poltron. Le sémantisme associe la paresse à une image péjorative du chien et de la chienne (voir mastin, lice, herbaude, canaille). C'est aussi au XVIe siècle que se développe la réinterprétation de *feignant* (feindre, feintise) en *fait-néant*. À la fin du XVIe siècle, apparaît *calin* (1598), avec le sens de faux mendiant. Dans le dictionnaire de Cotgrave (1611), *calin* est le seul parmi les noms du faux mendiant, pour lequel il est précisé : qui contrefait une maladie en espérant qu'on s'apitoiera et qu'on lui donnera quelque chose. Le terme, picard ou normand, vient de *caliner*, se reposer pendant la grosse chaleur, la « chaline ». La paresse est en train de passer au premier plan du paradigme, ce qu'il faut sans doute mettre en rapport avec une nouvelle signification donnée au travail et à l'obligation du travail. Aujourd'hui *câliner* c'est cajoler.

Mentionnons un dernier terme apparu dans les Cahiers de doléances du bailliage de Troyes en 1614 ; les pauvres devront se retirer en leur lieu d'origine, « même ceux que l'on nomme *gredins*[173] ». L'archive surprend le mot dans son sens originel de gueux de profession, attesté à partir de 1642 dans les dictionnaires, et qui a survécu dans les dialectes du Centre, mais qui ne s'est guère imposé avec ce sens dans la langue classique.

---

172. MONTAIGNE police, 1555-1557, p. 109, 112.

173. Yves Durand, *Cahiers de doléances des paroisses du bailliage de Troyes pour les Etats généraux de 1614*, Paris, PUF, 1966, p. 245. L'étymologie en serait le moyen néerlandais *gredich*, avide (*FEW*, XVI, 2) ; OUDIN, *Curiosités françaises*, 1656, « gredin », « grediner », gueux, gueuser.

Les trucheurs ; les mots de l'argot

Le *Jargon ou langage de l'argot réformé* (1628), lorsqu'il dresse la nomenclature des manières de gueuser, emploie *trucher* : il y a ceux qui truchent sur le coquillard, ceux qui truchent aux églises, etc.[174]. Les textes plus anciens exprimaient la même chose par *brouer sur, bier sur*. Ainsi dans la *Vie généreuse des mercelots, gueuz et boesmiens*, de 1596, *bier sur le rufe, bier sur le minsu, bier sur le toutime*, etc[175]. Or *bier, brouer*, comme *trimer*, voire *ballader*, c'est d'abord « marcher », aller gagner, chercher sa vie. Dans la *Vie généreuse*, on demande au héros :

> Sur quoi voulez-vous marcher ? – Sur la dure [la terre]. – Vous êtes bien nouveau et bien sot, dit le Coesre [le chef] [...] Nous marchons sur la terre de vrai, mais nous marchons avec beaucoup d'intelligences [...] Il y a plusieurs chemins pour aller à Rome. Aussi y a-t-il plusieurs chemins pour suivre la vertu [...] C'est que nous marchons à plusieurs intentions[176].

Mendier avec ou sans ruse, c'est donc, tout simplement, pour l'argot, marcher. *Trucher* vient de l'occitan *trucar*[177] et de l'idée de coup, de ruse, de truc, très voisine de la tricherie. Il faut sans doute suivre ici Pierre Guiraud, dans les *Structures étymologiques du lexique français*, qui attire l'attention sur l'existence de structures onomatopéiques, et en particulier sur *tric-trac-truc*[178]. L'argot adore d'ailleurs jouer avec l'alternance vocalique et les doubles sens. Or la répartition dialectale montre que *trucher* coexiste avec *tracher,* en particulier en Normandie. Et *tracher*, tracer, chercher, suivre à la trace, signifie aussi mendier, depuis le *Roman de la Rose*[179] jusqu'aux dialectes modernes. Trucher ce serait à la fois tricher et tracer. Les gueux donnent à leurs pratiques des noms d'apparence anodine, mais fortement ambivalente ; ce qui,

---

174. CHARTIER, *Gueuserie*, p. 154 *sq.* ; SAINÉAN, *Argot*, t. I, p. 222.

175. CHARTIER, *Gueuserie*, p. 116-117 ; SAINÉAN, *Argot*, t. I, p. 152-153 : le minsu (mendier sans artifice) ; le rufe (le feu a brulé sa maison) ; le toutime (de toutes les manières).

176. CHARTIER, *Gueuserie*, p. 116 ; SAINÉAN, *Argot*, t. I, p. 152-153.

177. *FEW*, XIII, p. 378 (*trudicare*) ; REY, *Dict. hist.* (Truc).

178. GUIRAUD, *Structures étymologiques*, chap. 3.

179. *Rose*, v. 11469.

somme toute, n'est pas très différent des appellations que la société
leur donne.

L'évolution du paradigme du faux mendiant

Les plus anciennes appellations, *truand*, *coquin*, *ribaud*, *arlot*, ne
renvoient pas, à l'origine, à la mendicité, mais aux plus bas niveaux
sociaux, et en particulier à la guerre du peuple. C'est dans cette
conception de la marginalité sociale, qui réunit le ribaud de guerre,
le pillard, le religieux hypocrite, le trompeur, que la mendicité va
venir prendre naturellement sa place. Avant d'aller plus loin, il faut
remarquer que le ribaud de guerre aura des successeurs aux derniers
siècles du Moyen Âge et à la Renaissance. Dans la France de la guerre
de Cent Ans, ravagée par les compagnies et les routiers, d'anciens
valets de guerre ou des vagabonds, se faisant passer pour gens de
guerre, s'adonnent au rançonnement et au pillage ; l'aumône n'est plus
volontaire mais contrainte. Cette « mendicité avec insolence », qui se
développera à l'époque moderne[180], n'est bien sûr pas seulement liée
à la « sale » guerre, et le déclin de l'obligation charitable a dû aussi
jouer un rôle. Donnons quelques exemples de ces dons contraints :
cette proximité entre la mendicité et la guerre semble avoir traversé
les siècles.

– 1389 : Estienne Giboin portait un glaive, agressait les « pauvres
gens » et battait ses voisins du village, leur arrachant leur bourse ; il était
« diffamé d'avoir suivi longtemps les routes de la forte Compagnie[181] ».

– 1390 : Jean Machin, estropié à la guerre, « homme vacabond »,
mendiait pour vivre dans la région de la Brie, et rançonnait les passants
avec d'autre « compagnons vacabondes[182] ».

– 1449 : Savary, ancien valet ayant « laissé son métier pour
suivre les gens d'armes [...] rançonnait les bonnes gens, les uns à
lard, les autres à poules et les autres à argent », les menaçant de leur
envoyer les gens d'armes[183].

---

180. GUTTON, 1974, p. 44.
181. GUÉRIN Poitou, t. XXI, p. 379.
182. *Reg. criminel*, p. 376-378 ; GEREM., *Marginaux*, p. 120 ; voir ici p. 126.
183. SAINÉAN, *Argot*, t. I, p. 360 ; GEREM., *Truands*, p. 63.

– 1449 : Simon Pingreau « pauvre homme laboureur » est emprisonné pour avoir suivi à la guerre des gens de mauvaise renommée. Il a dû vendre ses bœufs « et à cette cause sont chus aussi ses dits femme et enfants en grande pauvreté et nécessité et comme en mendicité ». Il est détenu « en grande pauvreté et misère », et craint que « s'en ensuive sa désertion totale[184] ».

– 1475 : Artus de la guerre « en état d'homme de guerre » et deux coquins qui « se disaient être gens de guerre, et avaient tout perdu le leur », allaient mendier « et en ce faisant menaçaient ceux qui ne leur voulaient donner, en disant que devant qu'il fût XV jours, qu'ils en auraient et prendraient à leur guise[185] ».

Au XVIᵉ siècle, la monarchie française, qui a créé au siècle précédent une armée régulière, tente de mieux contrôler les « aventuriers, pillards ou vaccabons, suivans les bandes ». Les gens de guerre « n'avoueront à eux aucun (de) leurs parents *lacays*[186] ni vaccabons sous couleur d'être leur serviteur[187] ». La situation semble plus grave dans les Pays-Bas de la première moitié du XVIᵉ siècle, où la mendicité avec insolence semble s'étendre. Les vagabonds « sous ombre de la guerre » mangent le peuple ou le composent sans payer les dépens : « mengeryes, compositions [racket] ou insolences[188] ». « Que nuls gens de guerre [...] sous couleur de la guerre [...] ni aussi nuls vacabondes ou brimbeurs, sous couleur de mendicité », ne foulent le pays. Les gens de guerre pillards, « sans aveu de capitaine » seront cassés[189]. Les ribauds de guerre et leur proximité avec les mendiants ne sont pas restés sans descendance.

Revenons au XIVᵉ siècle. L'étymologie de *caïmant* renvoie à Caïm, père des races vagabondes, au moment où la lutte contre le vagabondage devient à l'ordre du jour. Au XVᵉ siècle, certains termes, comme le *bribeur* ou le *maraud*, sont beaucoup moins marqués et renvoient explicitement à la mendicité. Le *belistre*, apparu en même temps que les supposées monarchies argotiques, révèle que le regard sur la mendicité est en train de changer ; c'est la belle vie du mendiant qui

---

184. GUÉRIN Poitou, t. XXXII, p. 143-146.
185. GUÉRIN Poitou, t. XLI, n° 1548, p. 1 *sq.*
186. Valet d'armée à pied ; voir p. 35 n. 30.
187. *Ord. fr. 1ᵉʳ*, t. IV, p. 281 (1526) ; t. I, p. 60, n° 23 (1515).
188. *OPB*, t. IV, p. 12 (1537).
189. *OPB*, t. II, p. 567 (1529) ; t. II, p. 69 (1518).

est prise pour cible. On va alors chercher un petit mot des étudiants pour stigmatiser ces inutiles à la société. Les difficultés de la période suivante, au XVIe siècle, amènent au premier plan la nécessité du travail et la condamnation de la paresse, comme en témoignent le développement de *fainéant*, l'apparition de *caignardier*, et bientôt de *calin*, et l'évolution du sens de *truand*[190]. C'est à ce moment-là qu'émerge, avec les crises répétées, la catégorie du mendiant valide au chômage à aider et à mettre au travail, en particulier aux travaux publics. La prise de conscience de l'existence d'une catégorie intermédiaire entre les bons et les mauvais pauvres, déplace davantage encore dans le vocabulaire l'accent sur la mise au travail et la paresse. En face, le gueux commence sa longue carrière ; c'est le mendiant professionnel irrécupérable, et l'on ne doit pas s'étonner que le terme soit repris de l'argot et des bas-fonds de la société. Le vocabulaire n'a cessé de trouver les mots pour exclure, mais il l'a fait de différentes manières. Comment savoir qui à l'origine invente et fait circuler ces mots ? Il n'aura pas échappé à nos lecteurs que, si certains de nos termes viennent des dialectes ou de l'argot, d'autres semblent être nés d'abord parmi les élites : *coquin* et *vagabond* sont des réfections savantes, prenant la place de formations populaires, *queux* et *vai* ; *caymant* et *belistre*, si nos hypothèses étymologiques sont exactes, laissent entrevoir une néologie trop sophistiquée pour avoir été inventés par le peuple seul. Les élites ont donc joué leur rôle dans la nomination-exclusion des mendiants.

Abordons le fonctionnement du paradigme. Une première remarque s'impose : les noms du faux mendiant sont souvent aussi ceux du vrai mendiant[191]. Il est toujours difficile de discerner le mendiant occasionnel du mendiant de métier, de « race » comme dira le XVIIIe siècle. Le mendiant peut être valide ou invalide, il triche toujours un peu pour apitoyer le passant ; et tous « truandent », « brimbent » ou « coquinent ». D'où l'adjonction de qualificatifs comme « gros »,

---

190. *Truand*, paresseux, GODEFROY, t. VIII, p. 95 ; *FEW*, t. XIII, 2, p. 331, Trugant ; HUGUET, t. VII, p. 362. PALSGRAVE, p. 613 : « I loyter » [tarder, fainéanter], « je truande ».

191. Par exemple, PALSGRAVE, p. 569 : « Je belistre *and* je demande pour Dieu… Je l'ay veu ung riche homme, mays maintenant il va blistrer, *or* il va demander pour Dieu. »

« avéré », « affaitié[192] », « incorrigible », qui marquent l'incrustation dans la mendicité. D'où aussi sans doute la mise en série synonymique dans les textes officiels, qui visent à saturer la signification négative, à lever l'incertitude. On accumule les synonymes pour éviter toute ambiguïté. Les chapelets d'injures ne procèdent pas autrement. Au XVIIIᵉ siècle, la justice parlera de la même manière, au sujet d'une seule et même personne, de « mendiant valide, errant et vagabond sans aveu ».

La mise en série de quasi-synonymes ne doit pas cependant masquer l'hétérogénéité de notre vocabulaire. Hétérogénéité géographique : le *brimbeur*, par exemple, caractérise le Nord ; hétérogénéité diachronique ensuite, plusieurs strates se succèdent. La plupart de ces termes d'ailleurs continuent longtemps à être employés, jusqu'au XVIᵉ siècle pour les plus anciens. Ces strates révèlent, nous l'avons vu, certains déplacements de l'accent sémantique à l'intérieur du paradigme. L'existence de strates successives laisse cependant supposer autre chose : qu'il existe, à l'intérieur du paradigme, des processus d'évolution qui en démonétisent les termes les uns après les autres, et contraignent, du même coup, à en élargir et renouveler le stock disponible. Pour comprendre ce qui se passe, il faut d'abord jeter un coup d'œil sur les curieuses dérives, qui s'opèrent aux marges du paradigme. Les formes masculines qualifient volontiers les mauvais garçons, les voyous, les querelleurs, dont la mendicité n'est qu'une des multiples activités. Les formes féminines ont tendance à signifier la femme paillarde, la ribaude, la putain. Ainsi dans cet échange injurieux entre femmes, consigné dans les registres de l'Officialité de Troyes en 1458 : traitée par une femme de « sanglante paillarde ribaude » et de « sanglante truande », l'autre répond : « Je ne suis pas allé truander avec les gens d'armes, et donc ne fut onques [jamais] dame du *bordiau* », du bordel[193]. La réalité sociale permet de rendre compte de ces dérives : mendicité avec menaces, proximité du vagabondage et du crime, jeune mendiante glissant à la prostitution. Mais plus profondément, il y a un glissement inexorable de nos termes à l'injure, sexuelle ou sociale, qui tient à la place même de la mendicité

---

192. *Affaitié* : rusé, frauduleux.
193. *Invent. arch. départ.*, *Aube*, série G, t. II, H. d'Arbois et F. André, p. 276 (G 4175, fol. 17). Voir aussi *supra*, p. 145, 148.

dans l'échelle sociale : « Mendicité et truandise qui est le dernier et
le plus vil état de toutes gens[194]. » Dans l'échange même de l'aumône,
les noms du faux mendiant servent souvent à injurier le vrai mendiant,
à le faire attendre, à le repousser, à disqualifier sa demande, comme
nous le verrons dans le chapitre sur l'aumône. Mais ces mots servent,
d'une manière beaucoup plus large, à rabaisser un adversaire : « Encore
aujourd'hui appelons nous ceux à qui nous voulons mal et pensons
injurier, marauds, coquins, belistres[195]. »

Les noms du valet, du garçon, de la servante, subissent une dérive
semblable. Ce qu'il importe de bien comprendre, c'est que dans
une société très hiérarchisée, la dévalorisation injurieuse ne fait souvent
que répéter le mépris social, que donc l'inférieur s'y trouve piégé,
qu'il ne peut s'en sortir indemne. On songe à ce valet de comédie,
qui, entendant prononcer le mot de maraud, dit naïvement : « Maraud !
Voilà quelqu'un qui me connaît[196]. » L'injurié peut d'autant moins
échapper à ce qu'on lui colle sur le dos, qu'une partie, au moins, en
est vraie. L'équivalent actuel de ce type d'injure « spécifiques[197] » serait
à chercher du côté des injures racistes.

Il serait pourtant faux de présenter l'évolution de notre vocabulaire,
comme l'apparition successive de mots d'abord neutres, progressivement alourdis et alors remplacés par d'autres encore frais. L'injure,
nous l'avons constaté pour *belleudre* et *briberesse*, est là dès l'origine.
C'est précisément parce que les simples termes de mendiant, vagabond, oiseux, fainéant, parfaitement clairs et motivés, ne suffisent pas,
que l'on a recours à des mots souvent obscurs, faiblement motivés, à
la limite de l'injure. Cependant, inexorablement, l'hyperbole, constitutive de l'injure, va en démonétiser les termes. Le cas de *coquin*
est connu. Furetière dit de *gueux* : « Se dit aussi hyperboliquement
de ceux qui n'ont pas assez de biens de fortune pour soutenir leur
naissance [...] Un prince souverain, qui n'a que cent mille livres de
rente est un gueux[198]. » Il faut voir là une des causes principales du

194. GODEFROY, t. VIII, p. 95, Boccace, *Des nobles malheureux*, édition de 1515.
195. LITTRÉ, Maraud : Guillaume Bouchet, *Serées*, 1598.
196. LITTRÉ, Maraud : Jean-François Regnard, *Sérénade*, 1695.
197. LARGUECHE, *L'effet injure*.
198. FURETIÈRE, Gueux.

renouvellement de notre paradigme au cours des siècles. Les uns après les autres, nos termes débordent du cadre de la fausse mendicité. D'autres, qui semblent plus précis ou plus efficaces, les remplacent.

Ce schéma d'évolution semble cesser de fonctionner au XVIIe siècle. À partir des années 1630, la plupart des noms du faux mendiant disparaissent des ordonnances répressives. *Gueux*, plus favorisé, se maintient jusqu'au début du XVIIIe siècle. Ensuite, on ne parle plus que de « vagabonds, mendiants et fainéants ». Pour comprendre cet effacement du paradigme, du moins au niveau des textes officiels, il faut à la fois considérer ce qui se passe du côté de la langue et ce qui se passe du côté de l'histoire.

En première approche, le schéma d'affaiblissement/renouvellement fonctionne bien toujours, même si cela se passe de manière plus souterraine. Les noms les plus anciens perdent leur référence à la mendicité. Ceux qui survivront jusqu'à nos jours dans les dialectes, *quémand* ou *brimbeur*, sont ceux dont la signification était la plus claire, et qui se sont cantonnés très tôt dans la simple mendicité, sans toujours dériver vers l'injure. Il y a toujours cependant création de nouveaux termes, en particulier pour qualifier l'errance oisive : *galvaudeux, trimardeux, trainier*, etc. Mais ces termes, désormais, restent dialectaux et ne passent plus dans le français commun. Les termes du début du XVIIe siècle eux-mêmes, *calin, gredin, trucheur*, ne sont pas repris dans les textes officiels et ne parviennent guère à s'imposer au sens de mendiant dans la langue classique. Ils évoluent vers d'autres sens ou restent cantonnés à l'argot. La néologie, surtout celle du bas-peuple, semble être devenue inconvenante.

En seconde approche, le renouvellement, après 1630, ne concerne plus la fausse mendicité. Celle-ci passe au second plan ; le libertinage au XVIIe siècle, le vagabondage au XVIIIe siècle, deviennent les obsessions centrales. Le faux mendiant est de moins en moins celui qui vole l'aumône due aux vrais pauvres. Il devient le frelon butinant le miel des abeilles, celui qui vit aux dépens des autres. À partir de 1700, se mettent en place une interdiction draconienne de la simple mendicité et une véritable chasse aux vagabonds. Il suffit désormais d'être mendiant ou vagabond pour tomber sous le coup de la loi. La séparation des bons et des mauvais pauvres par les mots n'est plus nécessaire. On veut envoyer tout le monde à l'Hôpital général. À ce moment-là, le vieux stock des noms du faux mendiant, qui étaient à l'origine à la fois injure et nomenclature sociale, indissolublement, va perdre sa raison d'être. Nos mots vont tomber en désuétude ou changer de sens, tandis que s'éloigne l'image du Christ dans le pauvre.

Du même coup, s'éclaire le rôle qui avait été le leur, à la fin du Moyen Âge et aux débuts des Temps modernes : permettre, à une époque où la condamnation de la mendicité restait incertaine, de trier entre les vrais et les faux mendiants ; mais aussi, plus cyniquement, entre les vrais de tel lieu, de telle ville, et tous les autres. Et c'est là qu'intervient « l'aura » injurieuse, que notre vocabulaire traîne derrière lui. Elle va couvrir une opération, dont les justifications chrétiennes ne sont pas tout à fait évidentes ; et une opération qui doit constamment adapter les catégories assistables aux ressources variables et souvent limitées des institutions charitables. Cette variabilité conjoncturelle fait préférer des termes flous à une catégorisation trop précise. Et l'ambivalence, la charge souvent très péjorative de ces mots, permettent d'agrandir un écart somme toute minime au départ. Les noms du faux mendiant n'ont finalement été qu'une étape, sémantiquement luxuriante, dans les processus d'exclusion et de rejet de la mendicité et du vagabondage.

Chapitre VI

LES MOTS ET LES GESTES DE L'AUMÔNE[1]

> Au reste, comment nous étonner de ces réactions,
> nous qui dénonçons les ressorts agressifs cachés
> sous toutes les activités dites philanthropiques.
>
> Jacques Lacan[2].

La répression de la mendicité et l'enfermement de l'âge moderne n'ont pas succédé à une charité médiévale douce et débonnaire. Avant la « potence » du XVIe siècle, avant même la lutte contre le vagabondage des deux derniers siècles du Moyen Âge, existe déjà, comme l'ont montré les travaux de Michel Mollat et de Bronislaw Geremek[3], une ambivalence dans les attitudes à l'égard des pauvres. Au temps de l'âge d'or de la charité, le pauvre n'est pas considéré pour lui-même, mais comme l'image du Christ, comme l'instrument du salut du riche, comme un « objet » plus que comme un sujet. L'éloge de la pauvreté volontaire des religieux et l'exaltation du dénuement n'ont pas

---

1. ROCH, « Le jeu de l'aumône au Moyen Âge », *AESC*, 1989-3, p. 505-527.
2. J. Lacan, *Écrits I*, Paris, Seuil, coll. « Points », 1999, p. 106.
3. MOLLAT, *Pauvres*, p. 17, 94, 134, 140-141 ; GEREMEK, *Potence*, p. 30-46.

entraîné la disparition du mépris des pauvres, mais ont coexisté avec une charité très ritualiste et souvent ostentatoire, faisant du pauvre un simple moyen dans « l'économie du salut ». Bronislaw Geremek a plus particulièrement mis en évidence cet écart, cette contradiction entre l'*ethos* médiéval de la pauvreté et la réalité sociale, et en a conclu aux effets pratiques très réduits de l'idéologie chrétienne de la pauvreté, qui ne remet pas en cause l'inégale répartition des biens, mais exige de la part des pauvres l'acceptation de leur état. Ce n'est pas tant dans les contradictions entre l'éloge de la pauvreté religieuse et la réalité sociale que nous chercherons ici les traces du mépris à l'égard des pauvres, que dans le fonctionnement même de l'aumône en tant qu'échange. La question soulevée par Geremek sera donc ici reprise, mais sur un autre terrain, non plus dans le cadre général des rapports sociaux et des institutions charitables, mais au niveau même des paroles et des gestes, qui s'échangent dans l'aumône « manuelle ». Une telle démarche, remarquons-le, ne peut éclairer que la face obscure de la grande poussée charitable médiévale. Le discours anti-aumône que nous allons découvrir n'est que l'envers d'une contrainte charitable difficilement contournable. Les sources utilisées seront d'abord littéraires. De la confrontation de ces descriptions, de ce « vécu », avec le « prescrit » du discours chrétien officiel apparaîtra alors le modèle d'une pratique charitable médiévale associant étroitement le mépris et la pitié. Au-delà d'une histoire des sentiments, nous retrouverons d'ailleurs le social. L'aumône est un rite, c'est-à-dire un geste stéréotypé permettant de se concilier le divin et d'assurer la cohésion sociale. Elle est parfois même magique, comme en témoigne le caractère bénéfique de la première aumône de la journée, « l'étrenne[4] ». Mais elle sert aussi à maintenir chacun à sa place, car « les rites sont toujours une façon de dire quelque chose à propos du statut social[5] ».

---

4. La première aumône de la journée porte chance : Juan Ruiz, XIVe siècle, cité dans KRAEMER, p. 165 ; LITTRÉ, « étrenner » ; FURETIÈRE., « Estrene » se dit « chez les gueux de la première aumosne qu'ils reçoivent ».

5. E. R. Leach, *Les Systèmes politiques des hautes terres birmanes*, Paris, Maspero, 1972, p. 319.

Comment éconduire les mendiants importuns

Donner ou ne pas donner au mendiant, là n'est pas toute la question, mais comment l'on donne ou comment l'on refuse de donner. L'aumône médiévale n'était pas, comme aujourd'hui laissée au libre choix du donateur, elle comportait une part d'obligation et jouait un rôle central dans la vie religieuse et dans la vie sociale. Le mendiant tend la main au nom de Dieu, agite son « baril », étale ses infirmités, gémit et se plaint. Par lassitude, par ostentation et bien sûr aussi par compassion vraie, le riche ou le moins pauvre donne. Et le mendiant prie Dieu de le lui rendre au paradis et de lui être favorable dès ici-bas. C'est ainsi que l'on se représente la charité médiévale : un échange sacré, dont Dieu est la référence et qui fait du pauvre la porte du ciel. Et bien sûr cette image n'est pas fausse. Mais si nous allons y voir de plus près, en relisant en particulier Eustache Deschamps ou l'ancien théâtre, nous découvrons des paroles et des gestes assez différents, un véritable jeu social, où l'on donne mais pas toujours, où l'on fait durer le plaisir, où l'on se moque, l'on injurie et parfois l'on bat le mendiant.

Cette violence contre les mendiants apparaît particulièrement dans les ballades qu'Eustache Deschamps leur consacre, et qui constituent, par l'appel à l'intervention des autorités, le « pendant littéraire des mesures juridiques prises à l'encontre des mendiants[6] ». Elles appartiennent donc à la première grande étape dans la répression du vagabondage, qui s'affirme en France à partir de l'ordonnance de 1351. Une de ces ballades, la plus étonnante peut-être, fait alterner dans un dialogue les demandes d'aumône et les réponses que l'on peut leur opposer : que l'aveugle aille dormir sans chandelle, cela lui évitera de brûler son lit ; que celui qui brûle du feu de saint Antoine aille faire son lit dans la Seine, pour refroidir. Et chaque demande est ainsi repoussée et tournée en dérision[7]. Or rien n'indique qu'il s'agisse de dénoncer de fausses infirmités, comme le poète l'a fait ailleurs ; cela semble de la pure cruauté, pour nous incompréhensible. Et ce texte n'est pas seul. Dans une sottie (ca 1420), deux mendiants sont

---

6. GEREMEK, *Marginaux*, p. 213. Voir en particulier DESCHAMPS, Les ballades, n° 1229, 1233 et 1259 (tome VI) et n° 1299 et 1300 (tome VII).

7. DESCHAMPS, t. VI, n° 1230, p. 232.

pareillement éconduits par un « badin », qui joue le rôle du contradic-teur[8]. Mais il ne s'agit pas seulement d'un jeu littéraire ; nous sommes devant un véritable catalogue de réponses toutes prêtes à opposer à l'importunité des mendiants. Le refrain de la ballade de Deschamps, « attend encore jusqu'à demain », est cela même que l'on disait au mendiant pour ne pas lui donner : « oil, oil, c'est à demain[9] », « reviens une autre fois[10] ». Ce renvoi du mendiant au lendemain est précisément ce que le discours chrétien concernant l'aumône condamne, à travers le proverbe *bis dat qui cito dat*, « qui tôt donne deux fois donne[11] ». Dans le *Breviari d'amor* (fin XIIIe siècle), ce proverbe est explicitement rapporté à la référence scripturaire « Garde toi de dire à ton ami qu'il ait à revenir demain[12]. »

Celui qui repousse le mendiant le renvoie aussi à Dieu, s'en remettant à celui-ci du soin de satisfaire la demande ; « allez à Dieu, l'aumône est faite[13] » ; « Dieu vous face bien », « Dieu vous aide », « Dieu te pourvoie »[14]. Cette irrévérence scandalisera Jean de Vauzelles au XVIe siècle, mais il est des manières plus brutales de congédier le pauvre qui demande ; on le traite de « truand », « paillart », « coquin »[15]. Prononcés « moult *despiteusement* », avec colère et pour se railler d'eux, les noms du faux mendiant servent ici à disqualifier la demande d'aumône. Dans la Police de 1531, Vauzelles condamne ceux qui n'ont pas pitié du Christ dans le pauvre, qui le voyant « en la croix d'extrême faim, lui exhibent le vin aigre de rudesse mêlé avec amer

---

8. PICOT, *Sotties*, t. I, n° 1 (1420) et *Cris de Paris* dans KOOPMANS, *Rec. sotties*, t. I, n° 4.

9. *Miracles de sainte Geneviève* (ca 1420), C. Senneewaldt (éd.), Francfort, 1937, v. 2735 ; *Conversion de saint Denis*, ca 1430-1440, dans *Le Cycle des premiers martyrs*, Graham A. Runnals (éd.), Genève, 1976, v. 1160 ; *Œuvres de Pierre Chastellain et de Vaillant*, Robert Deschaux (éd.), Genève, 1982, p. 190 (mi-XVe siècle).

10. *Pâté tarte*, v. 39.

11. Pierre Le Chantre, *PL*, t. 205, col. 150 (ca 1192) ; MORAW, n° 2163 ; Claude Buridant, « Nature et fonction des proverbes dans les Jeux-Partis », *Revue des sciences humaines*, Lille III, 1976-3, p. 381 ; voir *Ecclésiastique* (*Eccli*), IV, 3.

12. MATFRE, t. I, v. 10283-10288 ; traduit dans NELLI, p. 52-53 ; *Proverbes* III, 28.

13. GERSON, t. VII-I, p. 226 (1401) ; *Tripière* (avant 1540), v. 13-14.

14. VAUZELLES, p. 18 ; MARTIN, « Un prédicateur franciscain », p. 121 (avant 1417) ; *Pâté tarte*, v. 54 ; « Souhaitz du monde » (ca 1513), dans MONTAIGLON, *Rec.*, t. I, p. 312 ; voir les dictionnaires FURETIÈRE et LITTRÉ à « Assister ».

15. MARTIN, « un prédicateur franciscain ».

reboutemens », et qui avec « arrogance » reprochent « aux pauvres leur pauvreté, comme si par leur péché elle leur était advenue, appelant ceux-là bélîtres et coquins, qui sont bénis et élus de Dieu par toute l'Écriture[16] ». On ne se contente pas toujours de leur dire « injures et hontes », on leur fait « honte et laidure », on envoie les chiens les mordre, on les bat. L'histoire du *Mauvais riche et de Lazare*[17] est ici corroborée par d'autres textes : dans le *Mirour de l'Omme* de John Gower (1376-1379), l'avare met un « mâtin » devant sa porte pour l'interdire aux pauvres[18] ; dans le trente-sixième *Miracle de Notre-Dame* (ca 1378), Pierre le Changeur se précipite hors de sa maison un bâton à la main, pour frapper les mendiants ; en les chassant, il les « rechigne » laidement, il leur montre les dents[19].

Or ces manières d'éconduire les mendiants trop importuns ne datent pas de l'interdiction de la mendicité au XVIe siècle, ni même de la lutte contre l'oisiveté de la seconde moitié du XIVe siècle. Elles sont en réalité plus anciennes. Une bible du XIIIe siècle montre un avare donnant un coup de pied à un pauvre agenouillé qui lui demande l'aumône[20]. La version picarde de la *Riote du monde* (XIIIe siècle) contient un catalogue tout aussi cynique que celui de la ballade de Deschamps : un jongleur, « *escondissieres* » du roi, repousse les mendiants par des bouffonneries ; ainsi à l'aveugle : « il ne vous conviendra point de lumière à votre coucher[21] ». Éconduire les mendiants semble d'ailleurs avoir été pratique courante à la table des grands, comme le montre une anecdote de Joinville, citée par Geremek[22]. Brunetto Latini a repris dans le *Trésor* (1260-1269) une histoire tirée de Sénèque : garde-toi de « malicieux engin [moyen] d'éconduire », n'imite pas le roi Antigone, qui répondit à un « ménétrier », qui lui demandait un besant, que c'était plus qu'il ne convenait, et quand l'autre lui demanda un denier, il lui

---

16. VAUZELLES, p. 14-15 (BnF, fol. BII v°).

17. Dans FOURNIER, p. 75.

18. GOWER, t. I, p. 87 ; voir aussi MOLLAT, *Pauvres*, p. 42.

19. *Mir. N.-Dame*, t. VI, n° 36, v. 132 ; sur « rechigner » le pauvre, voir *Pacience Job*, v. 417 et 3367.

20. François Garnier, « Figures et comportement du pauvre dans l'iconographie des XIIe et XIIIe siècles », dans *Horizons marins*, t. I, p. 314.

21. *Riote (la) du monde*, p. 289, cité dans LANGLOIS, *La vie en France*, t. II, p. 139.

22. GEREMEK, *Truands*, p. 113 ; *Idem*, *Marginaux*, p. 207 ; un autre exemple dans DU PRIER (1455), v. 9781 et 9879.

dit qu'un roi ne devait « si pauvrement donner[23] ». Dans l'*Utopie* de Thomas More (1516), le bouffon utilisera une technique semblable à l'égard des mendiants[24].

La ballade dialoguée de Deschamps ne relève donc pas tant de l'animosité croissante de la fin du Moyen Âge à l'égard des mendiants que d'une pratique plus ancienne d'éconduissement par la moquerie. La violence, et pas seulement celle des avares, pourrait bien être inhérente à l'aumône manuelle. Mais appréhender celle-ci en deçà du milieu du XIVe siècle s'avère plus délicat : nos sources sont plus rares et les mendiants eux-mêmes sont moins nombreux. Certaines scènes dans les romans laissent cependant entrevoir la manière dont on traitait les mendiants. Citons trois récits, où l'état de mendicité n'est d'ailleurs pas décrit pour lui-même mais comme un masque de déchéance temporaire, devant permettre l'épreuve du héros. L'inscription dans un schéma romanesque accentue ici le réel à la manière d'une caricature.

Dans *Guillaume d'Angleterre* (ca 1180), on répond au roi contraint à mendier : « Truand, fuyez, fuyez », vous serez battu ou plongé en la mer[25]. Dans le *Tristan* de Beroul (fin XIIe siècle), le héros déguisé en lépreux mendie au passage de la cour ; certains le traitent de « truand » et lui font « ennui » ; lorsque Yseut arrive, il l'aide à traverser le bourbier, mais elle refuse de lui faire la plus petite aumône ; c'est, dit-elle, un « fort truand », un « herlot », un mendiant vigoureux. En disant tout haut qu'il n'est pas le lépreux que chacun croit voir, elle dit le vrai, et comment d'ailleurs aimerait-elle un tel misérable ? Mais les spectateurs, qui n'ont rien compris, se mettent à rire de ce qu'ils croient voir, la liberté qu'elle se donne d'éconduire et l'habile transgression de l'obligation du don[26].

Dans le *Roman du Comte d'Anjou* de Jean Maillart (1316), le comte déguisé en mendiant est interpellé « laidement » par les passants, qui le maudissent et le traitent de « truand », qui refuse de travailler ; on

23. LATINI, livre II, 95, p. 277 ; SÉNÈQUE, *Des Bienfaits*, II-XVII, t. I, p. 40 ; les *Bienfaits* sont une des principales sources avec le Siracide (*Eccli*) de la réflexion chrétienne sur l'aumône.
24. MORE, *L'Utopie*, 1969, p. 51 et 410.
25. *Guillaume d'Angleterre*, v. 587-590.
26. *Tristan et Iseut* (fin XIIe s.), v. 3648-3649 et v. 3963-3976.

le devrait « mehaigner », estropier, « lors si querroit son pain a certes »,
pour de bon[27]. Le bâton, ce grand personnage de la société d'hier, sert
ici à ironiser sur l'infirmité feinte. Deschamps proposera pareillement
de guérir les « truands » à la vue du bâton[28]. Et dans le quarantième
Miracle de Notre-Dame (1382), les serviteurs qui se moquent du
pauvre Alexis sous son escalier, lui promettent le bâton et de lui « tâter
le pouls pour donner médecine[29] ». Ambroise Paré raconte une histoire
semblable (1573) : un faux lépreux fut fouetté et le peuple criait au
bourreau : « boute, boute [...] il n'en sent rien, c'est un ladre » ; la lèpre
était supposée rendre insensible, mais le faux lépreux fut battu à mort[30].
L'ironie cruelle devient ici sacrifice. Le bâton, qui démasque et qui
punit, constitue bien ici un véritable *topos*. Il n'est pas seulement utilisé
dans ces moqueries, il peut aussi faire payer aux mendiants leur goinfrerie et la nourriture qu'ils ont acquise par la fraude : les « coquins »
de la farce du *Pâté et de la tarte* sont des « recevant de bos », des receveurs de coups de bois[31].

Cette facilité qu'a l'aumône de basculer dans les coups se retrouve au
niveau du sémantisme lui-même, où les coups sont souvent comparés au
don, à la « paie », au « lopin » de pain, à l'étrenne que l'on donne[32]. Dans
les *Propos rustiques* de Noël Du Fail (1547), des villageois « donnaient
l'aumône de grands coups sur les épaules[33] ». La proximité de l'aumône
et du bâton apparaît plus particulièrement dans la charité institutionnelle,
à la porte des monastères, ou lors des grandes « données[34] ». La brutalité à l'égard du mendiant ne sert donc pas seulement à éconduire,

---

27. Querroit, quérir. JEAN MAILLART, v. 5376, 5449, 5456-5459 ; sur ce texte, voir
les remarques d'Alice Planche, « Omniprésence, police et autocensure des pauvres », dans
Littérature et société au Moyen Âge, Danielle Buschinger (dir.), Amiens, Université de
Picardie, 1978, p. 262-283 ; voir aussi *Rose*, v. 11350.

28. DESCHAMPS, t. VI, n° 1259 et t. VII, n° 1299.

29. *Mir. N.-Dame*, t. VII, n° 40, v. 2000-2001.

30. PARÉ, *Des monstres et des prodiges*, chap. XXII, p. 72.

31. *Pâté tarte*, v. 290. Voir aussi le fabliau des *Trois aveugles* étudié plus loin.

32. « Lopin » au sens de coups : *Mystère de saint Sébastien* (2ᵉ moitié XVᵉ s.), L. R. Mills
(éd.), Genève, 1965, v. 4378 ; *Passion* Michel, 1486, v. 21607 ; « étrenne », *DMF*, B3.

33. Noël Du Fail, dans *Conteurs français*, p. 641. Selon le *DMF*, par antiphrase, « lopin »
peut signifier coup et « aumône » projectiles envoyés sur l'ennemi.

34. JEAN MAILLART, v. 5659 *sq.* ; Jean-Louis Goglin cite une histoire semblable
tirée des *Fioretti* de François d'Assise, dans *les Misérables dans l'Occident médiéval*, Paris,
Seuil, coll. « Points histoire », 1976, p. 83.

mais aussi à maintenir l'ordre ; elle peut alors coexister avec l'aumône elle-même. Certains textes laissent même supposer que cette coexistence de l'aumône et des coups a été une pratique assez générale au Moyen Âge : le *Manuel des pechiez* d'un clerc anglo-normand anonyme (ca 1270) demande de faire l'aumône avec courtoisie, car « courtoisie » défend de donner en partage aux pauvres « gros frauns », gros coups : « Mieux vaudrait que ne fussent venu, Que pour pauvre aumône être battu, *Reprover* ne devez le pauvre homme[35]. »

Mais si l'on ne bat pas seulement pour éconduire, pourquoi le fait-on alors ? En ce point central, où nos idées s'obscurcissent, l'histoire de Pierre le Changeur confirme la proximité de l'aumône et des coups et leur substitution réversible. Cet avare sans cœur, que nous avons déjà croisé, et qui chassait les mendiants de sa porte, se trouve un jour sans bâton ; il jette alors un pain, qu'il avait à la main, à la tête du pauvre, pour lui répandre la cervelle. Mais celui-ci attrape le pain, le coup se transforme en aumône, et Dieu lui-même accepte la transformation, car l'aumône, fût-elle involontaire, éteint le péché. Ce coup de pouce, le schéma narratif des miracles de la Vierge, où le plus endurci vient à la conversion, permet d'en rendre compte. Mais il révèle aussi le caractère encore très ritualiste de l'aumône, et comme l'a remarqué Kraemer une conception mécanique du salut, à moins que ce qui se passe dans le cœur de l'homme, au moment de faire l'aumône, soit si peu clair que Dieu lui-même accepte de fermer les yeux[36].

De la bonne manière de faire l'aumône

Les textes littéraires, qui nous ont permis d'approcher la pratique de l'aumône, montrent que le Moyen Âge ne se contente pas toujours de ne pas donner, mais qu'il y ajoute la moquerie, voire les coups. Si nous passons à présent du côté du discours chrétien officiel[37], nous allons

---

35. *Manuel des pechiez*, attribué à tort à William de Waddington, F. J. Furnivall (éd.), Londres, 1862, p. 213, v. 5556-5558.

36. KRAEMER, p. 33-36.

37. Ce discours est bien connu, depuis les travaux de Léon Bouvier (*Le précepte d'aumône chez Thomas d'Aquin*, Montréal, 1935), Gilles Couvreur (*Les pauvres ont-ils des droits*, Rome, Paris, 1961), Odon Lottin (« La nature du devoir de l'aumône chez les prédécesseurs de saint Thomas d'Aquin », *Ephemerides theologicae Lovanienses*, t. XV,

retrouver cette moquerie dénoncée, mais aussi d'une certaine manière permise. D'une part, en effet, il ne faut pas se détourner du pauvre, l'exaspérer, *l'escharnir* [l'injurier] dans « l'amertume de la vie », mais l'apaiser par de douces paroles[38] ; mais il est conseillé d'autre part, dans le cadre de la « charité ordonnée et précautionneuse », telle que la mettent en place canonistes et théologiens à partir du milieu du XIIe siècle, de ne pas donner sans discernement. Deux maximes ont été ici plus particulièrement utilisées : *Videto cui des*, regarde à qui tu donnes[39], qui vient des Distiques de Caton, mais qui a été parfois confondue avec Ecclésiastique XII, 1, et *desudet elemosina in manu tua, donec invenias justum cui des*, garde l'aumône dans ta main, jusqu'à ce que tu rencontres un juste qui la mérite[40]. Cette maxime utilisée en association avec la précédente par Pierre le Chantre (ca 1192) et dans *Piers Plowman* (1377-1398)[41] est une réinterprétation d'Ecclésiastique XII, 2-6, par les canonistes de la deuxième moitié du XIIe siècle.

Le Moyen Âge a hésité entre une charité pour tous, semblable au soleil ou à la rosée, et une charité discriminatoire et sélective[42]. Et parce que l'on ne peut donner ni toujours ni à tous ceux qui demandent, la « curiosité diabolique », condamnée par Jean Chrysostome[43], resurgit au cœur même de la pratique charitable : reproche et réprimande

---

1936, p. 613-624) ; TIERNEY (The Decretists and the Deserving Poor, et *Medieval Poor Law*) ; les synthèses de MOLLAT, *Pauvres*, p. 129-142 et 157-164, et de GEREMEK, *Potence*, p. 36-66.

38. *Eccli.* IV, 2, dans une traduction du XIVe siècle (Paris, bibl. Ste-Geneviève, ms 21, fol. 25 v°) ; voir aussi la glose ordinaire *d'Eccli.* IV, 5, dans *PL*, t. 113, col. 1189.

39. MORAWSKI, n° 801 ; Mollat, « Pauvres et pauvreté à la fin du XIIe siècle », *Revue d'ascétique et de mystique*, t. XLI, n° 3, 1965, p. 317 ; PEYRAUT, t. I, p. 386 ; *Somme le Roi* (1279), fol. 129 v°.

40. TIERNEY, The Decretists and the Deserving Poor, p. 360-373 ; Guillaume d'Auxerre, *Summa aurea* (entre 1215 et 1229), P. Pigouchet (éd.), Paris, 1500, fol.°163, et J. Ribaillier (éd.), Paris, CNRS, 1986, Liber III-1, p. 445 (qui cite Innocent III, *De eelemosyna*, PL, t. 217, col. 756-757) ; Raymon De Penyafort, *Somme pénitentielle* (1220-après 1233), Rome, 1603, p. 274.

41. Pierre le Chantre, *PL*, t. 205, col. 150 ; LANGLAND, passus B VII, 72 et 74. Sur ce texte, voir SAINT-JACQUES, p. 27-28.

42. TIERNEY, *Medieval Poor Law*, p. 55 *sq.* ; E. Talbot Donaldson, *Piers Plowman : The C Text and its Poets*, Yale, 1949, p. 130-134.

43. Cité dans le Décret de Gratien (TIERNEY, « The Decretists and the Deserving Poor », p. 362) et dans la *Somme théologique* d'Antonin de Florence (XVe s.), Jehan Petit (éd.), Paris, 1521, pars II, titre I, c. 24, fol. 93.

constituent l'envers inévitable du discernement dans la charité. L'aumône de « correction » fait d'ailleurs partie des septénaires de la miséricorde[44] : donne ou corrige. Il faut dans certains cas préférer la correction à l'aumône, selon la Glose ordinaire de Mathieu V, 42 ; mais comme le dit Thomas d'Aquin « celui qui meurt de faim, mieux vaut le nourrir que l'endoctriner[45] ». Cette correction peut aussi accompagner l'aumône : donne et corrige ; mais comme le conseillera Juan Luis Vives n'exerce ce droit qu'après avoir donné[46] ; il ne faut pas envenimer la relation, la distance est faible du reproche à l'injure, surtout face à l'impatience de l'autre. De quels reproches s'agit-il ? De ne pas mériter l'aumône, d'être capable de gagner sa vie autrement, d'être pauvre par sa propre faute, de manquer précisément de patience. Mais le reproche n'est pas qu'accusation précise, « admonestement » ; il naît aussi du don lui-même, c'est le regret d'avoir donné. Certains, dit le Reclus de Molliens (XIIIe siècle), « repruevent », réprouvent, leur don[47] ; et Brunetto Latini, dans le *Trésor*, reprend le conseil de Sénèque ; ne « reproche » pas ce que tu as donné, tu dois l'oublier, mais celui qui l'a reçu doit s'en souvenir[48]. Ne pas attendre de celui qui a reçu qu'il nous en remercie, c'est cela précisément que montre l'exemple du Bon Samaritain, et que le christianisme met en pratique dans l'aumône secrète.

Mais le reproche, c'est aussi le blâme et la honte, comme l'indique le sémantisme de l'ancien verbe « reprochier » ; le mépris du pauvre n'est pas loin. Vives dira qu'il ne faut pas secourir les pauvres « lentement ou malicieusement », « en reprochant le bienfait et plaisir, par commémoration, signe, mépris et contemnement [dédain] »[49]. Dès la fin du XIIe siècle, Raoul Ardent demande de ne pas mépriser les pauvres à qui l'on donne, Étienne Langton de ne pas les réprimander (*objurgat*)[50]. Si le Moyen Âge a tant insisté sur l'éminente

---

44. VICAIRE, « La place des œuvres de miséricorde », *Fanjeaux*, 1978, p. 21-44.

45. *PL*, t. 114, col. 97 ; voir aussi une glose de ca 1140, *PL*, t. 162, col. 1302 ; THOMAS D'AQUIN, 2a, 2ae, quest. 32, art. 3 (trad. p. 126).

46. VIVES, 1526, p. 178.

47. Reclus de Molliens, *Carité*, A. G. Hamel (éd.), Paris, 1885, p. 112.

48. LATINI, p. 277 ; SÉNÈQUE, II-X, t. I, p. 33.

49. VIVES, p. 113 ; traduction de l'édition de Lyon, 1583, p. 49-50.

50. Voir LONGÈRE, « Pauvreté et richesse », dans MOLLAT, *Études*, t. I, p. 263.

dignité du pauvre, si les plus charitables y ont fulminé contre la dureté des paroles, que l'on se permettait envers les mendiants, c'est bien que l'effusion charitable n'y était pas toujours la règle. Cette face obscure, l'envers de la charité chrétienne, se donne à lire dans les traités sur l'aumône, qui se multiplient à partir de la fin du XIIᵉ siècle. Ces textes précisent la bonne manière de donner, dans le cadre rhétorique des « circonstances », déjà utilisé par Sénèque et repris dans l'interrogatoire pénitentiel : Qui, de quoi, à qui, comment, où[51] ? Examinons les manières de donner.

Il faut donner, dit Pierre le Chantre dans le *Verbum abbreviatum* (ca 1192), *sine murmuratione, sine jactantia, sine exprobratione,* sans pleurer son aumône, sans ostentation, sans faire de reproche. Il ajoute *cito etiam*, « donne sans attendre, car celui qui sollicite, il ne l'a pas pour rien ; et aussi, qui tôt donne, deux fois donne[52] ». Ces éléments seront repris au XIIIᵉ siècle, en particulier dans la *Somme* de Guillaume Perault (avant 1248) et dans la *Somme le Roi*, qui s'en inspire (1279). Trois manières de donner sont condamnées dans le discours chrétien : avec tristesse, en faisant attendre et sans humilité ; honte et mépris sont présents dans ces trois manières de donner.

a) Il faut donner sans tristesse, mais avec joie, avec des paroles de bienveillance[53]. La tristesse en cause est celle de l'avare, de celui qui pleure son aumône ; elle ne concerne pas seulement le visage, mais s'exprime aussi en paroles désagréables. Guillaume Perault, dans le traité sur la justice de la *Somme des vices et des vertus*, dit qu'il faut donner sans la tristesse d'une mauvaise parole :

Et s'ils accomplissent finalement l'œuvre de charité par leurs actes, ils perdent le bénéfice de leur bonté par leurs paroles outrageantes : si bien que les injures lancées semblent avoir compensé la satisfaction donnée (*satisfactionem exsoluisse*), lorsqu'après les insultes ils donnent largement[54].

---

51. Voir Pierre Michaud Quentin, *Sommes de casuistique et manuels de confession au Moyen Âge*, Louvain, Nauwelaerte, 1962, p. 17.
52. Pierre le Chantre, *PL*, t. 205, col. 150.
53. Les théologiens reprennent ici Paul, II Corinthiens, IX, 7.
54. PEYRAUT, t. I, par. III, tr. V, 14, 7, p. 386.

Comme on le voit, on insultait aussi les mendiants en leur donnant, et ces insultes réglaient par avance la dette et ce que le don allait nous faire perdre. Curieux échange, où l'on se paie dès ici-bas, sans attendre que Dieu nous le rende. La *Somme le Roi* développe les mêmes idées : l'aumône doit être faite joyeusement, sans « tristece de cuer[55] ».

b) Il faut donner et sans faire attendre. Ne dis pas à ton ami :

> Va et reviens demain et lors je te donnerai [...] C'est contre moult de riches homes qui font tant les pauvres crier et tant les *delaient* [font attendre] et tant de fois les convient prier et requérir avant qu'ils veuillent rien faire, que trop leur vendent la bonté qu'ils leur font. Car comme dit Sénèque : nulle chose n'est si cher achetée comme celle qu'on a par prière ; car [selon] le proverbe que l'on dit, trop achète qui demande[56].

Brunetto Latini, qui suit aussi Sénèque, précise : « Tu diminues d'autant la grâce du bienfait que tu y mets de demeure, pour ce que la face de celui qui te prie enrougit par honte[57]. » L'attente fait rougir de honte, parce qu'elle fait venir la dépendance en pleine lumière. Elle est aussi un marchandage, comme le dit Gower dans *le Mirour de l'Omme* (1376-1379) : « Qui ainsi donne, son don vend [...] Aumône est don, non pas *bargaign* [marchandage][58]. » L'attente est aussi une manière de faire payer ce que l'on donne.

c) Il faut enfin donner avec humilité, sans « vaine gloire », sans ostentation et sans mépris des pauvres. Que ta main gauche ignore ce que fait ta main droite (Mat IV, 3)[59]. Et ces deux attitudes d'osten-tation et de mépris semblent liées : donne en secret, afin aussi de ne pas faire honte au pauvre. Celui qui donne avec ostentation accroît son prestige de l'impuissance de l'autre à rendre ; c'est le *potlatch* idéal, la dilapidation de la *sparsio*[60], ce n'est pas l'aumône. Il est vraisemblable que, dans la vie de tous les jours, l'aumône ostentatoire

---

55. *Somme le Roi*, fol. 130v° ; *Eccli*, IV, 8.
56. *Somme le Roi*, fol. 131 ; SÉNÈQUE, II-I, t. I, p. 26 ; MORAWSKI, n° 133-134.
57. LATINI, p. 276 ; SÉNÈQUE, t. I, p. 25.
58. GOWER, *Mirour*, p. 180-181, v. 15538-15601.
59. *Somme le Roi*, fol. 132-133 ; sur le topos du don secret, voir RICCI, « Naissance du pauvre honteux », p. 166-168.
60. Sur la *sparsio*, la largesse indiscriminée, STAROBINSKI, Don fastueux, p. 7-26.

retrouvait cet « écart » entre bienfaiteur et bénéficiaire par le biais de paroles orgueilleuses, et que celles-ci étaient une manière de rendre l'aumône visible à tous.

Tristesse, attente, ostentation et mépris manifestent ainsi dans l'aumône des sentiments peu charitables. Il faut aller plus loin et saisir ce qui se joue à l'arrière-plan. Vauzelles, qui dénonce la charité ostentatoire et condamne le mépris du pauvre, en éclaire aussi, à l'arrière-plan, ce que l'on exige des pauvres et les conditions du bon fonctionnement de la charité.

> Ceux qui en donnant quelque aumône font plus de bruyants agios ou de populaire fanfare, et d'attente ennuyeuse que ne vaut ce qu'ils donnent, non considérant ces pauvres être en la croix d'adversité, autant pour le salut de ceux qui charitablement les secourent que pour leur propre. Si patiemment ils l'endurent sans murmurer contre Dieu, contre le Temps et contre les gouverneurs, comme ont fait plusieurs mauvais pauvres en ces années passées moins stériles que ne méritait leur abominable et vicieuse vie[61].

Il ne faut pas donner avec mépris, parce que la pauvreté est un moyen de salut pour le pauvre, à la condition qu'elle soit endurée patiemment. Dans le cas contraire, s'il « murmure », c'est qu'il n'est pas innocent et qu'il mérite ce qui lui arrive, ici la famine. Quelle que soit sa bonté, Vauzelles reprend ici à son compte la malédiction et la responsabilité du pauvre, qu'il a pourtant, nous l'avons vu, condamnées peu auparavant ; et il les reprend dans le cadre du devoir de patience.

La patience et l'inégalité

Guillaume Perault condamne le mépris du pauvre par le fait que celui-ci, peut-être, souffre pour son bien ; car c'est Dieu qui lui a envoyé cette « médecine de la pauvreté[62] ». Ainsi le malheureux n'échappe à la malédiction, que s'il colle à la Providence. Matfre Ermengau a inséré dans le *Breviari d'amor* (fin XIIIe siècle) un traité

---

61. VAUZELLES, p. 15 (fol. BII v°).
62. PEYRAUT, p. 387.

sur l'aumône, où il précise cette articulation, peut-être essentielle, du discours et de la pratique charitable.

> On doit encore faire preuve d'humilité, quand on fait l'aumône, en s'abstenant de dire aux pauvres, sous quelque forme que ce soit, rien d'ennuyeux ou d'insultant (*enueg ni vilania*) [...] Et si l'on voit que c'est par l'effet de leur propre folie qu'ils sont tombés dans la pauvreté, il ne faut pas pour autant se moquer d'eux, ni les insulter, ni les maudire (*escarnir, ni escridar ges, ni maldir*) ; car c'est peut-être pour leur profit qu'ils sont devenus pauvres, si toutefois ils veulent être patients[63].

Les insultes, qui traduisent le mépris et l'infériorité sociale de l'autre, l'accusent aussi d'être responsable de sa propre misère, d'avoir mérité la malédiction divine par son péché. Si l'on conseille de laisser Dieu juger de la culpabilité du pauvre, c'est que certains ne se privaient pas de le faire à sa place, et que l'antique malédiction du pauvre résonnait toujours. Selon Jean Chrysostome, certains pensent que les malheureux sont affligés à cause de leurs péchés. Cette idée ancienne n'est d'ailleurs que l'envers de ce que Max Weber a appelé la « théodicée du bonheur », qui fait du riche un favorisé de Dieu et du pauvre un abandonné de Dieu. La moquerie vient se loger au cœur de l'aumône, en anticipant le jugement de Dieu. La charité chrétienne se heurte ici à un fond irréductible, qu'elle n'a pu supprimer et qu'elle n'a fait que contourner. Mais si l'on ne doit pas se moquer du pauvre, celui-ci toutefois doit être patient, ce n'est qu'ainsi qu'il prouvera sa soumission à la Providence divine.

L'on demande bien quelque chose au mendiant en échange, et ce devoir de patience, imposé au pauvre, est nécessaire à la bonne « circulation » de l'aumône ; à la miséricorde du riche doit répondre la patience du pauvre. Les « polices » des pauvres au XVIe siècle feront précéder la procession générale des pauvres d'un sermon, « tant pour admonester les dits pauvres d'avoir patience en leur pauvreté, que pour mouvoir les riches à charité envers les dits pauvres[64] ». Ce conseil de prendre tout en patience a par ailleurs été

---

63. MATFRE, v. 10337-10365.
64. MONTAIGNE, police, p. 117 ; voir aussi la Police rouennaise de 1551 (1584), dans PANEL, t. I, p. 89.

explicitement rattaché aux œuvres de miséricorde, dans le *Mystère des Actes des Apôtres* (1460-1478)[65]. La vertu de patience, dont le Moyen Âge a tant parlé, est donc impliquée dans l'aumône. Mais elle est aussi un élément important de la conception médiévale du consensus social ; et comme nous allons le voir, les deux aspects ne sont pas totalement séparés.

Prendre tout en patience, c'est ne pas « murmurer » contre Dieu par des blasphèmes, comme font ces pauvres dont parle Humbert de Romans, dans ses sermons *ad status*, qui « supportent impatiemment cette pauvreté que Dieu leur a donnée pour leur plus grand bien[66] ». C'est aussi ne pas murmurer contre le Dieu, qui a réparti les biens de ce monde, ne pas envier les riches, ne pas vouloir s'élever à son tour en écrasant les autres. À la patience, s'oppose ce que le Moyen Âge a regroupé sous les traits du « pauvre orgueilleux ». Le *pauper superbus* est déjà pour saint Augustin celui qui « s'élève orgueilleusement contre ceux qui possèdent », en s'appuyant sur la condamnation des riches et en croyant que le Royaume des Cieux lui est dû[67]. Au XVIᵉ siècle, Vives dira de certains pauvres qu'ils « élèvent parfois plus orgueilleusement leur esprit et leur cœur, en raison même de ce qu'ils sont pauvres […] ils haïssent tous ceux qui ne leur donnent pas ou qui les morigènent », ils n'hésitent pas à voler, voire à tuer lors des émeutes, ils « pensent que leur pauvreté autorise tout »[68]. Être patient, ce n'est donc pas seulement supporter les tribulations envoyées par Dieu, c'est aussi accepter la hiérarchie sociale.

Ces deux aspects de la patience, individuel et social, sont liés. Dans la *Pacience Job* (3ᵉ quart XVᵉ siècle), en contrepoint à l'épreuve imposée à Job, l'épisode du *rusticus* vient rappeler aux pauvres le devoir de patience et le renoncement à la revendication égalitaire : il ne faut pas reprocher à Dieu la répartition des biens, mais il faut prendre « tout

---

65. *Myst. Actes des apôtres*, t. I, fol. 107.

66. Humbert de Romans, *De eruditione religiosorum praedicatorum* (entre 1266 et 1277), Rome, 1739, lib. II, n° 86, p. 190 ; la distinction entre la bonne et la mauvaise pauvreté se fait en particulier quant à la « patience ».

67. *PL*, t. 38, col. 111-116 ; sur le *pauper superbus* voir BATANY, « Les pauvres et la pauvreté dans les états du monde », p. 470 et 484-485.

68. VIVES, p. 94.

en patience » ou penser à autre chose[69]. Ne nous trompons pas, c'est d'une véritable critique sociale qu'il s'agit. Dans le *Passe temps* (avant 1486), Guillaume Alexis dit de la pauvreté mendiante que, tombant dans le « désespoir », elle reproche à Dieu de ne pas avoir partagé les biens « également », puis blâme, « empresse » et injurie ceux qui ne lui donnent pas assez[70]. Cette association entre les deux aspects de la patience ne date pas de la fin du Moyen Âge. C'est par rapport au problème de la répartition des biens, que canonistes et théologiens, dès la deuxième moitié du XIIe siècle, développent la théorie de l'aumône « due » aux pauvres et la justification du vol en cas d'extrême nécessité. L'aumône relève d'ailleurs à cette époque de la justice plus que de la charité[71]. Il existe donc un lien entre l'aumône, la patience et l'inégalité. Un texte de Thomas d'Aquin, citant saint Basile, dans la *Somme théologique* (1271-1272), le confirme :

> Dieu doit-il être accusé d'injustice pour avoir inégalement réparti les biens ? Tu es dans l'abondance, ton voisin est réduit à mendier, pourquoi cela ? Pour que tous les deux vous acquériez des mérites, toi par une bonne gestion [*dispensatio*], lui par une grande patience[72].

Il ne serait pas sans intérêt d'étudier comment cette notion de patience va évoluer, en particulier à partir de la seconde moitié du XIVe siècle, au moment où se répand l'envie, ce « péché révolutionnaire », comme l'appelle Michel Mollat, et où le thème du *pauper superbus* revient au premier rang[73]. Je me contenterai ici de la question que soulevaient les textes de Guillaume Perault, Matfre Ermengau et Vauzelles, celle de l'opposition de la patience et du mépris dans l'aumône, en formulant une hypothèse : si la patience des pauvres est supposée lever le mépris dans l'aumône, c'est qu'étant en particulier acceptation par ceux-ci de leur place dans la hiérarchie sociale, elle lève l'hypothèque

---

69. *Pacience Job*, v. 1425 ; sur le murmure des pauvres et la revendication égalitaire opposée à la patience, voir FREEDMAN. Et *supra* p. 54 *sq.*

70. ALEXIS, *Œuvres*, t. II, p. 131, v. 606-622.

71. L'aumône forme un chapitre de la justice dans les œuvres des théologiens qui précèdent Thomas d'Aquin.

72. THOMAS D'AQUIN, 2a, 2ae, quest. 32,5 (traduction, p. 135).

73. BATANY, « Les pauvres et la pauvreté dans les états du monde », p. 485.

de la revendication égalitaire et rend du même coup le mépris inutile, du moins dans son rôle de différenciation sociale. Ajoutons une remarque sur l'arrière-plan social de la notion de patience. Une histoire de la charité devrait éclairer les correspondances entre les « poussées » charitables, qui se sont succédé dans l'histoire, et les menaces de « décohésion » sociale. La charité est peut-être d'abord une manière d'éviter la guerre civile, d'éviter que ne se déchire le tissu social, ce tissu d'entraide. Ceci dit, la signification sociale de la patience le plus souvent a dû rester dans l'ombre. L'impatience des mendiants, sans remonter jusqu'à la répartition des biens, s'est manifestée de manière plus concrète dans l'importunité et les injures.

Dans le cadre de la logique de l'échange de l'aumône, que nous démontons pas à pas, il est apparu d'une part que la moquerie pouvait prendre la forme de l'attente, d'autre part que le don pouvait être conditionné par la patience. Ne peut-on supposer alors, que ces deux opérations aient pu se confondre, que la patience exigée du pauvre ait pu servir de support à la moquerie ? Dans un traité sur la *Mendicité spirituelle* (1401), Jean Gerson propose à l'âme de se faire mendiante, à l'imitation des « pauvres corporels » ; l'allégorie, nous permet d'approcher mieux qu'ailleurs la pratique réelle de l'aumône, le discours chrétien officiel étant, d'une certaine manière, mis entre parenthèses. Dieu fait attendre pour :

Éprouver [...] ton humilité, ta pacience et pour savoir si tu es vrai pauvre sans feintise ; ainsi le voyons-nous advenir aux pauvres du monde que l'on fait attendre pour les éprouver en cette guise, car ceux qui ne sont vrais pauvres mais sont *faintis* [trompeurs], tantôt ont impatience et murmure et s'en tournent en disant qu'il ne leur en chaut et que bien s'en passeront [...] on donne trop plus à un pauvre qu'on aura fait longuement attendre ou auquel on aura dit des vilenies et hontes et les aura souffert patiemment et humblement, qu'à un autre[74].

Le devoir de patience vient en quelque sorte justifier la moquerie. Si la patience est une épreuve acceptée, elle a pu donc aussi être une épreuve

---

74. GERSON, t. VII, 1, p. 230-231 ; GEREMEK a attiré l'attention sur ce traité dans *Truands*, p. 116.

imposée ; moquerie et attente servent alors à éprouver le mendiant : garde l'aumône dans ta main, non plus en attendant de rencontrer un juste, mais en éprouvant le bien-fondé de sa demande. Cette épreuve vérificatoire permet de séparer les vrais pauvres et les « faintis », elle fait de l'attente une manière de jouer avec les « nerfs » des pauvres.

La moquerie ne sert pas toujours à éconduire, elle ne sert pas non plus seulement à éprouver le caractère méritant du pauvre. Elle est en même temps un jeu social, qui doit remettre chacun à sa place. Et elle fait payer ce que l'on donne et que l'on n'est pas certain de « récupérer ». Mais elle joue un autre rôle : mettre la misère à distance. L'étude de certains scénarios, en particulier littéraires, va nous permettre d'approfondir cette hypothèse.

La moquerie rituelle

Nous commencerons par trois histoires, tirées en particulier des archives judiciaires de la fin du Moyen Âge. Le jour de la fête des fous à Méry-sur-Seine (Aube), un mendiant de passage refuse de faire la révérence à l'abbé de « Maul Gouvern », l'association festive du village. Certains le frappent alors aux fesses avec une pelle chauffée au feu (1484)[75]. Le temps carnavalesque autorise les brimades à l'égard des miséreux[76]. Bartolomé Bennassar s'est demandé pourquoi le pauvre, assisté et respecté dans la vie quotidienne, est là insulté et maltraité : « Est-ce que cela veut dire simplement que l'on se place dans un temps différent ou est-ce que cela traduit des pulsions plus profondes et qui n'osent se manifester qu'à ce moment-là[77] ? » Tout ce que nous avons déjà vu montre que l'ambivalence à l'égard des mendiants appartient bien à la vie quotidienne. Tout au plus pouvons-nous supposer que, là comme ailleurs, le Carnaval, à partir du XVe siècle, a cristallisé et théâtralisé une ambivalence, qui au Moyen Âge affectait la société tout entière. Ce qu'il nous faut alors comprendre, c'est ce qui, dans

---

75. Officialité de Troyes, H. d'Arbois de Jubainville, *Inv. arch. de l'Aube*, 1896, t. II, série G, p. 292 ; abbaye de dérision, de mal gouvernance.

76. Julio Carlo Baroja, *Le Carnaval*, trad. Paris, Gallimard, coll. « NRF », 1979, p. 93 (Espagne, XVIIe-XIXe s.).

77. Bartolomé Bennassar, dans *Domanda e consumi*, p. 232.

la logique même du Carnaval, fait du mendiant une cible privilégiée. La « pulsion profonde » qui s'y manifeste ne serait-elle pas celle-là même, comme nous le verrons, qui fait rire du mendiant au théâtre, la dénonciation de l'immoralité ?

Le Bourgeois de Paris raconte une autre histoire, tout aussi rituelle, qui va nous permettre d'approfondir le lien entre la cruauté et l'aumône. À Paris en 1425 est organisé un « ébattement » public : quatre aveugles armés de bâtons doivent pourchasser à mort un pourceau. Avant d'y parvenir, ils se seront copieusement frappés les uns les autres[78]. Il ne s'agit pas ici seulement de la moquerie spécifique à l'égard des aveugles, mais d'un véritable jeu rituel, déjà attesté au début du XIIIᵉ siècle dans un *exemplum* de Jacques de Vitry, dont la moralité utilise la métaphore des yeux, corporels et spirituels[79]. Mais il y a sans doute autre chose : la tradition de la *sparsio* montre d'autres exemples de mendiants que l'on fait s'entrebattre pour une aumône : c'est ce que Jean Starobinski appelle le « don pervers ». Dans la largesse indifférenciée, la profusion du don imite l'inépuisable soleil ; mais retrouvant la source de la fécondité, elle fait aussi rejaillir la violence originelle, qui lui est consubstantielle. Ce qui se joue dans l'ébattement de 1425 ne relève pas directement de la *sparsio*, mais a affaire sans doute avec le don. J'y verrais volontiers une théâtralisation de ce qu'est l'aumône dans sa face triviale, ce « reste » qui subsiste dans l'échange, qui freine la main du donateur et peut la rendre cruelle. Le rire semble le prix payé pour mériter l'aumône : donnons-leur un pourceau, mais qu'ils le méritent et que cet effort pour le mériter nous fasse rire. Comme si subsistait, sous la charité chrétienne, contrecarrée mais non pas supprimée, la règle fondamentale à tout échange, qu'à tout don il faut un contre-don. Seuls les saints donnent à tous les pauvres et sans attendre, mais eux sont sûrs de récupérer leur mise.

Une troisième histoire, tirée d'une lettre de rémission de 1392, confirme l'existence de ces jeux moqueurs auxquels on se laisse

---

78. Le *journal d'un bourgeois de Paris*, Colette Beaune (éd.), Paris, Livre de poche, 1990, p. 221. Voir aussi Olivier Richard, « Le jeu des aveugles et du cochon. Rite, handicap et société urbaine à la fin du Moyen Âge », *Revue historique*, t. 317-3, n° 675, juillet 2015, p. 526-556.

79. *The exempla or Illustrative Stories from the Sermones vulgares of Jacques de Vitry*, Th. F. Crane (éd.), Londres, 1890, 1967, n° 43, p. 17 et 152.

aller à l'égard des mendiants. À l'issue d'une noce, des villageois de Chevry-en-Sereine, près de Sens, répondent à un vagabond demandant l'aumône « qu'il était plus riche qu'eux, et après lui demandèrent s'il voulait changer son manteau au manteau de l'un d'eux ». Tâtant le manteau ils en sentent les poches pleines et l'accusent de porter des poisons ; des mendiants avaient été arrêtés les années précédentes pour le soupçon d'avoir empoisonné les puits du Chartrain. Et comme ils font semblant de le mener à la justice, lui prend peur et leur abandonne ses « besaces », qui étaient en réalité pleines d'argent[80]. Cette histoire montre, au-delà de la proximité quasi physique avec le mendiant et de l'échange des places qu'elle permet, comment la moquerie peut être en son fond un démasquage : des poisons et finalement de l'argent, de ce que l'on peut appeler le « truc » du mendiant millionnaire. Cette notion de démasquage va permettre d'éclairer la moquerie à l'égard des mendiants.

La moquerie, nous l'avons vu, peut révéler la nature véritable du pauvre et sa patience. Dans le dix-septième *Miracle de Notre-Dame*, des compagnons « rigolent », raillent le fou d'Alexandrie ; ils lui jettent de la boue et l'accusent de simuler, mais ils ne parviennent pas à démasquer sa « papelardie », son hypocrisie, et ils se lassent. La moquerie comme démasquage échoue, parce qu'elle bute sur une « patience » inébranlable[81]. Dans le quarantième *Miracle de Notre-Dame*, les serviteurs, nous l'avons vu, se moquent du pauvre Alexis sous son escalier ; ils se demandent quel « présent » lui porter (v. 1994). L'étude du sémantisme de l'aumône nous a montré sa synonymie avec les coups. Mais ici il s'agit d'abord de provocation injurieuse ; le pauvre est obligé de se taire, s'il ne veut pas être maltraité et expulsé. Ils veulent le voir « tempêter », ils le traitent de « truand paillard », de « cayment affaittié » contrefaisant le malade, mais parfaitement capable d'aller à la taverne jouer aux dés, s'amuser avec une femme ou partir sans payer. Pour justifier leurs moqueries, ils forgent de toutes pièces une description

---

80. AN, JJ 142, n° 297, p. 167.

81. *Mir. N.-Dame*, t. III, n° 17 (ca 1359), v. 1529-1531 ; voir *Fou, dixième conte de la Vie des Pères* (déb. XIIIe s.), J. Chaurand (éd.), Genève, Droz, 1971 ; sur le « jeu des avanies et des outrages » à l'égard des fous, voir P. Ménard, « Les fous dans la société médiévale », *Rom.*, t. 98, 1977, p. 433-459.

imaginaire de l'immoralité du mendiant. Ce faisant, ils veulent lui faire perdre « patience » (v. 2055), mais lui « onc ne s'en courrouçait, n'en ire [colère] ne s'en émouvait » (v. 2412-2413). La patience que l'on demandait au pauvre ne consistait pas seulement à prendre son mal en patience, mais aussi à endurer « vilenie » et mépris[82].

Si la moquerie révèle la patience, elle est aussi dénonciation de l'immoralité. Deux textes du XIIIᵉ siècle décrivent comment ce démasquage est utilisé à l'égard des aveugles. Dans le fabliau des *Trois aveugles de Compiègne*, un clerc, « qui bien et mal assez savait », s'étonne de voir trois aveugles aller sans guide. Il décide de les « falorder » [duper], d'éprouver la véracité de leur cécité, en leur donnant un besant fictif. Chacun croit qu'un autre l'a reçu, et ils vont tous les trois à la taverne ; cela devrait se terminer par une bastonnade, si le clerc ne dédommageait finalement l'aubergiste (d'ailleurs avec du vent), car « Mal fait pauvres gens faire ennui », il est mal de tourmenter les pauvres[83]. Le plus étonnant dans cette histoire est que le clerc, ayant compris très vite qu'il avait affaire à de vrais aveugles, n'en ait pas pour autant interrompu sa moquerie. Il fait au contraire durer le plaisir, les laissant se prendre au piège de leur propre goinfrerie. C'est d'ailleurs la dénonciation de cette dernière qui justifie explicitement la moquerie, dans une version, catalane de la fin du XIVᵉ siècle. La manière dont les choses s'arrangent ou ne s'arrangent pas, n'est pas non plus sans importance. Dans des versions ultérieures des XVIᵉ et XVIIᵉ siècles le trompeur disparaît, l'aumône n'est pas sauvée, et l'on regrette qu'il n'ait pas aussi été battu, car il y a bien d'autres moyens de rire, que de se moquer de « ceux qui ont perdu la joie de ce monde[84] ». La moquerie médiévale de l'infirme est devenue incompréhensible ; c'est de la pure méchanceté qui ne coexiste plus avec la pitié. Nous sommes passés d'une moquerie avec pitié à une moquerie sans pitié ; quelque chose qui rendait possible leur coexistence s'est effacé.

---

82. *Mir. N.-Dame*, t. VII, nº 40 (1382) ; « Affaitié » : affecté, apprêté pour tromper.

83. Cortebarbe, *Les trois aveugles de Compiègne* (fabliau du XIIIᵉ s.), dans *Fabliaux français du Moyen Âge*, Philippe Ménard (éd.), Genève, Droz, *TLF*, 1979, t. I, p. 114, v. 190 ; traduit par DUFOURNET, p. 108.

84. Guillaume Bouchet, Sérée nº XIX, 1598, C. E. Roybet (éd.), t. III, Paris, Lemerre, 1882, p. 237 ; Eiximenis, cité par MARTIN dans *A Pobreza*, t. II, p. 605 ; KRAEMER, p. 57 *sq*.

La farce *Le Garçon et l'aveugle* (deuxième moitié du XIIIᵉ siècle) présente un démasquage réussi ; non pas de la cécité, qui là encore est réelle, mais de l'immoralité et de la richesse. Comme l'analyse Jean Dufournet, le garçon « cherche à capter la confiance de l'aveugle pour le dépouiller totalement, et à révéler sa vraie nature pour lui ôter son masque[85] ». Le « truc » du mendiant millionnaire sert ici à justifier la moquerie ; car dira Jean Gerson, qui aurait pitié de celui « qui demande la main pleine[86] ». Et la révélation de la sensualité débridée de l'aveugle permet au valet de le battre. Beaucoup d'autres scènes du théâtre médiéval dénoncent l'immoralité des mendiants, goinfres, ivrognes et querelleurs, qui, l'aumône reçue, ne pensent que courir le dépenser à la taverne. L'effet comique naît aussi de l'opposition entre leurs deux manières de parler : la demande respectueuse et les obscénités truffées de jargon que les mendiants échangent entre eux ; c'est-à-dire finalement le sacré et le profane.

Le rire exercé dans le théâtre médiéval à l'égard des mendiants et des infirmes repose donc sur le démasquage et le rabaissement. Nous nous trouvons là devant un mécanisme déjà mis en valeur dans la plupart des études sur le comique, la dégradation opérée à partir d'une position de supériorité. Mais nous ne décrivons là que le fonctionnement du rire, non sa « fonction », c'est-à-dire les bénéfices que la société en tire. Elle en tire au moins deux : d'une part, l'humiliation corrige « quelque chose d'attentatoire à la vie sociale[87] », ici le manque de patience et l'immoralité ; d'autre part, rire du malheur d'autrui, c'est aussi s'en détacher, s'en rendre indemne. Dans les deux cas, le rire opère une sorte de désidentification : où la pitié s'arrête commence le rire. Mais ce désengagement n'empêche pas que le rieur et sa victime ne soient finalement de la même chair. Ce sont ces deux fonctions de correction et de mise à distance, et leur imbrication à la pitié, que nous allons maintenant tenter de préciser. Le rire corrige, mais il ne vise pas tant, comme nous l'avons vu, la tromperie sur l'infirmité que l'indignité et l'absence de morale. Il est donc difficile

85. *Le garçon et l'aveugle* (2ᵉ moitié XIIIᵉ s.) ; DUFOURNET, p. 15 *sq.*
86. GERSON, *Œuvres*, t. VII, 1, p. 231. On éconduit les « truands » que l'on sait être riches, « combien qu'ils feignent le contraire par dehors ».
87. Henri Bergson, *Le Rire* (1900), rééd. Paris, 1988, p. 157.

d'en faire le signe avant-coureur de la chasse aux faux mendiants et
de la répression du XVIe siècle. Le Moyen Âge a ri tout autant des vrais
infirmes que des faux mendiants ; les aveugles, même grossiers, sont
presque toujours guéris par le saint qui passe ; les affreux « belistres »
du *Mystère des Actes des Apôtres* (1460-1478) ne sont pas éconduits[88]. La grossièreté des mendiants, si elle prête à rire, n'entraîne pas
une remise en cause de la charité manuelle. Bronislaw Geremek a vu
dans « l'atroce rire du théâtre naissant » une contribution à la dégradation de l'image du mendiant dans l'imagination collective[89]. Mais le rire
ne supprime pas la pitié, il ne fait que la mettre entre parenthèses :
« la dépense de pitié, que nous tenions toute prête, ne trouve plus son
emploi, et nous la soldons par le rire[90] ». Le rire présuppose la pitié,
d'une certaine manière il la purifie et la rend possible.

La grossièreté des mendiants au théâtre n'est d'ailleurs que l'un
des pôles d'une démonstration plus large. Elle éclaire la part de tous,
qui est prise dans le « bas » corporel et qui hésite entre le plaisir immé-
diat et le salut. Gustave Cohen a remarqué que les pèlerins d'Emmaüs
étaient représentés en pauvres loqueteux dans la *Passion de Semur*
(premier tiers XVe siècle), et que c'était « une tendance générale chez
les auteurs dramatiques du Moyen Âge [...] que de transformer, pour
aboutir à un effet comique, des personnages saints en mendiants et en
loqueteux[91] ». Dans les Passions théâtrales, les apôtres et Jésus sont
pareillement traités de tous les noms, et principalement de ceux du faux
mendiant. Mais le christianisme n'est-il pas le lieu de la plus grande
disjonction possible, de l'honneur à la honte, puisque Jésus est venu
s'incarner parmi les humbles et se faire crucifier parmi les larrons ?
Et n'est-ce pas le but même des Mystères de mener à Dieu à travers
la trivialité quotidienne ? *Sublimitas in humilitate*[92].

Cette oscillation entre le haut et le bas, qui dérape si facilement
dans le rire, nous la retrouvons dans le Carnaval de la fin du Moyen

---

88. *Myst. Actes des Apôtres*, t. I, fol. CVv°-CVII.
89. GEREMEK, « La réforme de l'assistance publique au XVIe siècle et ses controverses
idéologiques », dans *Domanda e consumi*, p. 191-192.
90. Sigmund Freud, *Le Mot d'esprit et ses rapports avec l'inconscient*, trad. Paris,
Gallimard, coll. « Idées », 1979, p. 387.
91. COHEN, *Études*, p. 112 et 121.
92. ZUMTHOR, *Essai de poétique médiévale*, p. 438 ; BAKHTINE, p. 83-86.

Âge. Le mendiant, nous l'avons vu, y joue un rôle et ce rôle n'est sans doute pas très éloigné de celui qu'il joue au théâtre. À Metz en 1512, le premier dimanche de Carême, un chariot ferme le cortège, le « paradis des ivrognes » :

> Personnages [...] mal accoutrés et *malplaisans* [...] en manière de bellitres [...] ils mangeaient comme chiens affamés et très déshonnêtement [...] et menaient ces gens ici la plus grande vie que jamais on vit mener a bellitres, laquelle chose donnait grande cause de rire a tous les regardants[93].

Le rire ne vise pas ici une pratique de la mendicité. Il utilise le mendiant comme repoussoir, et sur son dos, stigmatise une immoralité plus large. Mais si ces mendiants goinfres et ivrognes se jettent sur la nourriture, c'est aussi qu'ils sont affamés. Et en rire, n'est-ce pas d'une certaine manière conjurer la famine et mettre la misère à distance ?

Le rire ne sert pas seulement à stigmatiser l'immoralité, il joue aussi un rôle conjuratoire ; il est, comme dit Bakhtine, une « victoire sur la peur ». Revenons à l'interprétation que donne Jean Dufournet du *Garçon et de l'aveugle* : « rire des aveugles au Moyen Âge était sans doute le plus sûr moyen d'exorciser la terreur d'une infirmité très répandue[94] ». La croyance ancienne, que l'aveugle l'est par sa faute ou par celle de ses parents[95], concourt par ailleurs à lever la pitié. Et cet argument permet au valide de s'en sentir indemne ; si l'aveugle ne l'est pas par sa faute, celui qui voit devra peut-être demain assumer la même infirmité. La pédagogie chrétienne vient contrecarrer ce discours, en refusant la malédiction de l'aveugle-né, et en faisant de la guérison des infirmes dans les *Mystères* une métaphore de la conversion ; tout le monde peut être infirme et avoir besoin d'être guéri, tout le monde est pécheur et a besoin d'être sauvé. Mais s'identifier à l'infirme, entrer en compassion avec lui, diminue les chances de s'en sortir indemne.

---

93. VIGNEULLES, *Chron.*, t. IV, p. 109 ; citée par Martine Grinberg, « Carnaval et société urbaine XIVᵉ-XVIᵉ s. : le royaume dans la ville », *Ethnologie française*, 1974, IV, 3, p. 231.
94. BAKHTINE, p. 98 ; DUFOURNET, p. 80.
95. C'est la question posée à propos de l'aveugle-né (Jean IX, 2) et reprise dans les *Mystères*.

Dans le Roman de *Baudouin de Sebourc* (milieu XIVe siècle), le fils
du roi, maintenu longtemps dans l'ignorance des malheurs qui frappent
l'homme, rencontre un lépreux, un boiteux et un aveugle, qui lui ouvri-
ront les yeux sur la destinée humaine. Sa première réaction est pourtant
de tourner leurs infirmités en dérision. Au lépreux, va baigner ton
corps, tu guériras ; à l'aveugle : « Que n'ouvres-tu tes yeux ? Est-ce par
moquerie Que tu les vas clignant, ou par truanderie ? Si tu me sais à dire
quelle robe j'ai vêtue, Je te donnerai XX gros. » La moquerie révèle
l'ignorance, la distance où il a été volontairement maintenu à l'égard
du malheur. Il se moque, parce qu'il est resté à l'écart, comme d'autres
se moquent pour se mettre à l'écart. Et cette moquerie prend d'ailleurs
la forme du démasquage et rejoint la cruauté du dialogue d'Eustache
Deschamps. Les infirmes lui répondent que leur malheur vient de Dieu,
qu'il a tort de se moquer d'eux et que, « autant vous en pend, si Dieu
voulait, au nez[96] ». En l'amenant à la pitié, ils lui révèlent du même
coup la vulnérabilité de la condition humaine. Ce vertige de la pitié,
c'est sans doute cela que la moquerie médiévale avait pour fonction
d'écarter, mais non de supprimer. Gustave Cohen s'est demandé :

> Comment le Moyen Âge et même le XVIe siècle ont-ils pu rire des aveugles
> et s'amuser des tours pendables qu'un coquin de garçon leur jouait ? [...]
> Chose étrange [...] le mendiant, le gueux, est pour le Moyen Âge, sur la scène
> du moins, sujet à railleries, alors qu'il n'est pour nous que sujet à pitié[97].

Cette question sur la fonction du rire à l'égard des mendiants, il
semble que nous puissions maintenant y répondre. Il utilise l'infirme
et le mendiant dans une démonstration plus large ; il ne concerne pas
que le théâtre ; il n'est pas exclusif de la pitié. Dans la conscience de
l'homme médiéval, coexistent le rire et le sérieux. Interpréter le rire
comme exclusif de la pitié et du sacré, n'est-ce pas se tromper d'époque
et répéter l'incompréhension de l'âge classique à l'égard de l'incroyable
grossièreté des Mystères d'avant 1550 ? Le mépris et la moquerie du

---

96. *Baudouin de Sebourc*, t. II, p. 764-768, § 672-675, v. 20807-20839. Cette histoire,
souvent reprise au Moyen Âge, vient du roman de *Barlaam et Josaphat*. Autant vous en
pend au nez : Autant vous en pend à l'œil (*DMF*, « pendre » ; et MORAWSKI, n° 355,
1411).
97. COHEN, *Études*, p. 150 et 112.

pauvre ne datent pas du XVIe siècle. Ils ne viennent pas se substituer à la pure charité médiévale, ils n'en sont pas même de simples
bavures, ils lui sont consubstantiels ; et ils le sont de deux manières. Si
le cœur universel de la pitié, c'est l'identification à l'autre, celle-ci fait
peur, aussi bien physiquement, vis-à-vis des affamés et des infirmes,
que socialement vis-à-vis des pauvres méprisés. Dans cette optique,
la moquerie, si elle hérite d'attitudes très anciennes à l'égard du pauvre
et de l'infirme, va se développer comme l'envers de la charité chrétienne, dont elle est chargée de désamorcer la puissance fusionnelle.
Cette moquerie est par ailleurs un moyen d'échapper à la contrainte
même de l'aumône. Et cette contrainte, que l'on retrouverait dans
d'autres cultures, semble avoir pris une forme plus particulière dans
le Moyen Âge occidental.

Un moment dans l'histoire de la pitié

L'Occident chrétien, en mettant au centre la pauvreté du Christ et
l'intercession du mendiant, a fait de l'aumône la porte du ciel ; du ciel
ou de l'enfer. À celui qui n'a pas eu miséricorde, il ne sera pas fait
miséricorde. Il est donc difficile d'éconduire le mendiant. Et certains
ne donnent que pour éviter l'importunité et la honte, ce qui leur fait
partiellement perdre le mérite du bienfait[98]. Or cette contrainte religieuse et sociale est une forme archaïque de l'échange, elle suppose
un contre-don indirect, décalé, un détour par Dieu. Mais elle ne
supprime pas l'obligation du retour, et toute incertitude dans ce retour
ramène le poison du *gift-gift*[99]. Le donateur a peur de perdre le bienfait : « de quoi tu vois qu'aux fols pauvres qui perdent légèrement
ce qu'on leur donne, on fait souvent refus […] de leur rien donner,
comme si ce fût chose perdue » ; il attend que le mendiant remercie,
non pas comme ce « pauvre qui tantôt après l'aumône donnée se part du
donnant, sans lui en rendre grâce, honneur ou merci, qui en demandant

---

98. Pierre le Chantre, *PL*, t. 205, col. 288 ; *Rose*, v. 11395-11400.
99. *Gabe* et *gift* sont des notions voisines ; *Gift*, cadeau en anglais et poison en allemand ; Marcel Mauss, « Gift-gift », 1924, dans *Œuvres*, V. Karady (éd.), Paris, 1969, t. III,
p. 46-51 ; sur la « réciprocité alternative et indirecte », M. Mauss, *Manuel d'ethnographie*,
Paris, Payot, 1967, p. 130-131.

était si humble ce semblait[100] ». Il redoute l'ingratitude, il ne veut pas
donner pour la taverne, à ces mendiants « passoire », qui perdent tout
ce qu'on leur donne. Il attend aussi que le mendiant lui rende le don
en prière, c'est-à-dire joue son rôle dans la circulation de l'aumône :
« aumône vaut [en] tant qu'elle oblige celui qui la reçoit à prier[101] ».
Sinon elle perd une partie de sa valeur ; et cette partie, ce reste, qu'il
faut bien encaisser d'une manière ou d'une autre, est celui-là même
qui freine la main qui donne et peut la rendre cruelle, et qui resurgit
dans la moquerie. Il y a moquerie, parce que le bienfaiteur n'est pas sûr
que le « retour » sera le meilleur possible, ni qu'il récupérera la totalité
de sa mise.

Cette explication, si séduisante soit-elle, ne concerne que la valeur
religieuse de l'aumône. Celle-ci a souvent eu des motivations plus
terre à terre, plus profanes, la honte d'éconduire par exemple.
Le « reproche » dans le don, la manie de faire attendre, les humilia-
tions sont des façons de donner sans donner, de contourner la demande
sociale. La présence, dans la *Riote du monde* au XIIIᵉ siècle[102], d'un
catalogue des manières d'éconduire les mendiants, tient à la nature
même du texte : montrer comment l'on doit se contenir dans le monde,
comment l'on peut échapper au qu'en-dira-t-on, et mettre du jeu dans
les contraintes d'une société encore *other-directed*. Ce qui se noue déjà
au Moyen Âge, c'est la possibilité du « don pervers ». Jean Starobinski
a montré qu'à la fin du XVIIIᵉ et au XIXᵉ siècle la perversion dans le don
avait paradoxalement partie liée avec le « plaisir que l'on se donne »,
et l'affirmation de la liberté individuelle, et qu'elle apparaissait en
particulier au moment où l'injonction religieuse et l'obligation contrac-
tuelle se relâchaient[103]. On peut penser que cette opération se faisait
au Moyen Âge à l'intérieur de l'obligation de l'aumône. La moquerie
vient se loger au cœur de l'aumône, comme ce par quoi le donateur
s'affirme comme acteur, comme liberté, avec ou sans l'accord de
l'Église. L'Occident n'a pas fait seulement de l'aumône un moyen

---

100. GERSON, *Œuvres*, t. VI, I, p. 230-231 ; voir aussi le *Garçon et l'aveugle*, v. 50 ;
et DESCH, t. VI, n° 1230, v. 22.

101. Gerson, *Six sermons français inédits*, 1395-1400, L. Mourin (éd.), Paris, Vrin,
1946, p. 238.

102. *Riote du monde*.

103. STAROBINSKI, « Don fastueux », p. 15 et 19.

de salut, il a mis l'accent sur le *pium affectum* : que la charité ne soit pas geste vide mais compassion vraie. Il a voulu passer du rite à l'amour, mais qui peut contraindre à l'amour ? Alors naît l'ambivalence et la duplicité, celle-là même du clerc du fabliau, « qui bien et mal assez savait ». « Des sentiments extrêmes et contradictoires coexistent dans les motivations humaines[104]. » L'histoire de la pitié, que Lucien Febvre appelait de ses vœux, est aussi celle de la cruauté, son contraire. C'est cette ambivalence, dont j'ai voulu ici rendre compte, tissant patiemment de bribes éparses un modèle de l'aumône manuelle dans sa face « perverse » au Moyen Âge.

L'aumône médiévale, même magnifiée dans le discours religieux, maintient donc parfois un certain nombre de comportements : mépris pour le pauvre, épreuve devant montrer le mérite du mendiant à recevoir, maintien de chacun à sa place. On ne donne pas toujours, ni tout de suite, et dans l'entre-deux peut s'instaurer un jeu, qui permet d'éviter la sympathie totale avec l'infirme ou le pauvre méprisable. Le modèle, décrit ici pour les trois derniers siècles du Moyen Âge, a dû se constituer dans la seconde moitié du XIIᵉ siècle, au moment où la multiplication des mendiants et les efforts faits pour y répondre s'accompagnent d'une exigence plus grande d'intériorité. Il faut le mettre en parallèle avec ce qu'André Vauchez a appelé « la révolution de la charité[105] », dont il constitue la face inverse, « l'ombre ». Ce modèle, s'il évolue après 1350, ne se modifie vraiment qu'à partir du XVIᵉ siècle, au moment où la lutte contre l'aumône manuelle et la désacralisation du mendiant diminuent l'imbrication de la pitié et de la moquerie, et la tension qui avait soutenu le jeu médiéval de l'aumône. Ce que l'individu avait fait par la moquerie, mettre à distance la misère, la société va désormais le réaliser par l'exclusion, le travail forcé et bientôt l'enfermement.

104. MOLLAT, *Pauvres*, p. 94.
105. Datée de 1130-1260 ; VAUCHEZ, p. 152 ; c'est aussi à ce moment-là que se développe la charité « manuelle ».

Chapitre VII

L'ÉGLISE ET L'EXCLUSION DES PAUVRES

Une question n'a cessé de hanter les historiens, quels sont les rapports entre les Franciscains et les pauvres, entre les pauvres « volontaires » qui ont voulu se faire pauvres pour Dieu, et les pauvres « involontaires », les vrais pauvres ? Et l'Église en honorant les uns n'a-t-elle pas oublié les autres ? Avant d'affronter cette question, nous nous permettrons un détour par les travaux de Giacomo Todeschini, qui ont éclairé le rôle de l'Église dans l'exclusion des pauvres.

Au pays des sans-nom

Giacomo Todeschini, spécialiste internationalement reconnu de la pensée économique franciscaine[1], a étudié attentivement les vocabulaires économiques qui étaient à l'origine du « marché » moderne à l'occidentale, et il a mis au jour le « cœur théologique caché du discours économique occidental », à l'ombre de la providence. Au milieu du Moyen Âge, cette économie chrétienne, branchée sur

---

1. En particulier TODESCHINI, *Richesse franciscaine*. Voir Valentina Toneatto, « La richesse des Franciscains. Autour du débat sur les rapports entre économie et religion au Moyen Âge », *Médiévales*, n° 60, 2011/1, p. 187-202.

le « bien commun », implique la foi et la confiance de ses fidèles et stigmatise ceux qui sont incapables de faire un bon usage de l'argent, usuriers, juifs, avares ou prodigues. Les clercs et les marchands, seuls à savoir faire fructifier les richesses, confirment par là leur domination sociale et se constituent en oligarchie, excluant les pauvres inexperts, les sans-nom. Comment s'est opérée cette exclusion ?

Dans un livre récemment traduit[2], *Au pays des sans-nom*, Todeschini explore ce point central de sa démarche : l'exclusion aurait été causée par une véritable « déflagration conceptuelle » au cœur du Moyen Âge, la mise en place de la crainte de « l'infamie », qui entraîne une insécurité identitaire presque générale, et qui marginalise les laissés-pour-compte. Il faut donc interpréter la société médiévale à travers la clé de la *fama*, de la bonne renommée, qui exclut les « infâmes ». Et cette infamie ne va cesser de s'étendre, jusqu'à concerner une grande part de la société. La société des « fidèles », des vrais chrétiens, se rétrécit comme une peau de chagrin. La démonstration semble implacable. Reprenons-en le déroulement.

L'Antiquité connaissait l'infamie judiciaire. Le Code justinien (VIe siècle) excluait selon l'usage romain les « infâmes » des charges publiques et du témoignage en justice : les criminels, les prostituées, les joueurs professionnels ; mais aussi les mineurs, les femmes, les esclaves et les pauvres. Le Moyen Âge va préciser comment l'infamie génère l'exclusion. Les Décrétales pseudo-isidoriennes (vers 850) avaient établi un catalogue des infamies, de ceux dont le témoignage en justice ne pouvait être cru et qui ne pouvaient ni recevoir les ordres ecclésiastiques, ni accuser les évêques, ajoutant à la liste romaine les excommuniés, les fous, les étrangers, les infirmes, les infidèles. À partir des XIIe-XIIIe siècles, la crédibilité des témoins au tribunal va prendre davantage d'importance, avec les progrès de l'enquête judiciaire, dans le cadre du passage de la procédure accusatoire, recourant au jugement de Dieu (ordalie, duel judiciaire, loi du talion) à la procédure inquisitoire de l'enquête par témoins, où la *fama*, la bonne renommée des témoins, devient essentielle à la pratique judiciaire. L'Église joue un rôle important dans cette mutation. À l'infamie

---

2. Titre original : *Visibilmente crudeli. Malviventi, persone sospette e gente qualunque dal Medioevo all'età moderna*, Bologne, Il Mulino, 2007.

de droit, va alors s'ajouter l'infamie de fait, celle qui ne résulte pas d'une décision judiciaire, mais de la mauvaise renommée. La mauvaise réputation étend son ombre menaçante. Comme elle est moins nette que celle du criminel, il devient plus difficile d'y échapper pour tous ceux à la réputation mal assurée. Todeschini ajoute : si « la bonne foi » pouvait « se dissoudre dans le discrédit par une mauvaise réputation qui dépendait du qu'en-dira-t-on, qui demeurerait à l'abri ? ». On saisit à l'œuvre le principe d'élargissement, qui va gouverner tout son livre. Il fallait être « irréprochable » pour accéder à « la citoyenneté chrétienne », mais qui le pourrait ? Peut-on totalement suivre ce raisonnement ? Il est vrai qu'au tribunal la renommée d'un pauvre ne valait pas celle d'un riche. Mais nous devons aussi nous demander si le « qu'en-dira-t-on » n'était qu'une simple rumeur, totalement arbitraire. Dans une société d'interconnaissance, le juge pouvait procéder par exemple à une « enquête de pays » auprès de « toutes bonnes gens » du voisinage[3]. Cette procédure ne relève pas seulement de l'arbitraire ; « la collectivité y tient une place essentielle, celle du premier juge[4] ».

La démarche, qui a jusque-là décrit l'infamie des infâmes, va se tourner vers les presque infâmes, et s'intéresser aux professions à la fois utiles et réprouvées. Ce faisant, elle va mettre au jour l'instabilité identitaire de ceux qui sont à la fois dans et hors de la société, aux lisières de l'infamie. Le Code justinien récusait le témoignage en justice des pauvres et de ceux qui exercent un métier vil et ignoble. Au début du XIIIe siècle, comme le mentionne Todeschini lui-même, le juriste Pillio da Medicina et les juges vont pourtant accepter leur témoignage, sauf s'ils sont infâmes (judiciairement), serf ou « salarié par l'accusateur ». Todeschini élargit la menace à tous les salariés, et y voit une « hybridation » entre infamie et professions répugnantes. À cause du flou des frontières de l'infamie et du rôle du qu'en-dira-t-on, la différence entre métiers ignobles et infamie serait « à peine

---

3. A. Porteau-Bitker et A. Talazac-Laurent, « La renommée dans le droit pénal laïque du XIIIe au XVe siècle », *Médiévales*, 24, printemps 1993, p. 67-80. GAUVARD, t. 1, p. 135-143 et t. 2, p. 739-742.

4. GAUVARD, t. I, p. 137 ; Massimo Vallerani, « Procedura e giustizia nella città italiane del basso medioevo (XIIe-XIVe secolo) », dans *Pratiques sociales et politiques judiciaires dans les villes de l'Occident à la fin du Moyen Âge*, J. Chiffoleau, Cl. Gauvard et A. Zorzi (dir.), École française de Rome, 2007, p. 479.

perceptible ». Remarquons cependant que Pillio da Medicina ne parlait pas de tous les salariés. Il a cependant bien existé, comme le rappelle Todeschini, des listes médiévales de métiers déshonorants, illicites. Elles concernaient les tabous du sang, de l'argent, de la luxure ou de la saleté. Les activités manuelles et salariées étaient elles-mêmes « sans doute assez peu différenciables dans la pratique discursive de l'impureté ou de l'abjection ». Les pauvres étaient « à la lisière du no man's land appelé *infamia* », et aucune activité professionnelle pratiquée par les gens ordinaires n'était à l'abri du soupçon. On ne peut pourtant suivre totalement cette démonstration. La liste des métiers déshonorants ne parle pas d'infamie. Cette liste en réalité est principalement celle des professions interdites aux clercs, et, comme l'a montré Jacques Le Goff, elle n'a cessé de se réduire à partir des XIIᵉ et XIIIᵉ siècles, avec le développement économique et la revalorisation du travail[5].

Mais Todeschini a en partie raison, l'infamie déborde sans doute sur une partie des métiers, les moins honorables. Selon Massimo Vallerani, la *fama negativa* crée une marginalité judiciaire, pour qui le seuil de garantie s'abaisse dangereusement, une frontière symbolique entre la *cittadinanza*, la citoyenneté, et ses marges infâmes, menacées par la torture[6]. Et Julien Théry précise les conséquences de la mauvaise renommée, désormais investie d'une valeur juridique latente : « à partir du XIIIᵉ siècle, les Civilistes (du droit civil) tendirent à faire porter l'infamie de fait sur tous ceux qui exerçaient des métiers dévalorisants, et plus généralement qui appartenaient aux basses couches sociales[7] ». Que faut-il alors entendre par métiers dévalorisants et basses couches sociales ? Il y avait bien à l'époque d'une part des pauvres honnêtes et d'autre part des marginaux, qui l'étaient beaucoup moins, même si la frontière entre ces deux pauvretés, comme le dit Todeschini, était particulièrement floue. Il reste pourtant vraisemblable de supposer que l'époque savait distinguer la bonne et la mauvaise *fama* des pauvres,

---

5. Jacques Le Goff, *Pour un autre Moyen Âge*, Paris, Gallimard, 1977, p. 91-107 ; Voir aussi B. Geremek, « Criminalité, vagabondage, paupérisme : la marginalité à l'aube des Temps modernes », *Revue d'Histoire moderne et contemporaine*, XXI, 3, 1974, p. 368.

6. M. Vallerani, « Procedura e giustizia », *op. cit.*, p. 487-488.

7. J. Théry, « Fama : l'opinion publique comme preuve judiciaire. Aperçu sur la révolution médiévale de l'inquisitoire (XIIᵉ-XVIᵉ siècles) », dans *La Preuve en justice de l'Antiquité à nos jours*, Bruno Lemesle (dir.), Presses universitaires de Rennes, 2003, p. 141.

et que l'on ne peut réduire celle-ci à « l'appréciation incertaine de l'opinion publique ». Selon l'ordonnance de Saint Louis de 1256 :

> Tout homme qui sera trouvé jouant aux dés communément ou par commune renommée, fréquentant taverne ou bordel, soit réputé pour infâme et débouté de tout témoignage de vérité[8].

Nous retrouvons ces trois sources d'infamie dans un texte du cardinal d'Ostie au milieu du XIIIᵉ siècle, que cite d'ailleurs Todeschini :

> L'on accorde toujours plus de crédit aux riches qu'aux pauvres […] d'autant plus lorsque pèse sur ces derniers un soupçon de corruption, par exemple quand ils s'adonnent aux jeux de hasard, fréquentent les prostituées ou boivent ; en revanche dès lors qu'ils jouissent d'une bonne réputation et sont de bons chrétiens, on les croira en dépit de leur dénuement (*quamvis pauper*)[9].

Trois comportements aux portes de la marginalité servent de clé pour différencier bons et mauvais pauvres : le jeu, la prostitution, la taverne ; trilogie que nous avons rencontrée chez les Coquillards, les varigauds, à Pignerol au XIIIᵉ siècle ou à Tournay en 1440 ; ajoutons ribaud, houllier (proxénète), joueur de dés ou ribaud, *goliard* et bouffon dans les affaires judiciaires[10]. Continuons notre lecture des *sans-nom.* Dans le monde du travail, il y aurait donc un « enchevêtrement » mêlant l'*utilitas* et l'*infamia*. Des métiers pouvaient être utiles au bien commun et pourtant perçus comme « impurs ». Todeschini propose deux exemples : le bourreau et la prostituée. Le premier est à la fois marginal et utile au bien commun, mais il faut le considérer dévoré par « un tourment inextinguible » : il est comme Judas le traître, qui permet à Jésus d'accomplir sa mission. La seconde incarne la « coexistence conflictuelle de la légalité et du déshonneur ». L'auteur analyse ensuite

---

8. *ORF*, t. I, p. 79, § 10 et 12 ; reprend en partie l'ordonnance de 1254 (*ORF*, t. I, p. 74).

9. TODESCHINI, *Au pays*, p. 109.

10. Fréquenter fillettes, tavernes, jeux de dés, la trilogie infâme : voir *supra*, p. 111, 121, 139, 147, 149 ; dans les affaires judiciaires : GAUVARD, t. 1, p. 141 ; GEREMEK, *Truands*, p. 134-135 (1449).

de manière très fine les relations entre juifs et chrétiens. Le juif (en Italie) n'est ni totalement exclu, ni totalement inclus. Nous retrouvons là une même instabilité identitaire, laquelle est un des fils conducteurs de ce livre.

Todeschini va alors élargir le risque d'infamie à des catégories jusque-là épargnées. Nous nous éloignons des « sans-nom ». L'obligation de la confession annuelle, décidée lors du concile de Latran IV (1215), aurait fragilisé une identité devenue « précaire ». Ainsi du marchand : ce qui lui est reproché, c'est la présomption de se croire un bon citoyen de la cité chrétienne. Il doit rester inquiet de son salut. L'instabilité identitaire s'étend à toute la société. La réalité peut sans doute être considérée sous un autre angle : les « autorités textuelles », en culpabilisant le marchand âpre au gain, lui demandent de mettre davantage son honorabilité dans la sociabilité « charitable »[11]. À l'arrière-plan de la démonstration de l'auteur, il y a pourtant une vraie question, celle de l'autoculpabilisation du chrétien et de la diffusion de la maladie du scrupule. Et là, bien sûr, l'Église est responsable, mais la mise en place d'une pastorale de la peur est essentiellement le fait de la Réforme catholique. En ce qui concerne le marchand médiéval, nous ne sommes plus dans une archéologie de l'exclusion sociale, mais en face des méfaits d'une certaine pastorale.

Todeschini, en conclusion, revient sur sa démarche. « L'inaptitude » imposée au *populus christianus* à faire partie de la *civitas* s'est construite à partir d'une accumulation « d'associations conceptuelles », une « combinaison progressive de vocabulaires multiples et à l'origine hétérogènes ». La critique que l'on peut faire à cette démarche porte sur l'hétérogénéité de ces différents discours et la fragilité des liens qui, le plus souvent, sont censés les unir. Les métiers interdits aux clercs, les fautes ou les infirmités qui empêchent de devenir prêtre, la condamnation des criminels, l'interdiction de l'usure, la méfiance envers les étrangers, l'obligation de la confession, toutes ces formes

---

11. Marina Gazzini avait éclairé cette conscience « impure » des marchands du Quattrocento sous la forte influence de l'Observance franciscaine, à travers l'histoire d'un marchand milanais fondateur d'une œuvre caritative (dans *Dare et habere*, Firenze University Press, 2002).

d'exclusion relèvent-elles du même processus ? La même *fama* y est-elle toujours à l'œuvre ? Par ailleurs, l'auteur manie une dichotomisation de la société à échelle variable : lettrés et illettrés, élites charismatiques restreintes et masse anonyme, fidèles et infidèles, purs et impurs, spirituels et charnels, qui relèvent de registres différents. Enfin, il aime employer des formules chocs, souvent excessives : gigantesque confusion, caste sacerdotale, sombrer dans « l'abîme », déflagration conceptuelle. Ce livre pourtant soulève tout un ensemble de questions passionnantes, sur la torture, la confession, les métiers illicites, les rapports judéo-chrétiens, l'usure, l'excommunication, l'Inquisition, mais il veut à tout prix les faire entrer dans un cadre unique, trop étroit, un schéma rigide, que l'on ne partage pas nécessairement. La *fama* a certes joué un rôle énorme dans les sociétés médiévales, mais a-t-elle vraiment généré une profonde instabilité identitaire, et a-t-elle été aux origines de l'exclusion sociale ou n'a-t-elle fait que l'accompagner ? Rappelons que l'exercice de la justice n'avait guère d'autres moyens d'investigation. On ajoutera qu'une société hiérarchique à honneur est aussi une société du mépris pour l'inférieur, et que cela a peu à voir avec le discours canonique de l'Église.

Pauvreté volontaire et pauvreté involontaire

Reprenons la question de l'antinomie entre les deux pauvretés, la volontaire et l'involontaire, pour en réexaminer le fonctionnement. Dans *Richesse franciscaine* et *Au pays des sans-nom*, Giacomo Todeschini aborde l'abîme qui les sépare ; la pauvreté volontaire, d'une certaine manière, dévalorise l'autre, qui ne recèle rien de sacré ; elle démasque l'autre « à un pas du vice[12] ». Cet écart entre pauvreté choisie et pauvreté subie a été souligné par la plupart des historiens. Bronislaw Geremek a mis en évidence l'écart entre l'exaltation de la pauvreté spirituelle et le mépris toujours présent pour les pauvres réels. La pauvreté volontaire ne remet pas en cause l'inégale répartition des biens[13]. Selon Catarina Lys et Hugo Soly, il

---

12. *Richesse franciscaine*, p. 50 ; *Au pays des sans-nom*, p. 232.
13. GEREMEK, *Potence*, p. 30-46.

n'y a pas de lien entre pauvreté involontaire et pauvreté spirituelle[14]. Emmanuel Bain rappelle que les Franciscains ne sont aucunement les acteurs d'une réhabilitation des nécessiteux[15].

Roger Chartier, commentant le livre de Geremek[16], faisait remarquer que cette antinomie était cependant plus apparente que réelle : la pauvreté volontaire occupe une place centrale dans le système, « elle assure la circularité, c'est-à-dire qu'avec elle celui qui serait normalement en position de donner se met volontairement en position de recevoir ». Cela légitime la mendicité. Et la « circularité » c'est l'obligation de l'aumône, qui a entraîné la multiplication des œuvres d'assistance. Poursuivons dans la voie ouverte par Roger Chartier, en relisant la parabole du Bon Samaritain (Luc 10, 25-37) : le docteur de la loi demande qui est mon prochain ; et le Christ lui répond, en renversant la question : qui s'est montré le prochain de l'homme blessé ? Ce n'est pas le blessé qui est le prochain, mais le Samaritain. Le donataire blessé devient alors un donateur pour d'autres prochains à venir. Les places ont changé. C'est ce changement de place que nous allons tenter d'éclairer. Il est curieusement présent dans le discours sur l'humilité du chrétien, qui résonne du XIIe siècle au XVe siècle, et qui demande d'étaler ses fautes devant Dieu, et non pas ses bonnes actions, comme les mendiants, qui, lorsqu'ils demandent l'aumône, ne montrent pas leurs précieuses vêtures mais leurs habits déchirés et leurs infirmités, afin d'incliner plus vite celui qui les voit à la miséricorde[17]. Guillaume d'Auvergne, dans un chapitre sur l'humilité du chrétien, précise qu'elle doit s'inspirer des « truands » :

La pauvreté entraîne la plainte *trutannica* et la mendicité. Ainsi le *trutannus* s'il a quelque argent le cache et lorsque son vêtement est en bon état, il ne le montre pas à ceux à qui il demande l'aumône, mais il en montre plutôt les déchirures et les lambeaux ; de même il ne montre pas ce qu'il a de sain

---

14. *Poverty and Capitalisme in Pre-Industrial Europe*, Humanities press, New Jersey, 1979, p. 22-25.

15. BAIN, *Église, richesse et pauvreté*, 2014, p. 354-368 : les Franciscains et l'oubli du pauvre.

16. Dans les lundis de l'histoire, France culture, 18 janvier 1988.

17. Bernard de Clairvaux, Sermon, *PL*, 183, col. 48 (voir *Romanische Forschungen*, 1885, 2, p. 17-18).

dans son corps et sa chair, mais c'est ce qu'il a de corrompu, de putride ou de galeux qu'il présente aux yeux des hommes de la manière la plus effrayante afin de provoquer leur pitié[18].

L'âme doit de même se faire « truande » devant Dieu. La pauvreté volontaire creuse ici la glaise de la pauvreté réelle. Le chrétien s'identifie spirituellement au mendiant étalant ses misères, il prend sa place. Nous ne sommes plus « à un pas du vice » : l'empathie a remplacé la moquerie. Cet échange de place, qui est au cœur du discours sur l'idéal de la pauvreté évangélique (« suivre nu le christ nu »), oblige à tempérer l'idée qui fait du pauvre le simple objet de la charité du riche.

Le Mirouer des enfans ingratz

Ce regard bienveillant sur les techniques d'apitoiement, nous le retrouvons dans une curieuse moralité des années 1525-1530, le *Miroir et exemple moral des enfants ingrats*, qui est, comme l'a montré Alan Hudley, un véritable sermon : « Entendez à notre leçon », disent les acteurs en début de la pièce[19]. Elle reprend un *exemplum* condamnant les fils ingrats, où le crapaud est l'agent du châtiment divin et que l'on trouve dès le XIIIe siècle dans la *Vie des pères*, chez Thomas de Cantimpré, Césaire de Heisterbach ou Jean Gobi le Jeune[20]. Mais c'est dans notre moralité qu'apparaissent les deux « coquins » mendiants, qui ouvrent la pièce ; c'est elle, qui en fait les porte-parole de la condamnation de l'avarice des parents. Ces parents, modèles de l'avarice, ne donnent rien aux mendiants, et pour « avancer » leur fils, lui donnent au contraire tous leurs biens. Mais lui, devenu seigneur, oublie ses parents. Ils seront finalement réduits à la mendicité par l'ingratitude de leur fils, prenant la place même de ceux à qui ils

---

18. GUILLAUME d'AUVERGNE, 2e quart XIIIe s., t. I, p. 245 (Francfort-sur-le-Main, Minerva, 1963), chap. X, Sur l'humilité. Voir aussi La Règle des recluses anglaises, fin XIIe s. (ici p. 123) ; GERSON, *La mendicité spirituelle*, 1401 dans *Œuvres complètes*, t. VII, 1, n° 317, p. 220-280 (voir ici p. 175).

19. HINDLEY, « La prédication dans un fauteuil », p. 189-214.

20. Jacques Berlioz, « Le crapaud animal diabolique : une exemplaire construction médiévale », dans *L'Animal exemplaire au Moyen Âge*, J. Berlioz et M.-A. Polo de Beaulieu (dir.), Presses universitaires de Rennes, 1999, p. 267-288.

refusaient l'aumône. Les parents maudissent alors leur fils ingrat et en appellent à la vengeance divine, qui prendra la forme d'un crapaud, accroché au visage de leur fils. C'était le mystère du crapaud, revu et corrigé au XVIe siècle. Les six scènes avec les coquins éclairent la pauvreté mendiante et tout ce qui se passe autour de l'aumône[21].

Nous retrouvons l'autodérision caractéristique de la « pauvreté joyeuse », qui est présente dès le début de la moralité[22]. (1re scène des coquins) Le premier coquin entend au loin chanter celui qui va être le second coquin : « J'ai entendu le son Si l'harmonie n'en est fausse [s'il s'agit bien d'un confrère] D'un gentilhomme de Beauce Qui se repaît d'une chanson[23]. » De l'argent, l'un des coquins dira :

> En aurons-nous point une fois, Pour prêter à usure ? […] Quant au regard d'écus de poids Il ne nous en faut point charger. – Vraiment il y aurait danger Larrons courant aucunes fois.

Leur vie serait la belle vie du mendiant, si l'on ne manquait souvent de pain ; et il y a les moqueries :

> (1re scène des coquins) Corps dieu, se ne fussent les fautes [s'il n'y eut les manques] Ce serait une seigneurie Que le train de *belistrerie*, Un chacun voudrait *caymander*. Demandez-vous plus belle vie Que l'avoir pour la demander.
> [plus tard, 6e scène des coquins] Qui pire est, le monde se raille Présent des pauvres *souffreteux* On les appelle *coquinaille* […] – Il faut que dérision aille Toujours sur les calamiteux.

L'importance des chertés, de l'enchérissement du prix du pain, de la faim et de la mort de Bontemps[24], rappelle la dure vie des pauvres :

---

21. *Mirouer et exemple moral des enfans ingratz pour lesquels les pères et mères se détruisent pour les augmenter, qui en la fin les méconnaissent* (BnF RES-YF-1587, publié à Paris par Denis Jadot entre 1529 et 1545 ; fol. AII-EIII ; ici noté selon l'une des six scènes des coquins).
22. Voir aussi ROCH, « La mélancolie des pauvres », p. 315, 323-324.
23. Cette noblesse est réputée fort pauvre : C'est un gentilhomme de Beauce qui se tient au lit quand on refait ses chausses (FURETIÈRE).
24. Voir ROCH, Bon Temps.

(2ᵉ scène) Puisque le pain est enchéri, Je ne sais ce que faire on pourra.
– Gueux sont au pont[25]. – Il en mourra, *Bon temps* en effet est péri.

Alors nous parvient la revendication égalitaire présente dans
la bouche même des mendiants[26] :

(1ʳᵉ scène) Pourquoi Dieu ne baille à tous Chacun sa part également ? – C'est
à quoi je pense par coups, Mais je m'y romps l'entendement.

Une critique sociale semble même apparaître : (1ʳᵉ scène des coquins)
les riches goinfres se sont enrichis de blé [d'argent], « Moins de blé
acquis que d'emblé [volé], Tous larrons ne sont pas au bois ».
Nous assistons dans la seconde scène des coquins au déroulement
des échanges dans l'aumône. Les techniques de la mendicité sont mises
à nu, lorsque les coquins s'apprêtent à mendier :

Comment les pauvres gens viennent à ce riche homme demander pour l'amour
de Dieu, qui leur refuse, disant que ce ne sont qu'abuseurs.
Comment lui ferons-nous pitié ? Avisons quelque **floc** [filouterie] nouveau.
– Feignons avoir perdu sur l'eau Le nôtre par force de guerre. – Plutôt pauvres
laboureurs de terre Qui, par coup de malle fortune Et de feu, plus n'avons chose
aucune Et n'avons su [y] remédier Qu'il ne nous faille mendier. On a volontiers
de tels gens Pitié quand ils sont indigents, Car il n'y en a pas [il n'y a personne]
qui ne soit Sujet à fortune. – Ne baillons [disons] point tant seulement Que **ruffes**
[feu] chu à nos **couais** [maisons] Qui a tout **rifflé** [brûlé] greniers, **Andres**, **petons**
et berlendies [femmes, jetons et jeux de brelan]. – Quant au regard des **merca-**
dies [marchands] Celui-ci n'y **enterveroit** harmes [n'y comprendrait rien] [...]
(3ᵉ scène) – Bref, donc suis-je déterminé De lui faire encore un assaut Car
s'il pouvait être **affiné** [trompé] Ce serait vrai tour de maraud [...] Entre nous
deux aviser faut Quelque **floc** de novalité Pour tirer de lui froid ou chaud, Ce
ne sera qu'habileté. – Déguisons-nous. – C'est bien chanté. Nous sommes
assez déguisés Pour les habits de pauvreté. Nul n'en voit de mieux débrisés.
Quand Dieu les aurait devisés [examinés] À grand peine trouverait on Habits
plus méchants et brisés Que ceux que maintenant portons[27].

---

25. Le pont au change, où l'on mendie.
26. FREEDMAN, *Images of the Medieval Peasant*.
27. Tout ce passage est truffé de mots de jargon (transcrits ici en caractères gras),
difficiles à comprendre : *coué*, *andre*, *ruffe*, *riffler*, *enterver* (*cf.* entraver). Ils préparent

L'argot, ici, est utilisé comme effet de réel et de manière plutôt bienveillante, loin des taxinomies argotiques dénonçant les fraudes des mendiants. Les coquins vont abandonner l'argot, lors de leur demande, pour ce qu'ils appellent « prières hautes » :

> (4e scène) Homme de bien doux aimable J'ai oui dire à plus de mille Qu'êtes l'homme plus charitable Qu'on sache par champs ne par ville. Las, nous n'avons ne croix ne pille [monnaie] Pour vivre, ne plus froid que l'âtre [l'âtre éteint] [...] – Au nom de Dieu de paradis Qui tant de maux pour nous souffrit Qui par grande charité offrit En une croix son digne corps. Aidez-nous à [nous] retirer hors De pauvreté.

La réponse des parents est celle, traditionnelle, des riches à l'égard des mendiants, qui sont traités de *vaurien*, de *bélître*, de *coquinaille* :

> (2e scène) Pourquoi n'allez-vous besogner ? Il me semble à la vérité Que vous êtes gens pour gagner [travailler]. [...] Ha quels *belistres* ! Tant ils connaissent bien les titres Des saints qui font venir argent Pour attraper la pauvre gent. Pas ne suis beau [dupe] de leurs raisons. [...] Qui voudrait tout donner pour Dieu Il ne trouverait de quoi frire.
> (4e scène) Que ne labourez-vous aux champs Et trouvez de vivre moyen, Sans vous tenir ainsi méchants [pauvres] ? Pensez-vous que riches marchands Vous tendent le pain à la main ? [...] Ne cuidez [croyez] pas si beau baver Que de moi denier puissiez traire. Aller ailleurs vous relever.

La réponse des coquins bascule vite alors dans les malédictions et l'appel à la vengeance divine :

> Et sire quand vous serez mort Qu'est-ce que votre bien vaudra. – [...] Par Dieu, la journée viendra Que vous maudirez mille fois La vie qui vous soutiendra. [...]
> (3e scène) Il lui *mescherra* [il lui arrivera malheur] De bref si Dieu ne lui fait grâce [...] – Pas ne crois que Dieu ne lui fasse Un jour mauvais appointe-ments [arrangements] Tant qu'une fois sa vie *trace* [tant qu'il aille mendier] Comme nous ou plus *meschament* [misérablement].

---

leur demande d'aumône, mais ils parlent en réalité entre eux et surtout pour le spectateur. Sur l'argot, voir SAINÉAN, *Argot*, VILLON, *Jargon* ; G. Esnault, « Le jargon de Villon », *Rom.*, LXXII, 1951, p. 289-309.

Et la malédiction des mendiants, qu'ils avaient prophétisée, se réalise :

> (6ᵉ scène des coquins) Toujours avais en *fantasie* [imagination] De le [le père] voir une fois rendu À *l'ordre de belistrerie.* – Il s'en va demander l'aumône À son fils [...] – [ils s'adressent aux parents :] À cette heure-ci vous souvienne Que jamais vous ne tintes compte Des pauvres, mais injures et hontes Leur disiez et qu'ils perdaient Leurs peines quand vers vous allaient Car jamais n'en eurent denier Quelques beaux prier qu'ils vous aient [...] – Allez plain de vilenie *Belistre en belistrerie* D'huis en autre mendier Et demander votre vie. – Pris est en *gergonnois.*

La conclusion être pris « en jargon », vivre dans le monde de l'argot, qualifie désormais leur vie de mendiant. Les malédictions des mendiants éconduits (toi aussi sera réduit à mendier) sont le discours même de l'Église : à celui qui n'a pas eu miséricorde, il ne sera pas fait miséricorde. Nos coquins ne sont ni des faux mendiants au comportement inacceptable, feignant telle ou telle infirmité, ni de bons pauvres, ce sont de pauvres mendiants ordinaires, ni tout blancs ni tout noirs, alors que nous sommes à la veille de la mise en place des Polices des pauvres, qui voudront interdire la mendicité. Nous avons voulu écouter ces coquins, afin de faire peut-être bouger un peu l'image du mendiant vue par les historiens dans les discours de l'Église et des lettrés. Et ces mendiants sont chargés de faire la leçon à de riches bourgeois avares, qui tomberont à leur tour dans la mendicité : il y a à nouveau un échange de places. Des lettrés sont donc capables d'écrire de tels scénarios ; et là comme en d'autres occasions, il faut supposer que ceux qui savaient écrire n'étaient pas insensibles à la misère des plus pauvres et savaient en parler.

Conclusion

Dans un article récent qui résume sa conception de la pauvreté au Moyen Âge[28], Todeschini fait remarquer que les pauvres sont absents

---

28. « La pauvreté a-t-elle un sens ? », entretien avec Giacomo Todeschini, *L'Histoire*, n° 480, fév. 2021, Dossier Les riches et les pauvres, p. 36-43.

des rues de Sienne, totalement invisibles, dans la peinture du *Bon Gouvernement* de Lorenzetti, au XIVe siècle ; le *Bien commun* ne serait ainsi que celui des riches marchands, tandis que les pauvres de leur côté seraient enfermés dans les hôpitaux de la ville. Et il conclut :

> La principale différence entre la pauvreté médiévale et la pauvreté contemporaine tient au fond aux sources qui permettent d'en écrire l'histoire : on a accès pour les périodes les plus récentes, à la parole des pauvres et donc aux formes d'organisation, de contestation et de contre-société mises en œuvre par eux contre l'ordre social, qui les stigmatise et les exclut. Rien de tel pour les temps médiévaux : on ne peut écrire sur les pauvres du Moyen Âge, que l'histoire de leur exclusion, de leur dévalorisation et de leur infamie.

Cette histoire a été examinée dans *Au pays des sans-nom* à partir du discours des élites charismatiques. S'intéresser à la dévalorisation des pauvres et à leur infamie au Moyen Âge contraindrait donc à regarder la question d'en haut, du côté des responsables ? Nous avons tenté ici de l'éclairer à partir des groupes intermédiaires qui créent le théâtre, et à partir de la langue elle-même. Ne serait-il pas pensable d'ailleurs, même pour la fin du Moyen Âge, de l'aborder aussi d'en bas, *from below*, comme le proposait Edward Thompson au sujet de *La Formation de la classe ouvrière anglaise* au XIXe siècle ? Il y eut par exemple des résistances à la mise en place des polices des pauvres au XVIe siècle. À Lille le peuple prend à partie les commis des pauvres, qui distribuent les aumônes :

> Les commis aux dits pauvres sont chacun jour grandement travaillés et molestés de plusieurs gens oiseux et autres, non capables d'avoir les aumônes[29].

À Paris en 1524, les belistres et vagabonds ont été enchaînés et mis à travailler aux fossés de Paris ; un arrêt du Parlement, pour éviter les troubles liés au travail forcé, interdit au peuple :

---

29. Lille, 1528, p. 705 ; voir un autre type de violence, MONTAIGNE, *Police de Paris*, p. 109.

D'aller aux fossés voir besogner les belistres et leur porter et bailler vivres, si ce n'est par les mains des commis, pour éviter aux pareilles guerres et meurtres ja advenus[30].

Ainsi le peuple réagit de différentes manières à ce que les autorités lui imposent. Nous avons vu ce que le théâtre faisait du *topos* de la pauvreté joyeuse. Donnons quelques autres exemples, de la capacité des dominés à reconfigurer ce qui leur est imposé, ce que Thompson appelait *agency*. À Marseille au début du XVe siècle, le citoyen réduit à la misère va utiliser différents « récits » pour convaincre le juge qu'il mérite l'aumône et qu'il est réellement pauvre. Il négocie, il vend son image à lui de la pauvreté[31]. On retrouvera d'autres types de négociations à l'hôpital des Mendiants de Florence au XVIIe siècle[32]. Et lors de la révolte lyonnaise de 1529, la grande Rebeyne, on placarde une affiche en ville, accusant les riches d'accaparer le blé et de réduire le peuple à la famine : ceux-ci sont nommés « usuriers », donc condamnables, nous dirions accapareurs. Le texte prétend défendre le « bien public », et appelle à la révolte et à mettre ordre « pour l'utilité et *prouffit* de pauvre commune de cette ville » ; il est signé « le Povre », c'est-à-dire tous les pauvres de la ville, bénis de Dieu. Là aussi est construit un « récit » : ce qui est négocié, c'est bien le droit de se révolter au nom du Bien public en mettant en avant une image de la pauvreté. C'est à la suite de cette crise frumentaire et de cette révolte que le Consulat de Lyon créera l'Aumône générale[33].

Pour reprendre la question que posait Todeschini, savoir quelles pourraient être les différences entre la pauvreté médiévale et celle d'aujourd'hui, sans négliger celle des sources, nous en compterons quatre : d'abord l'omniprésence de la faim et le retour inexorable des pestes et des famines ; ensuite la proximité de la mendicité et de la guerre, du vagabondage et de la criminalité ; enfin l'importance de l'hospitalité et de l'entraide ; on ajoutera que l'État n'a pas encore remplacé l'Église, il n'a pas encore « nationalisé la misère ».

---

30. *Reg. délib. Bureau de Paris*, t. I, p. 276 (25 juin).

31. Susan McDonough, « Impoverished Mothers and Poor Widows : Negotiating Images of Poverty in Marseille's courts », *Journal of Medieval History*, 2008, 34-1, p. 64-78.

32. Voir ici le compte rendu du livre de Daniela Lombardi, p. 210-213.

33. GONTHIER, *Lyon et ses pauvres au Moyen Âge*, p. 184-185 et 222.

Chapitre VIII

AU-DELÀ DU MOYEN ÂGE : LECTURES

Les fils de Caïn : les littératures de la gueuserie

Bronislaw Geremek est un des premiers historiens à avoir fait
des marginaux un objet d'histoire : d'abord en étudiant, à partir
des archives françaises, *Les Marginaux parisiens aux XIVᵉ et XVᵉ siècles*
(1976) ; puis en élargissant son analyse, dans *Truands et misérables*
(1980) et dans *La Potence et la pitié* (1978, publié en 1986), à l'Europe
entière, du Moyen Âge à nos jours ; il a en particulier éclairé la mutation décisive qui, du XIVᵉ siècle au XVIIᵉ siècle, affecte la charité médiévale, se traduit par la réforme de l'assistance au XVIᵉ siècle et aboutit
au grand renfermement de l'âge classique. Dans *Les Fils de Caïn*
(rédigé dès 1980)[1], il aborde le pendant littéraire de ces mutations. Deux
raisons à ce passage de l'historien dans un domaine, la littérature, *a
priori* étranger à ses compétences, le rôle irremplaçable des descriptions littéraires dans l'approche de la vie des marginaux ; et l'existence aux XVIᵉ et XVIIᵉ siècles d'une extraordinaire floraison d'œuvres,
consacrées spécifiquement au mendiant et au vagabond : littérature

---

1. GEREMEK, *Les Fils de Caïn*, 1991, trad. du polonais, avant propos de M. Cataluccio.
Ce compte rendu est paru dans les *AHSS*, 1994-2, p. 433-436.

de la gueuserie, *literature of roguery*, picaresque, *Schelmenroman*.
Cette fascination pour les bas-fonds est étudiée, non seulement chez
les plus grands auteurs, Shakespeare, Cervantès, et dans quelques
œuvres inépuisables, *Till Eulenspiegel, Lazarillo de Tormès, Guzmàn*
de Mateo Alemàn, *Simplicissimus* de Grimmelshausen, mais aussi à
travers une masse d'ouvrages de second ordre, tout aussi intéressants
pour l'historien. Le phénomène touche toutes les littératures d'Europe,
et c'est le mérite de l'ouvrage de Geremek d'avoir, le premier, tenté
une synthèse et esquissé une étude comparative. C'est cette vision
globale qui permet de mieux saisir la dualité fondamentale de cette
littérature : d'une part, les taxinomies argotiques dénonçant les ruses
des faux mendiants, comme le *Liber vagatorum*, dont la source est
à chercher dans les enquêtes policières de la fin du Moyen Âge ;
d'autre part les autobiographies fictives, sur le modèle du *Lazarillo*,
qui trouvent leur origine dans la littérature facétieuse de la Renaissance
et au-delà dans la « sous-culture des foires et des tavernes » ; deux pôles
qui correspondent à la double fonction de cette littérature, dénoncer
et mettre en garde d'une part, amuser d'autre part. Geremek montre
comment ces deux programmes s'interpénètrent de manière croissante,
en particulier par le recours aux *exempla* pour étoffer les catalogues
des faux mendiants ; il montre aussi comment les « genres » évoluent
et dégénèrent, et la part grandissante prise par le pittoresque aux dépens
du didactisme : « la matière narrative prend le pas sur le projet morali-
sateur et réformateur ». La volonté de répression cache de plus en plus
mal une incontestable fascination. Ces deux aspects offrent par ailleurs
les possibilités d'une étude sociologique du monde des marginaux ;
les taxinomies décrivent une infra-société corporative, les récits de vie
permettent d'accéder aux processus de marginalisation.

L'étude minutieuse de cette littérature permet ainsi d'approcher
ce qui constitue peut-être le véritable sujet du livre de Geremek :
comment utiliser la littérature comme source pour l'histoire sociale.
La démarche de Geremek consiste donc à « considérer toute la littérature concernant les mendiants comme une sorte de miroir qui, d'une
part, reflète les réalités de ce milieu et, d'autre part, offre une image
générale des attitudes "idéologiques" et des comportements sociaux
vis-à-vis de l'indigence et des milieux marginaux ». Ici, la notion
de miroir, de reflet, est sans doute insuffisante, et il faudrait lui

préférer celle de prisme, d'écran, de « miroir déformant » ; il ne faut pas sous-estimer en effet l'opacité de la grille de lecture[2], qui fausse l'accès au réel et interdit une lecture par trop innocente. D'autant que cette littérature, une des sources du « réalisme » moderne, ne cesse de multiplier les artifices véridictionnels et les effets de réel, pour mieux piéger son lecteur. L'analyse de Geremek apporte un certain nombre d'idées neuves sur les parcours de l'information, les processus narratifs et classificatoires et finalement sur le degré de réalité de ces « anti-sociétés ». Sa démarche, constamment inventive dans le détail, permet de mieux poser les deux questions centrales de cette littérature, l'écart de l'image avec le réel, et les raisons de la fascination pour les bas-fonds.

Les taxinomies argotiques semblent confirmer l'existence de véritables corporations, avec leurs spécialisations et leur organisation plus ou moins hiérarchisées. Mais, à y regarder de plus près, ces listes ne concernent pas tant en réalité des professions différentes que des techniques, des pratiques occasionnelles et souvent simultanées, comme le prouvent les archives ou les biographies imaginaires des gueux. Il y a plus : Geremek montre que ces listes sont souvent bricolées à partir d'informations lacunaires concernant l'argot ; autrement dit « au commencement était la parole » ; et c'est sur cette base linguistique parfois mal comprise, que les littérateurs vont reconstituer l'image d'une « anti-société », avec ses territoires, ses lois et même sa monarchie. Cette opération, que Geremek nomme « systématisation », correspond à ce que Robert Jütte appelle *Typisierung*, ou d'une manière plus large « stylisation[3] ». Elle est fondamentale. Elle manifeste en particulier l'incapacité de la société ordonnée à concevoir une vie en dehors des cadres corporatifs ou monarchiques. Ces descriptions servent d'ailleurs trop bien la mise en place d'une politique de répression de la mendicité pour n'être pas suspectes. Et, en effet, l'une des fonctions des nomenclatures est de classifier pour mieux séparer, et accroître l'efficacité de la police des mendiants. Il faut peut-être aller plus loin que ne le fait Geremek et élargir cette interprétation à l'ensemble du stéréotype du

---

2. CHARTIER, *La monarchie d'argot*, p. 304.
3. Dans son livre sur le *Liber vagatorum, Abbild und soziale Wirklichkeit des Bettler- und Gaunertums zu Beginn der Neuzeit*, Köln, Wien, 1988, p. 70.

mendiant vagabond. Ce que les recherches récentes[4] ont montré, c'est que la mendicité vécue par le peuple est une activité temporaire, dépendant de la conjoncture et de la précarité familiale. La « stylisation », qui donne forme au stéréotype, va donc consister à faire passer pour irréversibles, pour un « état », des pratiques comme la mendicité ou le vol, qui ne sont que des recours occasionnels ; elle va tendre ainsi à confondre la masse des vagabonds avec sa frange criminelle ; criminalisation, qui tranchant dans un continuum, vise à rendre infranchissable la limite fragile qui sépare le travail de l'oisiveté même temporaire et des mille et une stratégies de survie. Les élites découvrent, effrayées et fascinées, les capacités de survie des classes inférieures rejetées dans les marges, et cet effroi et cette fascination faussent leur vision du réel.

En ce qui concerne les autobiographies fictives des gueux, Geremek montre de manière lumineuse, l'importance du rôle qu'y a joué au départ la tradition orale : pour *Till Eulenspiegel*, *Lazarillo*, le capitaine Ragot ou les ballades anglaises. « La légende recoupe la réalité » : d'un côté les traditions carnavalesques du « monde à l'envers », le bouffon farceur dénonçant les tromperies du monde, une culture traditionnelle en voie de marginalisation ; de l'autre une « anti-société », un reflet à rebours, qui n'est peut-être que l'image inversée de l'ordre classique (ou baroque) en train de se mettre en place ; la culture populaire écartée resurgit comme amoralisme et libertinage. Le passage du monde à l'envers à l'anti-société doit sans doute être rapproché de ce que Geremek appelle « la sécularisation de la littérature », c'est-à-dire une autonomisation croissante de la sphère littéraire par rapport à la société. Autrement dit, le « réalisme », que l'on a appelé bourgeois, n'émerge que dans l'ombre portée de pratiques anciennes de la littérature, où se mêlaient étroitement théologie, didactisme et facétie carnavalesque. Et cette ombre n'a pas été sans déformer la nature même de ce premier réalisme. La littérature dite de gueuserie correspond à un moment très particulier de l'histoire de la littérature. Mais, se dégageant du didactisme,

---

4. Voir l'article d'Arlette Farge dans *Les Marginaux et les exclus dans l'histoire*, Paris, Union générale d'édition, 1979, p. 312-329 ; les articles de Jean Pierre GUTTON et Paul SLACK dans RIIS, *Aspects of Poverty* ; les livres de A. L. Beier, *Masterless Men. The Vagrancy Problem in England 1560-1640* (London, New York, Methuen, 1986), et de Daniela LOMBARDI, *Povertà maschile* (préfacé par Geremek).

elle glisse au pittoresque et au sordide. C'est sur cet arrière-plan que se rejoignent les deux questions fondamentales posées dans les *Fils de Caïn*, celle de l'écart avec le réel et celle de la fascination. Cette question de la fascination, Geremek l'avait déjà posée dans *Truands et misérables*, « une curiosité dont les historiens n'ont pas encore saisi entièrement le sens et les raisons... Cet intérêt pour les phénomènes de désorganisation sociale paraît lié à l'inquiétude majeure de l'époque ». Peut-être pouvons-nous à présent esquisser une réponse, et du même coup voir plus clair dans la manière dont le miroir littéraire fausse le réel. Au moment même où la crise du XVIIe siècle rend plus difficile la résorption de la mendicité et où se creuse l'écart entre riches et pauvres, la figure du gueux promu au rang de (anti)héros devient l'envers d'un ordre moral de plus en plus contraignant, la part maudite, que le contrôle social, la *Sozialdisziplinierung*[5], rejette dans l'ombre et qui fascine. Et, dans le même temps, comme José Antonio Maravall l'a montré[6], l'apologie de la liberté vagabonde et l'exacerbation du désir d'ascension sociale, qui traversent plus particulièrement le picaresque, manifestent aussi une première forme de l'individualisme moderne, ce dont la naissance de l'autobiographie, avec le *Lazarillo* témoigne à sa manière. On entrevoit l'extrême complexité d'un phénomène, qui n'est peut-être que la face cachée du processus de civilisation à l'occidentale.

Pauvreté masculine, pauvreté féminine

> *Poverta maschile, poverta femminile.*
> *L'ospedale dei Mendicanti nella Firenze dei Medici.*
>
> Daniela Lombardi, Bologna, Il Mulino, 1988, 246 p.
> (article rédigé en 1989).

La recherche italienne sur le paupérisme et l'assistance à l'époque moderne est restée longtemps sous la tutelle de l'histoire religieuse.

---

5. Sur le concept de *Sozialdisziplinierung*, Robert Jütte, dans *Geschichte und Gesellschaft*, 17, 1, 1991.

6. Dans *La Literatura picaresca desde la historia social (siglos XVI y XVII)*, Madrid 1986.

La situation a commencé à changer vers 1980 sous l'influence de travaux étrangers de grande valeur, comme ceux de Brian Pullan sur Venise[7], de modifications dans la législation de l'assistance et donc dans la situation de ses archives, et d'un renouvellement d'intérêt pour les rapports entre classes supérieures et classes subalternes, en particulier pour ce que l'on a appelé le contrôle social[8]. Ce renouveau est apparu pleinement au congrès de Crémone en 1980, *Timore e Carità*[9]. La fécondité de ces recherches s'est manifestée dans deux directions principales : d'une part, elles ont permis d'affiner l'étude des institutions charitables, la manière dont elles forment un « réseau », les groupes qui y sont impliqués, le rôle qu'elles jouent dans une « société indisciplinée »[10] ; d'autre part, s'appuyant sur la spécificité italienne, elles ont amené à modifier la vision trop réductrice d'une politique d'assistance fondée sur le grand enfermement et à lever le voile sur un chapitre particulièrement sensible de l'histoire des femmes : non seulement parce qu'ici comme ailleurs les femmes mendient et les hommes vagabondent, mais parce que l'Italie, ne pouvant ou ne voulant enfermer les hommes, s'est rabattue, pourrait-on dire, sur les femmes. De l'intérêt et de l'importance de la notion de « genre » en histoire.

Étudiant la création de l'hôpital des *Mendiants* de Florence en 1621 et son évolution ultérieure en « conservatoire » féminin, jusqu'en 1738, Danielà Lombardi a réalisé davantage qu'une simple monographie hospitalière ; elle montre comment cette politique d'assistance s'insère

---

7. Brian Pullan, *Rich and Poor in Renaissance Venice. The Social Institutions of a Catholic State, to 1620*, Londres, Basil Backwell, 1971.

8. Giovanni. Assereto, « Pauperismo e assistenza, missa a punto di studi recenti », *Archivio storico italiano*, CXLI, 1983-2, p. 253-272.

9. *Timore e carità. I poveri nell'Italia moderna*, Giorgio Politi, Mario Rosa, Franco Della Peruta (dir.), Crémone, 1982. Compte rendu de Mariella Del Lungo, dans *Società e storia*, VII, n° 23, 1984, p. 181-194. Citons deux autres colloques, *Città e controllo sociale in Italia fra XVIII e XIX secolo*, Ercole Sori (dir.), colloque d'Urbin, 1979, Milano, 1982 ; *Forme e soggetti dell'intervento assistenziale in una città di antico regime*, Mario Fanti (dir.), colloque de Bologne, 1984, Bologne, 1986 ; et deux recueils d'articles, *Ricerche per la storia religiosa di Roma*, III, 1979 ; et le numéro spécial de *Quaderni storici*, « Sistemi di carità », n° 53, agosto 1983.

10. Eduardo Grendi, « Ideologia della carità e società indisciplinata : la contruzione del sistema assistenziale genovese (1470-1670) », in *Timore e carità*, p. 59-75.

dans le réseau complexe des rapports sociaux, et comment s'y affirme une conception spécifique de la pauvreté féminine. Reprenant et approfondissant ses travaux antérieurs, parus en particulier dans *Società e storia*[11], elle se place ainsi au centre des enjeux de l'historiographie italienne récente sur l'assistance, être un carrefour entre histoire économique et sociale et histoire des mentalités, entre histoire du paupérisme et histoire des femmes.

L'hôpital des *Mendiants* de 1621, première tentative florentine durable d'enfermement des pauvres, s'inscrit d'abord dans une série de tentatives italiennes analogues, qui débute à Bologne en 1563. Florence, ici, est en retard, et le décalage est lié, selon l'auteure, à la spécificité de la tradition charitable florentine : vitalité des initiatives laïques et importance de l'assistance à domicile. Elle replace ensuite le choix de l'enfermement dans l'ensemble des mesures anticonjoncturelles prises lors de la crise de 1619-1622. Les débats au comité de gestion de l'hôpital et la correspondance avec le souverain permettent de mieux comprendre la conception du pauvre qui, dans les milieux dirigeants, va justifier l'enfermement. Il s'agit du stéréotype du *forfant*, du « faux mendiant », du mendiant de profession, qui préfère la mendicité au travail, y éduque ses propres enfants et s'adonne à une vie de *sfrenata libertà e abominevole licenza*. Or ce stéréotype ne correspond pas aux mendiants réels, qui paraissent devant les gouverneurs de l'hôpital. C'est pour éclairer ce « décalage » (p. 126), que l'auteure va passer de l'autre côté et tenter d'accéder au point de vue des pauvres eux-mêmes. C'est ce passage des institutions aux assistés qui forme la trame même du livre.

Ne nous y trompons pas, il s'agit là de l'un des nœuds de l'histoire de l'assistance, le passage d'une histoire des formes d'assistance à une histoire des pauvres : *Forme e soggetti dell'intervento assistenziale*, pour reprendre le titre du congrès de Bologne (1984) ; c'est ce programme que s'était déjà proposé Brian Pullan dans *Storia d'Italia* (1978)[12] et Thomas Riis au colloque de Florence sur « les réactions

---

11. « L'ospedale dei mendicanti nelle Firenze del seicento », *Società*, VII, n° 24, 1984, p. 289-311.

12. Brian Pullan, « Poveri mendicanti e vagabondi, secoli XIV-XVII », *Storia d'Italia, Annali I*, Torino, Einaudi, 1978, p. 981-1047.

des pauvres à la pauvreté[13] ». Daniela Lombardi, pour y parvenir, reconstitue des « parcours de vie » particulièrement significatifs, et ce n'est pas le moindre des mérites de son livre de nous faire entrevoir des bribes de ce que Michel Foucault appelait « la vie des hommes infâmes ». S'appuyant d'une part sur les demandes d'assistance des pauvres eux-mêmes, d'autre part sur l'étude des rapports de travail, en particulier dans l'industrie de la soie, elle montre comment le recours à la mendicité et à l'assistance s'inscrit dans un ensemble de stratégies individuelles et familiales de *sopravivenza*, qui forment un processus continu d'adaptation aux crises et aux « cycles familiaux ». La mendicité temporaire est bien partie intégrante de la vie des pauvres à l'époque moderne, et ceux-ci refusent de se laisser assimiler à l'état de parias, définitivement exclus de la société. L'écart n'en est que plus grand avec le stéréotype du faux mendiant arrogant, *petulante*. Paul Slack avait déjà constaté un décalage analogue entre la littérature de la gueuserie et les vagabonds réels saisis par les archives anglaises, au colloque de Florence en 1980[14]. Mais ici la problématique se resserre, ce sont les mêmes qui ne cessent de parler de faux mendiants, et qui tous les jours en voient passer de vrais. Cette représentation doit donc jouer un rôle précis, qu'il faut rapprocher de la fonction d'intimidation, que les premiers organisateurs, à Florence comme ailleurs, ont voulu attribuer à l'hôpital : afin que par cette *terrore del cominciare a rinchiu-dere*, cette terreur des débuts de l'enfermement, le nombre n'aille plus croissant de ceux qui par paresse abandonnent leur métier pour mendier. Ce qu'il faut empêcher, c'est le glissement irrémédiable de la pauvreté conjoncturelle à la pauvreté structurelle. Les élites craignent que ces mendiants temporaires n'échappent aux mailles corporatives et ne deviennent une plèbe indisciplinée et indisciplinable ; d'où « l'obses-sion de la mendicité des travailleurs qualifiés, qui représentent le cœur de la structure sociale corporative » (p. 130 et 212). Ces élites stig-matisent sous le terme d'oisiveté ce qui n'est que la conséquence de la discontinuité des rythmes de travail, de la mobilité et de la précarité familiale. Par une rotation rapide des vagabonds, elles ne visent pas

---

13. RIIS, *Aspects of Poverty*.

14. SLACK, « The Reactions of the Poor to Poverty », dans RIIS, *Aspects of Poverty*, p. 19-29.

un enfermement de masse, mais l'intimidation et une consolidation des distinctions qui charpentent les sociétés d'ordres. Quant au peuple, s'il vit dans la peur du déclassement, il ne semble pas, à Florence du moins, avoir été terrorisé par la réclusion ; en intégrant au contraire l'hôpital dans ses propres stratégies, il le détourne quelque peu de son rôle.

C'est l'ensemble de la société, très méditerranéenne dans son obsession de l'honneur « sexuel », qui va détourner l'hôpital de son premier rôle et l'orienter à partir du milieu du XVIIᵉ siècle vers l'assistance féminine, en le transformant en « conservatoire » pour jeunes orphelines, filles abandonnées, femmes « rebelles » et mal-mariées. Des recherches récentes ont montré l'importance de ces *conservatori,* de ces *ricoveri,* dans l'Italie post-tridentine[15]. Ils offrent un quatrième lieu, une alternative au choix entre monastère, mariage ou prostitution, un espace d'assistance qui permet de préserver ou même de récupérer l'honneur sexuel. La société leur délègue la tutelle de l'honneur féminin, lorsque les pères ou les maris ne sont plus en l'état de le faire. Ils peuvent être aussi un lieu de purification, où s'opère une sorte de transfert de l'honneur, des gouverneurs aux internées. L'évolution de notre hôpital, « d'inutile sérail de mendiants en conservatoire et maison de force pour les femmes » n'est qu'un exemple d'une réorientation plus générale de l'assistance en Italie vers les femmes et surtout les jeunes filles ; mais son étude permet de saisir *in vivo* les causes et les modalités de cette mutation, et les déplacements qu'elle implique dans la conception même de l'enfermement. L'analyse minutieuse des processus d'entrée et de sortie et de l'organisation du travail à l'intérieur des murs, éclairent aussi les multiples liens tissés entre la ville et l'hôpital : réservoir de servantes pour les familles riches, lieu d'expérimentation de nouvelles formes de travail dans l'industrie de la soie, importance des médiateurs,

---

15. Sandra Cavallo, « Assistenza femminile e tutela dell'onore nella Torino del XVIII secolo », *Annali della fondazione Luigi Einaudi,* Torino, XIV, 1980, p. 127-151 ; *Eadem* et Simona Cerutti, « Onore femminile e controllo sociale nella riproduzione in Piemonte, tra sei e settecento », *Quaderni,* n° 44, 1980, p. 346-183 ; Sherill Cohen, « Convertite e malmaritate », *Memoria, rivista di storia delle donne,* 1982, n° 5, p. 46-63 ; Lucia Ferrante, « L'onore ritrovato. Donne nella Casa del soccorso di S. Paolo a Bologna, sec. XVI-XVII », *Quaderni,* n° 53, 1983, p. 499-523. Voir une première synthèse par Gisela Bock, « Frauen Raüme », *Journal für Geschichte,* 1985, n° 2, p. 22-29.

tel l'oratorien Filippo Franci, rôle du secret dans la récupération de l'honneur. L'auteure apporte au passage sa propre contribution au débat historiographique sur l'hospice d'internement comme préhistoire de la manufacture centralisée[16]. Mais la nouveauté de l'analyse est peut-être ailleurs : nous faire saisir comment cette expérience très particulière de « monachisme forcé », au premier abord révoltante, a été vécue de l'intérieur ; dans la « fierté », la violence et la résistance à la discipline rigide du travail imposé, mais aussi dans la constitution d'une véritable culture des internées. De cela témoigne l'existence défendue avec acharnement d'une autre conception du travail, individuel et autonome, dont les produits sont vendus en ville ; mais aussi la référence constante à « leur couvent », qu'elles préfèrent souvent au placement comme servante. Intolérable prison, mais aussi comme le dit Sherill Cohen, alternative à l'autorité patriarcale et possibilités de développer des capacités qu'elles n'avaient pas à l'extérieur[17]. Subtil mélange florentin entre assistance et répression, que l'on peut constater aussi lors de la première période de l'histoire de l'hôpital : dans l'écart entre les rôles de dissuasion et de secours, dans la dose de *malizia* qui intervient de part et d'autre, et dans le « langage codifié » (p. 132) des demandes d'assistance, où la misère transige avec les stéréotypes qu'on lui impose. La nouveauté du XVIIIe siècle sera ici comme en France de séparer davantage la répression et l'assistance, la potence et la pitié, la *timore* et la *carità*.

L'Italie présente le paradoxe d'avoir été le lieu de tentatives très précoces d'enfermement, d'en avoir gardé longtemps la tentation, mais de l'avoir limité à des rafles sporadiques brutales, du fait en particulier du refus des taxes obligatoires et donc de l'absence de financement, tandis que dans les intervalles s'affirmaient la vitalité du tissu charitable, le « corporatisme » dans l'assistance et la pratique d'internements spécialisés. On ne doit pas considérer l'histoire de l'assistance comme toujours linéaire et progressive. En reconstituant le *trend* d'une

---

16. Michele Fatica, « La regolarizzazione dei mendicanti attraverso il lavoro : l'ospizio dei poveri di Modena nel settecento », *Studi Storici*, XXIII, 4, 1982, p. 757-782 ; Saverio Russo, « Potere publico e carità privata. L'assistenza ai poveri tra XVI e XVII secolo », *Società*, VII, n° 23, 1984, p. 45-80.

17. Article cité, *Memoria*, 1982, n° 5.

institution et en replaçant celle-ci dans l'ensemble du système d'assistance florentin, Daniela Lombardi ne montre pas seulement l'originalité de l'hôpital des Mendiants, sa moindre spécialisation, qui l'a rendu davantage apte à jouer un rôle de contrôle social multiforme ; elle montre aussi l'extrême « flexibilité », la capacité d'adaptation de l'ensemble du système : dans l'espace, les choix et les transferts entre institutions, leur articulation hiérarchisée, ce que Fabio Giusberti a appelé le système pyramidal de la cité *assistenziale*[18] ; dans le temps, le rééquilibrage de l'offre d'assistance, qui vient contrer l'inexorable entropie des élans charitables et le détournement des institutions vers des clientèles de moins en moins marginales. L'auteure montre par ailleurs que cette évolution des institutions est due en particulier à « un besoin de distinction entre les diverses catégories assistées, analogue à celui rencontré dans les groupes privilégiés des pauvres, comme les aveugles ou les travailleurs des corporations textiles » (p. 209). En passant des institutions aux stratégies, elle laisse entrevoir comment l'assistance s'insère dans une société d'ordres, combien elle doit compter avec l'orgueil du métier (la *virtù,* la *baldanza*), le besoin de distinctions et le souci de l'honneur sexuel ou non sexuel. C'est en ce point que se rejoignent les interventions, au premier abord si dissemblables, à l'égard de la pauvreté masculine d'une part, et de la pauvreté féminine d'autre part. Nous comprenons mieux alors l'évolution, le basculement de l'hôpital des Mendiants dans la Florence du XVIIe siècle. Nous pressentons aussi ce qui a souvent mis en échec le grand renfermement, ici comme à Gênes, Lucques ou Rome : l'attachement à une charité plus différenciée, plus « corporative », la force même de ce qu'Eduardo Grendi appelait « la société indisciplinée ». L'hôpital général, cette solution culturellement très « unilatérale », se heurte à la résistance de la société civile, qui va le détourner de multiples manières. Les anciens États italiens ont élaboré des systèmes caritatifs, qui ne passent que marginalement par l'expérience de la grande réclusion, mais qui ne sont pas pour cela à classer comme non modernes et dans lesquels il faut reconnaître le profil d'une politique social spécifique.

---

18. Fabio Giusberti, « La città assistenziale : reflessioni su un sistema piramidale », dans *Forme e soggetti, op. cit.*, p. 13-29.

CONCLUSION

Des vocabulaires dans l'histoire

Comment « la Chienne du monde » se disait-elle à la fin du Moyen Âge et à la Renaissance, et en quels mots ? L'enquête a d'abord éclairé la difficulté à vivre des plus pauvres et l'omniprésence de la faim et de la ruse. Certains textes n'hésitent pas à faire l'apologie de la fraude. Mais s'agit-il tout à fait de cela ? Nous sommes dans le monde à l'envers du carnaval. Pourtant ces textes nous font aussi accéder au réel de la misère, et, au-delà du réel, aux rêves des pauvres : le soldat fanfaron, l'enfant mis aux écoles, les souhaits excessifs ou la laitière et son pot à lait n'apparaissent ici cependant que pour tordre le cou aux rêves d'ascension sociale. Cela pouvait-il faire rire ? D'autant que l'on berçait le peuple avec la chimère de la pauvreté toujours joyeuse du berger ou du savetier. Il faut alors replacer ces beaux discours en face de l'indéracinable revendication égalitaire, dont ils sont chargés de désamorcer la menace. Reste alors une dernière carte, vivre « avec » certes, mais prendre aussi le parti d'en rire.

La volonté de voir ce qu'il y a derrière la tristesse des pauvres nous mène à la mélancolie. L'influence de Saturne n'a pas frappé que les élites cultivées. Elle a frappé aussi les pauvres, toujours à court d'argent, les criminels, les avares, les jaloux, les « fantastiques », et même les sorcières. Le pauvre est condamné à « faire l'alchimie avec les dents », à économiser en jeûnant, pour survivre. Et c'est dans l'autodépréciation mélancolique, que vient se loger la honte du pauvre, tandis que l'effacement de la Fortune le laisse devant sa responsabilité. Mais il y a plus étonnant, la mélancolie possède deux faces, la tristesse et la colère ; le désespoir peut se transformer en violence. Il fallait tenter de comprendre cette ambivalence, avant qu'elle ne s'efface aux siècles suivants

En ce qui concerne le vocabulaire de la pauvreté, on ne peut que s'étonner du grand nombre des termes, qui y ont été associés, comme la *désertion*, la *détresse*, la *nudité* ou la *pitié*. Au centre du sémantisme, on trouve des termes qui renvoient au manque de quelque chose (pauvre de) d'une part, et à la douleur d'autre part. Autrement dit, la pauvreté comme manque est d'emblée vécue aussi comme maladie. La *pitié* signifie tantôt la compassion, tantôt le malheur qui a suscité la compassion. Et *pitoyable*, à la fin du Moyen Âge, c'est à la fois faire pitié, comme aujourd'hui, mais c'est aussi avoir pitié. Cette ambivalence entre le sentiment et le malheur, entre avoir pitié et faire pitié, facilitait la contagion des larmes et la circulation de l'aumône, mais était condamnée à terme avec ce que l'on pourrait appeler l'effacement de la réversibilité dans les sentiments, ou du moins dans leur vocabulaire. Dans le domaine de la Fortune, avec *meschance*, *malheurté*, *mauvais*, *malotru*, l'homme passe sous le pouvoir de la chance, de l'heur, du destin, des astres. *Meschant* et *malheureux* relèvent à la fin du Moyen Âge d'une ambivalence entre celui qui subit le mal (passif) et celui qui fait le mal (actif). À l'arrière-plan de ce vocabulaire, se profile une très ancienne conception des rapports de l'homme et du monde, qui va s'effacer à partir du XVIIe siècle.

L'enquête s'est portée ensuite du côté des noms du faux mendiant, aux marges de la nomenclature sociale. À partir du XIIe siècle, les termes se multiplient pour injurier ces mendiants et ne pas avoir à leur donner. Certains se retrouvent dans les ordonnances de la répression, *truand*, *belître*, *gueux*. D'autres qualifient souvent de simples mendiants, *coquin*, *maraud*, *bribeur*. Il y a bien deux visions du mendiant. Leurs étymologies éclairent la succession des principales étapes de la lutte contre le vagabondage ; mais aussi la proximité avec la cuisine et la faim, et celle avec les pratiques les moins honorables de la guerre, qui nourrissent le vagabondage. La recherche étymologique amène aussi à préciser la néologie lexicale qui y opère. Si les étymologies étaient obscures, c'est que les termes devaient rester plastiques, et glisser facilement à l'injure. On a fait appel aussi à des termes étrangers, comme *ribaud*, *gueux*, *gredin*, ou à des termes dialectaux, comme *maraud*, *varigaud*, *calin*. Les langues étrangères venaient elles-mêmes d'ailleurs picorer dans le français, comme pour le *guilleor*, le trompeur, devenu le *gyler* germanique et le *gylour* anglais (MED). Les noms du faux mendiant vont progressivement perdre leur raison d'être avec la mise en place des hôpitaux généraux au XVIIᵉ siècle. La séparation des bons et des mauvais pauvres par les mots n'était plus nécessaire.

Poursuivant l'enquête du côté des gestes et des paroles qui s'échangent dans l'aumône, nous avons croisé des gestes et des sentiments, qui pour nous semblent inconciliables, la pitié et la compassion d'une part, le mépris et la cruauté d'autre part, et qui semblent avoir coexisté dans la pratique de l'aumône manuelle au Moyen Âge. Comment interpréter ces pratiques ? La moquerie à l'égard du mendiant serait l'envers d'une charité chrétienne, prise dans la contrainte du don. Mais il y a autre chose ; l'identification à l'autre, au cœur de la pitié, entraîne un vertige qu'il va falloir exorciser par le rire. Et rire de la goinfrerie des mendiants, c'est aussi une manière d'oublier la famine.

Nous avons commencé cette enquête dans l'ambivalence des sentiments. Comment dans les gestes de l'aumône, peuvent coexister à la fois la pitié et la cruauté ? Pourquoi la mélancolie-tristesse est-elle si proche de la mélancolie-colère ? L'étude du vocabulaire de la pauvreté élargit encore ce domaine des ambivalences. Celui qui fait pitié et celui qui a pitié sont tous les deux *piteux* ou *pitoyables* ; les opposés ont quelque chose en commun, ce qui change, c'est le sens du parcours, et ce sens est réversible. C'est ce que Karl Abel avait mis en valeur au sujet de l'ancienne langue égyptienne (1884) : un certain nombre de mots ont deux sens opposés, comme le mot « fort » qui signifie aussi bien fort que faible ; en réalité il ne désigne vraiment ni l'un ni l'autre, mais seulement le rapport entre les deux, la force[1]. Le *meschant* malheureux et le *meschant* méchant paraissent parfois se confondre.

---

1. Sigmund Freud, « Des sens opposés dans les mots primitifs » (1933), dans *Essais de psychanalyse appliquée*, Paris, Gallimard, coll. « Idées », 1983, p. 59-67.

Le malheur dont on est responsable revient parfois nous frapper, tel un boomerang. Il existe beaucoup de termes, qui tantôt ont un sens passif, tantôt ont le sens contraire, actif. C'est ce que les linguistes appellent des énantiosèmes, des *janus words*, des termes polysémiques qui peuvent exprimer une chose et son contraire, comme aujourd'hui encore de nombreux termes, dans les langues européennes : l'hôte invite ou est invité ; *cleave,* en anglais séparer ou s'attacher. Ce phénomène est particulièrement visible dans ce qu'on appelle les *addâd* de la langue arabe : le psychanalyste Sami-Ali a tenté de préciser leur nature ; le mot lui-même signifie semblable et contraire ; il existe « une circularité qui n'est autre que celle du paradoxe », « une structure imaginaire d'inclusions réciproques »[2].

Remarquons tout de même que le vocabulaire, que nous avons étudié, concerne des sentiments ou des passions, et que l'on ne peut pas toujours y séparer les sens contraires en deux sémèmes bien distincts ; que d'autre part le phénomène étudié semble concerner plus spécialement la langue du Moyen Âge et celle de la Renaissance, avant de s'effacer partiellement au XVIIᵉ siècle. La langue classique, à la suite de Malherbe, aurait-elle clarifié les choses ? À l'ampleur des polysémies du moyen français, succèdent une simplification et une élimination importante à l'âge classique.

Nous avons croisé la Fortune, les étoiles, les planètes, une pensée « cyclique », une cosmologie ancienne, où microcosme et macrocosme sont imbriqués. Il faut y ajouter un système de pensée, dans lequel le temps cosmique et le temps social « sont mêlés de façon inextricable. Ils se mordent réciproquement l'éblouissante queue ; ils se régénèrent l'un par l'autre, en fonction d'un anthropocentrisme qui subordonne le microcosme humain au macrocosme englobant de l'environnement naturel[3] ». Nous avons croisé aussi la chasse aux sorcières. Le paroxysme des persécutions date des années 1560-1640. Reprenons la chronologie : la fin du Moyen Âge a vu se développer

---

2. Sami-Ali, « Langue arabe et langage mystique. Les mots aux sens opposés et le concept d'inconscient », *Nouvelle Revue de psychanalyse,* n° 22, automne 1980 ; l'auteur rapproche cette absence de contradictions de l'inconscient et de la mystique soufie. Et la petite enfance mélange aussi les contraires.

3. Le Roy Ladurie, Emmanuel, *Le Carnaval de Romans,* Paris, Gallimard, 1979 (carnaval de 1580), p. 347.

une religion plus personnelle, mais aussi s'instaurer une distance angoissante entre l'ici-bas et l'au-delà. La lutte contre les superstitions, lesquelles permettaient d'accéder facilement au sacré, va rendre celui-ci plus lointain. Dieu, qui était présent partout dans le monde, s'éloigne. Les frontières entre le sacré et le profane, jusque-là poreuses, deviennent infranchissables[4]. Et dans la brèche va s'engouffrer le diable, qui désormais, croit-on, agit directement à travers les sorcières. Dans la seconde moitié du XVIe siècle, les différentes Réformes accroissent leur lutte contre les superstitions, ce qui laisse les communautés rurales sans défense contre les menées diaboliques. Mais le diable n'est pas seul ; nous sommes encore dans un monde magique, un monde qui a une âme, traversé de multiples puissances, à la fois fastes et néfastes : les comètes, les planètes, des esprits, des anges, des démons familiers, des diables. L'on tente de les contrôler par l'astrologie, la magie, la divination. Au cœur de la pensée magique, le discours de l'analogie organise le monde, unifiant macrocosme et microcosme : le semblable agit sur le semblable ou son contraire, l'effet ressemble à sa cause et le principe de non-contradiction n'existe pas : l'envoûteur et le désenvoûteur agissent sur les mêmes forces, c'est le sens du parcours qui change ; cette pensée peut parcourir des trajets opposés. Cette conception de la Nature va être remise en cause, à partir du milieu du XVIIe siècle, par l'analyse des causes agissant dans la Nature, proposée par Descartes : « ce fut Descartes qui donna le coup de grâce à l'épidémie de sorcellerie [...] avec ses lois universelles, mécaniques, de la Nature, dans laquelle les démons étaient inutiles[5] ». En 1691, le théologien hollandais Balthasar Bekker réfute l'opinion commune sur le pouvoir des esprits, l'influence maligne des astres et des démons, dans un livre nommé *Le Monde enchanté*. Le désenchantement du monde[6] est en marche. Il a été accompagné par ce que l'on pourrait appeler un désenchantement du vocabulaire, ou du moins d'une partie du vocabulaire. Le monde enchanté va peu à peu s'effacer, un monde

---

4. CHIFFOLEAU, « La religion flamboyante », p. 127-140.

5. H. R. Trevor-Roper, *De la Réforme aux Lumières*, Paris, Gallimard, coll. « NRF », 1972, p. 226.

6. *Idem*, p. 217-218 (Bekker). Désenchantement ou démagification de la Nature : Max Weber, dans *L'Éthique protestante et l'esprit du capitalisme* (1905).

où l'on croyait à la Fortune et où certains mots signifiaient aussi leur contraire[7].

Il n'aura peut-être pas échappé à certains lecteurs que la question que nous affrontons est celle-là même que Michel Foucault avait abordée dans une autre optique au début des *Mots et des choses* : comment s'est opéré le passage de la culture de la Renaissance, dominée par les ressemblances, les analogies, « où la forme magique était inhérente à la manière de connaître », à la culture de l'âge classique, où la Nature devient calculable. « En quelques années une culture cesse de penser comme elle l'avait fait jusque-là » ; « la critique cartésienne de la ressemblance [...] c'est la pensée classique excluant la ressemblance comme expérience fondamentale et forme première du savoir[8] ». Là où Foucault faisait une archéologie du savoir, nous avons exploré une archéologie des sentiments et des réactions face à la misère.

En approchant le vécu des pauvres et des misérables, nous avons éclairé chemin faisant tout un pan de la culture populaire, du moins celle que nous laissait entrevoir la littérature à destination populaire. Mais nous avons aussi un peu par hasard mis au jour une face oubliée du désenchantement du monde.

---

7. Nous avons tenté, avec l'aide de Gilles Siouffi, de préciser la nature de ces modifications dans un article « Du désenchantement du monde au désenchantement du vocabulaire : analogie et mots à sens contraire », *L'Information grammaticale*, octobre 2022, à paraître.

8. Michel Foucault, *Les Mots et les Choses*, Paris, Gallimard, coll. « NRF », 1966, p. 32-66.

LEXIQUE

Substantif, adjectif, verbe, adverbe sont le plus souvent mis sous une seule entrée. Ont été ajoutés quelques *Concepts**.

Abbaye de dérision : 41, 43, 77 n. 76, 138, 176 n. 75.
Admonestement : 172.
Affaitié (rusé, habile) : 129, 155, 178.
Affronteurs : 41.
Alchimie : 49, 74, 76 n. 71.
Allouvi : 38.
Amertume : 63, 167.
Appauvrir : 106.
Argot : 39, 148, 151, 197 n. 27, 199, 205.
Avarice : 65 *sq*, 75, 77.
Aventure : 39, 63, 95 n. 68, 97, 153.

Badinage : 45.
Basac (être réduit à) : 48.
Bâton : 112, 136, 163, 165.
Baverie : 45-46, 198.
Belître : 43, 49, 135-142, 150, 154 n. 191, 181, 182, 198, 199, 200, 201.
Besace : 35, 62, 178.

Besoin, besogneux : 76, 85, 86.
Bon temps : 47, 77, 196-197.
Bordel : 111, 121, 155, 191 ; voir Prostitution.
Bourdes : 40, 147.
Bribeur, bribe : 25, 125, 145-146, 153.

Caignardier : 149-150.
Calamiteux (malheureux) : 196.
Calin : 150.
Caymant : 128-135, 178, 196.
Chance : 94, 96.
Charité discriminatoire : 20, 27, 167.
Chartre, chartrier : 63, 84 n. 7.
Châteaux en Espagne : 49 n. 126.
Cherté, chère saison : 73, 76, 77, 86.
Chétif : 30, 52, 84, 87-88, 95, 116, 133.
Chiche : 74.
Chien : 30 n.5, 98, 163.
Chômage : 24, 31-32.

Cocagne : 45, 49-50.
Contemnement (mépris) : 168.
Coquillard : 146-147.
Coquin, coquiner : 96, 123-125, 128, 130, 138, 196.
Courroux : 63, 65, 70, 71, 89, 116, 179.

Deceite, décepteur : 112-113 ; voir *Trickster*.
Déconfort : 63.
Dédain : 107.
Demeurant partout : 36.
Dépit, despiteusement ; 55, 98, 107.
Dépourvu : 37.
Dérision : 142, 196 ; risée : 63.
Désert : 87, 90, 153.
Désespoir : 63, 67, 80.
Détresse : 88.
Dette : 40 *sq.*
Diables, démons : 35, 56 *sq*, 67, 93, 99, 137, 219.
Disette : 55, 85.
Douleur, Dolent : 65, 74,76, 87, 133.

Ébahissement : 63, 64, 66.
Échange de places : 117, 123, 194-195.
Écharnir (railler) : 63, 167, 172.
Éconduire : 164, 185.
Écorniflerie : 39-41.
Ennui : 63, 89, 164, 171, 172, 179.
Éradication du désir d'ascension sociale : 47, 174-175.
Étoiles, planètes, constellations : 50, 93, 100, 104.
Étrennes : 106, 160 n. 4, 165.

Faim, famis : 37-38.
Fantaisie, fantastique : 62, 66-68, 199.
Fatalité populaire : voir *Théodicée du bonheur*.
Faux, fausseté : 96, 100.
Feintise : 103, 112, 130-131, 176.

Fetard (fait-tard) : 97.
Fortune, fortuné : 63, 72, 92-94, 101-104, 197.
Franc archer : 46.
Franc Gonthier : 51, 65.
Froid : 37 *sq.*

Galant (bon compagnon) : 39, 46, 50, 56, 77, 78, 139, 147.
Garçon : 96, 121, 149.
Gens de bien : 95-96 ; bonnes gens : 68, 152, 189 ; meschans gens : 95-96.
Gift-gift : 184.
Goliard (clerc débauché) : 138-139, 191.
Gorrrier (à la mode) : 35 n. 31.
Goulfarin (goinfre) : 44.
Gredin : 150.
Guerre (valet de) : 35, 46, 47, 152-153.
Gueux : 148, 156, 197.
Guileor, *gyler* : 113, 118, 217.

Happelopin : 143 n. 141.
Herbaut : 30.
Herlot, arlot : 116-118, 122-123, 164.
Honte : 59, 73, 79-80, 98, 138, 163, 170, 199.
Hôpital : 27, 35-36, 207 *sq.*
Houlier (proxénète) : 126, 191.
Humilité : 115, 117, 123, 175, 194-195.

Indigent : 25, 84, 85 n.9, 97, 114, 197.
Infâme : 99, 152, 188-192.
Ire : 68, 70, 71, 179.
Ironie : 53, 74, 78.

Jeûne : 75.
Jeux de dés : 111, 122, 135, 149, 191.
Jaloux : 68
Joncherie (tromperie) : 39.

Lâche : 99.

Laideur, laid : 59, 100, 107, 163, 164.

Langueur, langoureux : 32, 60, 76, 87, 88 *sq.*

Laquais : 35 n. 30, 153.

Maladvisé : 43.

Maleurer : 106.

Maleurté : 85, 94, 96.

Malheureux : 94, 100.

Malice : 95, 97, 113, 114, 163, 168.

Malotru : 93, 97, 133.

Maraud : 62, 110, 127, 143-145, 156, 197.

Marmiteux, marmiton : 124 n. 65.

Marri : 65, 71, 91.

Maudit : 100, 133, 172, 198.

Maugouverne : 138, 176.

Mauvais : 93, 129, 171.

Mauvais gouvernement : 128.

Méchant, meschance :94-97, 105, 130, 197, 198.

Mendicité avec insolence : 152-153.

Mépris : 168 ; voir Contemnement, Dépit.

Mésaise : 89, 97, 123.

Meschief : 59, 73, 99, 105.

Meschoir : 94, 198.

Meseur : 85, 94.

Miles gloriosus : 46 *sq.*

Misère, misérable : 36, 50, 65 n. 29, 90, 91, 93.

Murmurer : 171, 173.

Nécessité, nécessiteux : 35, 85, 86-87, 97, 109.

Nu : 87.

Oisiveté : 25, 26, 85, 97, 111, 122, 126, 127, 135, 200.

Orphelin, orfanté : 87.

Paillard : 105, 120, 129, 162, 178.

Paleteaux : 128.

Pampelune, Navarre : 50, 148.

Paresse : 43, 97.

Parodie : 42 *sq.*

Patience : 52 *sq.*, 171, 172, 174, 179.

Pauper superbus : 173, 174.

Pauvres gens : 59, 75, 77, 88, 125, 129, 152, 179, 197. Pauvre vie : 31. Vrai pauvre, bon pauvre : 109, 137, 150, 175.

Pauvreté : 63, 65, 85, 91, 92, 164, 201, 198, 199.

Pauvreté joyeuse : 51, 65, 78.

Péché (le pauvre responsable) : 163, 182.

Pensif : 65, 76.

Pitié, pitoyable : 76, 91, 106, 129, 195.

Pourchasser sa vie, se pourchasser : 126, 135, 145.

Profiter : 31, 133, 201.

Prospérer : 101, 104, 106.

Prostitution : 121, 135, 145, 148, 155, 191.

Rancœur : 73.

Reboutement : 163.

Rechigner : 98, 163.

Reprocher : 98, 168.

Réprouver : 166, 168.

Revendication égalitaire : 54, 174, 197.

Rêver, rêvasser : 44, 49, 50, 56, 62, 76.

Ribaud : 112, 116, 118, 120-122, 129, 146, 191.

Riblerie : 27 n. 21.

Rire : 55 *sq*, 180, 183 ; risée : 63.

Roger Bon temps : 35, 43.

Ruffian (souteneur) : 35, 126.

Shame culture : 80, 120, 185.

Songer : 56, 62, 65 ; songer creux : 44, 50.

Sorcières : 67-68, 218,219.

Souci : 51, 53 n. 147, 69, 77, 78.

Souffrète : 29, 30, 41, 85, 196.
Souhaits : 48-50.
Succès : 106.

Taverne : 35, 39, 53, 97, 111, 191.
Théodicée du bonheur : 52, 172.
Tourment : 100.
Tracasser : 31.
Tracer : 151,198.
Train (mode de vie) : 97, 105, 196.
Trickster : 42, 112-113.
Tristesse : 62, 65, 66, 69, 76, 89.

Truand, truander : 96, 116-120, 123, 125, 129, 154, 164, 183, 194.
Trucher : 120, 151.

Vagabond : 34, 110, 126-127, 135, 141 n. 134, 143, 152, 153.
Vague : 133.
Varigaud : 135, 149.
Vaunéant : 35, 99, 141 n. 134.
Velu de faim : 38.
Vergogne : 73, 97.
Vilenie, vil : 95, 133, 172, 175, 179, 199.

LISTE DES LOCUTIONS, MAXIMES ET PROVERBES

Advenir de l'un des pains jusques à l'autre : 31, 72, 74.

A meschans gens chestive serte [pauvre salaire] ; A meschans gens
  povre monnaie ; À meschans gens ne peut-on gaigner : 95.

Après plenté vient bien grandes disettes (Morawski 120) : 86.

À riche homme son bœuf lui vèle et à povre homme sa vache lui
  avorte (Morawski 93) : 52.

Assez jeûne qui n'a que manger (Morawski 139) : 75.

Au malheureux chiet toujours la buchette (Morawski 188 au plus
  méchant) : 42, 52, 95 n. 69.

Autant vous en pend, si Dieu voulait, au nez (Morawski 1411 : nul ne
  sait qu'à l'œil lui pent ; 355 que au nez lui pent) : 183.

Celui est riche que Dieu aime ; Celui est pauvre que Dieu hait
  (Morawski 397, 396) : 52.

C'est Fortune, Dieu le veut : 102.

De quoi paierait-il, celui qui ne porte rien (Morawski 550) ; l'on ne
  peut rien prendre ou rien n'a (n° 1522) ; Celui qui n'a rien ne peut
  apovriier[1] : 41, 124.

De tout s'avise à qui pain faut (Morawski 517) : 39.

Enfants de Turlupin malheureux de nature : 92.

---

1. S'appauvrir ; Claude Buridant, « Le proverbe dans les jeux partis » (XIIIᵉ s.), *Revue
des sciences humaines*, n° 163, 1976-3, p. 380.

Faire l'alchimie avec les dents : 74.

Faute d'argent c'est douleur non pareille : 76 *sq*.

Garde l'aumône dans ta main, jusqu'à ce que tu rencontres un juste qui la mérite : 167.

Il est riche qui est content : 51.

Il n'a rien qui ne s'aventure : 39.

Ja chaitif n'aura bone escuele qui n'espande (Morawski 963) : 52.

La langue sucrée elle peut lécher la panthère : 57.

Mal fet povre gent fere anoi [ennui] : 179.

Mieux vaut à bon ore nestre que de bons estre (Morawski 1238) : 94.

N'avoir ne croix ne pile : 53, 198 (L'invention sainte croix : 62).

Nécessité n'a point de loi (Morawski 237 : besoin ne garde loi) : 86.

Nous sommes tous de l'arche de Noé : 54.

Nul ne doit dire hélas, s'il n'a oy tonner en mars : 64.

Onc ne vit riche muet (Morawski 1445) : 98.

On doit souffrir paciemment ce qu'on ne peut amender seinnement (Morawski 1466) : 52.

O Nécessité que tu as de mains : 38.

Pire est gabeiz de povre que le mal qu'il a (Morawski 1636) : 98.

Planter un rosier chez l'hôte : 40 n. 67.

Povre homme n'a nul ami (Morawski 1714) : 98.

Povre n'a bien qu'a souhaidier : 48.

Quand Adam bêchait et Ève filait, où donc était le gentilhomme ? (voir Morawski 2435 Tous furent de Ève et d'Adam) : 55.

Quand un pauvre meurt, l'on ne sonne sinon les cloches d'un côté : 97, 98.

Qui en peut prendre si en prenne (Morawski 1916) : 41.

Qui moins a, moins a de souci : 51.

Qui moins a, moins a à répondre : 51.

Qui n'a bétail, n'y a que tondre : 51.

Qui nous prête il nous donne (Morawski 950 « qui lor preste, si lor done ») : 40.

Qui rien n'a n'est à rien prisé (Morawski 2115) : 98.

Qui tôt donne deux fois donne (Morawski 2163) : 162, 169.

Regarde à qui tu donnes, *Videto cui des* (Morawski 801) : 20, 167.

Si souhaits fussent vrais, pastoureaux seraient roi (Morawski 2256) : 48.

Sublimitas in humilitate : 181.

Tout ce qui est en ce monde, ou il croît ou il décroît : 101.

Toutes choses ont leur saison (Morawski 2395) : 94.

Trop (cher) achète qui demande (Morawski 133, var. assez achète) : 170.

Vivre d'avantage : 40.

BIBLIOGRAPHIE

Abréviations

AESC, Annales, Économies, Sociétés, Civilisations, Armand Colin.
AHSS, Annales Histoire Sciences sociales, EHESS.
CRMH, Cahiers de recherches médiévales et humanistes.
Fanjeaux, Cahiers de Fanjeaux, Privat, Toulouse.
Quaderni, Quaderni storici, Il Mulino, Bologne.
RHLEF, Revue d'histoire de l'Église de France.
Rom., Romania.
Società, Società e storia, Franco Angeli, Milano.

ca (*circa*, environ) ; **éd**. (éditeur) ; **dir**. (directeur d'un ouvrage collectif) ; **ms** (manuscrit) ; **n**. (note) ; **s**. (siècle) ; **spéc**. spécialement page ; *sq*. **suiv**. (et pages suivantes) ; **v°** (verso d'un folio) ; *vs* (*versus*, de sens opposé) ; **AN**, Archives nationales ; **BnF**, Bibliothèque nationale de France ; ***Invent. arch. mun.*** (ou *com*. ou *dép*.) : Inventaire sommaire des archives municipales (ou communales ou départementales) antérieures à 1790 ; ***PL*** : Patrologie latine.

Dictionnaires

ALIBERT Louis, *Dictionnaire occitan français d'après les parlers languedociens*, Toulouse, 1966, 1985.
AND : *Anglo-Norman Dictionary*, Louise Stone, William Rotwell, London, Modern Humanities Research Association, 1977-1983.

BLOCH : Oscar Bloch et Walter von Wartburg, *Dictionnaire étymologique de la langue française*, Paris, PUF, 1986.

COROMINAS Joan, *Diccionario critico etimologico de la lengua castillana*, Berna, 1964.

COROMINES Joan : *Diccionari etimològic i complementari de la llenga catalana*, Barcelona, Curial edicions catalanes, La caixas, 10 vol., 1980-2001.

COTGRAVE Randle, *A dictionarie of the French and English Tongues*, Londres, 1611, 1632.

DMF : *Dictionnaire du moyen français (1330-1500)*, ATILF, Analyse et traitement informatique de la langue française, Université de Lorraine et CNRS, www.atilf. fr/dmf.

DU CANGE, *Glossarium mediae et infimae latinitatis*, 1678, éd. Henschel, Paris, 1840-1850, 7 t.

ESTIENNE Robert, 1549 : *Dictionnaire françois latin*, Paris, 1549 ; reprend l'édition du premier dictionnaire « français », de 1539 ; réédition fac-similé, Genève, Slatkine, 1972.

— 1543, 1561 : *Dictionarium Latino Gallicum*, Paris.

FEW, *Französiches etymologisches Wörterbuch*, Walter von Wartburg, Tübingen Bâle, depuis 1921, 21 t.

FLEURY : Fleury de Bellingen, *L'Étymologie ou explication des proverbes françois*, La Haye, Vlacq, 1656.

FURETIÈRE Antoine, *Dictionnaire universel*, 1690, rééd. Paris, 1978 en 3 vol.

GODEFROY Frédéric, *Dictionnaire de l'ancienne langue française et de tous ses dialectes, du IXᵉ au XVᵉ siècles*, Paris, 1880-1902, 10 t.

GUIRAUD Pierre, *Dictionnaire des étymologies obscures*, Paris, Payot, 1982.

HUGUET Edmond, *Dictionnaire de la langue française du XVIᵉ siècle*, Paris, Champion, 1925-1967, 7 t.

LATHAM : Ronald Edward Latham et David R. Howlett, *Dictionary of Medieval Latin of British Sources*, Oxford Univ. Press, 1981.

LA PORTE : Maurice de La Porte, *Les Épithètes*, Paris, Buon, 1571.

LITTRÉ Paul-Émile, *Dictionnaire de la langue française*, 1872 ; rééd. Encyclopaedia Britannica, Chicago, 1974-1978, 5 vol.

MÉNAGE Gilles, *Dictionnaire étymologique de la langue française*, Paris, Briassson, 1694.

MED : *Middle English Dictionary*, Hans Kurath, Sherman Kuhn, Ann Harbor, Michigan (1957).

NICOT Jean, *Le Trésor de la langue française*, 1606, réimp. Paris, Le Temps, 1979.

OUDIN Antoine, *Recherches italiennes et françaises, ou dictionnaire contenant les mots ordinaires et quantité de proverbes*, Paris, A. de Sommaville, 1640, 2 vol.

— *Curiosités françaises pour supplément aux dictionnaires*, Paris, A. de Sommaville, 1640, 1656.

PALSGRAVE John, *L'esclaircissement de la langue françoyse*, 1530, rééd. F. Genin, Paris, 1852.

RAYNOUARD François-Just-Marie, *Lexique roman ou dictionnaire de la langue des troubadours*, Paris, Silvestre, 1836-1845, 2 t.

REY : *Dictionnaire historique de la langue française*, Alain Rey (dir.), Paris, Le Robert, 1992, 2 vol.

RICHELET Pierre, *Dictonnaire françois*, Genève, Widerhold, 1680, 2 t. ; rééd. microformes, Paris, France-expansion, 1973.

TOBLER : A. Tobler et E. Lommatzsch, *Altfranzösisches Wörterbuch*, Berlin Wiesbaden, depuis 1915.

TLF : Trésor de la langue française, sous la dir. de Paul Imbs, Paris, CNRS, depuis 1971.

Œuvres et travaux

ALAZARD Florence., « Les passions des pauvres, instruments créatifs pour Giulio Cesare Croce (1550-1609) », *CRMH*, 2017-1, n° 33, p. 349-363.

ALEXIS Guillaume, *Œuvres poétiques*, A. Piaget et E. Picot (éd.), Paris, Didot, 1896-1908, t. II, *Passe temps*, avant 1486.

Ancrene Riwle : la règle des recluses anglaises du dernier tiers XIIe siècle : *The English Text of the Ancrene Riwle*, Mabel Day (éd.), London, Oxford Univ. Press, EETS 225, 1952. *The French Text of Ancrene Riwle*, la version en anglo-normand publiée par J. A. Herbert, Oxford Univ. Press, EETS 219, 1944. La version de la fin du XIIIe siècle : *The French text of the Ancrene Riwle from Trinity College Cambridge Ms.*, William Hilliard Trethewey (éd.), Oxford Univ. Press, EETS 240, 1958.

ARTIFONI Enrico, « I ribaldi. Immagini e istituzioni delle marginalità nel tardo medioevo piemontese », dans *Piemonte medievale, Forme del potere e dellà società, Studi per Giovanni Tabacco*, Torino, Einaudi, 1985, p. 227-248.

Assistenza e solidarietà in Europa, secc. XIII-XVIII, Social Assistance and Solidarity in Europe from the 13th to the 18th Centuries, Francesco Ammannati (dir.), Istituto intern. di storia econmica F. Datini, XLIV settimana (Prato, 2012), Firenze University press 2013.

AUBAILLY Jean-Claude, *Le Monologue, le dialogue et la sottie. Essai sur quelques genres dramatiques de la fin du Moyen Âge et du début du XVIe siècle*, Paris, Honoré Champion, 1984.

BADEL Pierre-Yves, *Le Sauvage et le sot. Le fabliau de Trubert et la tradition orale*, Paris, Champion, 1979.

BAIN Emmanuel, *Église, richesse et pauvreté dans l'Occident médiéval. L'exégèse des Évangiles aux XIIe-XIIIe siècles,* Turnhout, Brepols, 2014.

BALSAC Robert de, *Le droit chemin de l'hôpital* (ca 1500), publié par P. Allut, *Étude biographique et bibliographique sur Symphorien Champier*, Lyon, 1859, p. 119-126 ; et par de Tamizey de Larroque, dans *Revue des langues romanes*, t. XXX, 1886, p. 294-300. Robert de Balsac, sénéchal d'Agenais et de Gascogne.

BATANY Jean, *Français médiéval*, Paris, Bordas, 1972.
— *Approches du Roman de la Rose*, Paris, Bordas, 1973.
— « Les pauvres et la pauvreté dans les états du monde », dans MOLLAT, *Études*, t. II, p. 469-486.
— *Scènes et coulisses du Roman de Renart*, Paris, Sedes, 1989.
Baudoin de Sebourc (milieu XIVᵉ s.), Larry S. Crist (éd.), Paris, SATF, Paillart, 2 vol., 2002.
BEAUMANOIR Philippe de, *Coutumes de Beauvaisis* (1283), Beugnot (éd.), Paris, Renouard, 1842, 2 t. ; et Amédée Salmon (éd.), Paris, Picard, 1899-1900, rééd. 1970, 2 t.
BECK Patrice, *Archéologie d'un document d'archives. Approche codicologique et diplomatique des cherches de feux bourguignonnes (1285-1543)*, Paris, École des chartes, 2006.
BERGSON Henri, *Le Rire. Essai sur la signification du comique* (1900), rééd. Paris, PUF, coll. « Quadrige », 1988.
Bien advisé et mal advisé, Moralité jouée dès 1396, dans *Rec. de Moralités*, t. III, Jonathan Beck (éd.).
BLANCHARD Joël, *La Pastorale en France aux XIVᵉ et XVᵉ siècles, Recherches sur les structures de l'imaginaire médiéval*, Paris, Champion, 1983.
BODEL Jean, *La chanson des Saisnes* (ou des Saxons, dernier tiers XIIᵉ s.), Francique Michel (éd.), Paris, Techener, 1839, Genève, Slatkine reprints, 1969 ; et Annette Brasseur (éd.), Genève, Droz, *TLF*, 1989, 2 vol.
BOUCHET Jean, *Le Labirynth de fortune et Sejour des trois nobles dames* (1522), dans *Œuvres complètes*, t. II, Pascale Chiron et Nathalie Dauvois (éds), Paris, Classiques Garnier, 2015.
BOUDET Jean-Patrice et Hélène MILLET (dir.), *Eustache Descamps en son temps*, Paris, Publications de la Sorbonne, 1997.
BOUHAÏK-GIRONES Marie, *Les Clercs de la Basoche et le théâtre comique (Paris, 1420-1550)*, Paris, Champion, 2007.
BOURDIEU Pierre, *La Distinction, critique sociale du jugement*, Paris, Éd. de Minuit, 1979.
BOVELLES : Charles de Bovelles, *Liber de differencia vulgarium linguarum et Gallici sermonis varietate*, Paris, 1533 ; traduction *Sur les langues vulgaires et la variété de la langue française*, Colette Dumont-Demaizière (éd.), Paris, Klincksieck, 1973.
BRIAND François, *Farce de l'aveugle et de son valet tort* (1512), H. Chardon (éd.), Paris, 1903.
BROWN Malcolm H., *Music in the French Secular Theater*, Cambridge Mass., Harvard Univ. Press, 1963.
BRUNOT Ferdinand, *Histoire de la langue française des origines à nos jours*, Paris, Armand Colin, 1966, 10 t.
BURGER André, *Lexique complet de la langue de Villon*, Genève, Droz, 1974.
CAMPORESI Piero, *Le pain sauvage. L'imaginaire de la faim de la Renaissance au XVIIIᵉ siècle*, Paris, Le Chemin vert, 1981.

CASAGRANDE : Carla Casagrande et Silvana Vecchio, *Histoire des péchés capitaux au Moyen Âge*, Paris, Flammarion-Aubier, 2003.

CASTAN Yves, *Magie et sorcellerie à l'époque moderne*, Paris, Albin Michel, 1979.

CASTEL Robert, *Les Métamorphoses de la question sociale. Une chronique du salariat*, Paris, Fayard, 1995. Voir le compte rendu de Bernard Lepetit dans *Annales ESC*, 1996-3, p. 525-538. Et l'article de R. Castel, « La question sociale commence en 1349 », *Les Cahiers de la recherche sur le travail social*, t. 16, 1989, p. 9-27.

Chansons du XVᵉ siècle, Gaston Paris (éd.), Paris, Firmin Didot, SATF, 1875.

CHARLES D'ORLÉANS, *Poésies*, Pierre Champion (éd.), Paris, Champion, CFMA, 1971 2 t.

CHARTIER Roger, *Gueuserie : Figures de la gueuserie*, Paris, Montalba, Bibliothèque bleue, 1982.

— Argot : « La Monarchie d'argot entre le mythe et l'histoire », dans *Les Marginaux et les exclus dans l'histoire*, Paris, Union générale d'éditions, 1979, p. 275-311.

CHASTEL André, *Marsile Ficin et l'art*, Lille, Giard, Genève, Droz, 1954.

CHASTELLAIN Georges (ca 1415-1475), *Chronique* (écrites à partir de 1455), Kervyn de Lettenhove (éd.), Bruxelles, 1863-1868, 8 t. ; Slatkine reprints, 1971. Voir K. Heilmann, *Der Wortschatz von Georges Chastelain nach seiner Chronik*, Leipzig, Leipziger Rom. Studien, 1937.

Chevalier au Barisel (début XIIIᵉ s), *Le chevalier au Barisel*, Felix Lecoy (éd.), Paris, CFMA, 1955.

CHIFFOLEAU Jacques, « La religion flamboyante », dans *Histoire de la France religieuse*, J. Le Goff et R. Rémond (dir.), Paris, Seuil, 1988, t. II, p. 11-183.

CHRISTOPHE Paul, *Les Pauvres et la pauvreté, des origines au XVᵉ siècle, 1ʳᵉ partie*, Paris, Desclée, 1985.

CIMBER Louis et Félix Danjou, *Archives curieuses de l'histoire de France, depuis Louis XI jusqu'à Louis XVIII*, Paris, 1837, 1ʳᵉ série, 15 vol.

COHEN Gustave, *Études d'histoire du théâtre en France au Moyen Âge et à la Renaissance*, Paris, Gallimard, 1956.

COLLERYE Roger de (ca 1468-après 1538), *Œuvres*, Charles d'Héricault (éd.), Paris, Jannet, 1855.

Confrérie des saouls d'ouvrer : « La grande confrairie des saouls d'ouvrer et enragés de rien faire, avec les statuts d'icelle » (début XVIᵉ s.), dans Pierre Brochon, *Le Livre de colportage en France depuis le XVIᵉ siècle. Sa littérature. Ses lecteurs*, Paris, Gründ, 1954, p. 105-107 (d'après une édition de 1735).

Conteurs français du XVIᵉ siècle, Pierre Jourda (éd.), Paris, Pléiade, 1956 ; comprend les Cent Nouvelles Nouvelles, Des Perriers, Dufail.

COQUILLART Guillaume, *Œuvres* (1478-1498), M. J. Freeman, Paris Genève, Droz, 1975.

COYECQUE Hôtel-Dieu : Ernest Coyecque, *L'Hôtel-Dieu de Paris au Moyen Âge*, Paris, Champion, 1889-1891, 2 t.

CRETIN Guillaume (mort en 1525), *Œuvres*, Kathleen Chesney (éd.), Paris, Firmin-Didot, 1932.

DAHAN Gilbert, « L'exégèse de l'histoire de Caïn et Abel du XIIe au XIVe siècle en Occident », *Recherches de théologie ancienne et médiévale*, t. 49, 1982, p. 21-89.

DAVIS Nathalie Zemon, *Les Cultures du peuple. Rituels, savoirs et résistances au XVIe siècle*, Paris, Aubier Montaigne, 1979.

DELBOUILLE Maurice, « À propos des articles *Hara et Herlekin du *FEW* », dans *Etymologica. Walther von Wartburg zum siebzigsten Geburgstag*, Hans-Erich Keller (dir.), Tübingen, Niemeyer, 1958, p. 177-185.

DELUMEAU, *Péché* : Jean Delumeau, *Le Péché et la peur. La culpabilisation en Occident, XIIIe-XVIIIe siècles*, Paris, Fayard, 1983.

DE MAN Louis, *Bijdrage tot een systematisch glossarium van de Brabantseoorkondentaal Leuvenarchief van circa 1300 tot 1500*, Tongeren, 1956.

DESCHAMPS : Eustache Morel dit Deschamps (1346-1407), *Œuvres complètes*, Gaston Raynaud et le marquis de Queux de St-Hilaire (éd.), Paris, SATF, 1878-1904, 11 vol.

DES PERIERS Bonaventure, *Les Nouvelles Récréations*, dans *Conteurs français*, p. 359-594 (Des Periers est mort en 1543, l'œuvre est publiée en 1558).

Deux jeux de carnaval de la fin du Moyen Âge, Jean-Claude Aubailly (éd.), Paris-Genève, Droz, 1978 : La bataille de Sainct Pensard (1485) et le Testament de Carmentrant (ca 1540).

Disciple de Pantagruel : Le Disciple de Pantagruel ou les navigations de Panurge (1538), Guy Demerson et Christiane Lauvergnat-Gagnière (éd.), Paris, Nizet, STFM, 1982.

Domanda e consumi, livelli e strutture (XIII-XVIII), Vera Barbagli Bagnoli, (dir.), Sixième semaine de l'Institut F. Datini de Prato (1974), Florence, Olschki, 1978.

DOUET d'Arcq, Louis : Arch. nat., AB XIX (204 A et B ; 205 A et B ; 206) ; un millier de lettres de rémission, classées par sujet dans 5 cartons.

DU FAIL Noël, Les *Propos rustiques* et les *Balivernies d'Eutrapel*, 1548, dans *Conteurs français* ; les *Contes et discours d'Eutrapel*, 1585, dans *Œuvres facétieuses de Noël Du Fail*, Jules Assezat (éd.), Paris, Daffis, 1874, 2 vol.

DUFOURNET Jean, *Le Garçon et l'aveugle*, Paris, Champion, 1982.

DUMONCEAUX Pierre, *Langue et sensibilité au XVIIe siècle. L'évolution du vocabulaire affectif*, Genève, Droz, 1975.

DUMONT Louis, *Essai sur l'individualisme. Une perspective anthropologique sur l'idéologie moderne*, Paris, Seuil, coll. « Points », 1991.

DUPIRE Noël, *Jean Molinet, la vie, les œuvres*, Paris, Droz, 1932.

DU PRIER Jean, *Mystère du roi Advenir*, Albert Meiller (éd.), Genève, Droz, *TLF*, 1970.

DYER Christopher, « The Experience of Being Poor in Late Medieval England », dans SCOTT, *Experiences of Poverty*, p. 19-39.

DYGGVE Holger Petersen, « Le Dit des dix souhais des dix compaignons » (mi-XVe s.), *Neuphilologische Mitteilungen*, t. XXXVIII, 1937, p. 369-376 et t. XXXIX, 1938, p. 54-58.

ÉRASME, Colloque des mendiants : *Familiarium colloquiorum opus*, Bâle, Frobenius, 1526 (Gallica), p. 355 ; *Opera omnia*, t. I, 3, Amsterdam, 1972, p. 433 ; *Colloques*, trad. Étienne Wolff, Paris, Imprimerie nationale, vol. I, 1992, p. 414-420.

ESTIENNE Henri, *Apologie pour Hérodote* (1566), Paul Ristelhuber (éd.), Paris, 1879, 2 vol.

— *Deux dialogues du nouveau langage françois italianizé et autrement desguizé, principalement entre les courtisans de ce temps* (1578), Pauline Mary Smith (éd.), Genève, Slatkine, 1980.

ÉTIENNE de FOUGÈRES, *Le Livre des manières* (1178), R. Antony Loodge (éd.), Genève, Droz, 1979.

EY Henri, *Études psychiatriques*, Paris, Desclée de Brouwer, 1954.

FAGNIEZ Gustave, *Documents relatifs à l'histoire de l'industrie et du commerce en France*, Paris, Picard, 1900, 2 t.

FARMER Sharon, *Surviving Poverty in Medieval Paris. Gender, Ideology and the Daily Lives of the Poor*, Ithaca, Cornell University, 2002.

— *Approaches to Poverty in Medieval Europe. Complexities, Contradictions, Transformations, c. 1100-1500*, Sharon Farmer (dir.), Turnhout, Brepols, 2016.

FLEURY de Bellingen, *L'Étymologie ou explication des proverbes françois* (1656).

FONTANON Antoine, *Édits et ordonnances des rois de France depuis Louis VI le Gros*, Paris, 1611, 3 vol.

FOURNIER Édouard, *Le théâtre français avant la Renaissance, mystères, moralités et farces (1450-1550)*, Paris, Laplace Sanchez, 1872.

François Rabelais, 1553-1953, Ouvrage publié pour le quatrième centenaire de sa mort, Lille, Giard, Genève, Droz, 1953.

FRANCK Grace et Dorothy Miner, *Proverbes en rimes*, Baltimore, Hopkins, 1937 (manuscrit dernier quart XVᵉ s.).

FREEDMAN Paul, *Images of the Medieval Peasant*, Stanford Univ. Press, 1999.

Garçon (Le) et l'aveugle, farce de Tournai (2ᵉ moitié XIIIᵉ s.), Mario Roques (éd.), Paris, CFMA, 1911.

Gautier Martin : Dialogue de Gautier et Martin (1480-1490), Paul Aebischer (éd.), dans « Trois farces françaises inédites trouvées à Fribourg », *Revue du XVIᵉ siècle*, t. XI, 1924, p. 159-192.

GAUVARD Claude, *De grace especial. Crime, État et société en France à la fin du Moyen Âge*, Paris, Publications de la Sorbonne, 1991, 2 t.

GEREMEK, Lutte : Bronislaw Geremek, « La lutte contre le vagabondage à Paris aux XIVᵉ et XVᵉ siècles », dans *Ricerche storiche ed economiche, in memoria di Corrado Barbagallo*, Luigi di ROSA (dir.), Napoli, Edizioni scientif. italiane, 1970, t. II, p. 211-237.

— *Fils de Caïn : Les fils de Caïn. L'image des pauvres et des vagabonds dans la littérature européenne du XVᵉ au XVIIIᵉ siècle*, Paris, Flammarion, 1991.

— *Marginaux : Les marginaux parisiens aux XIVᵉ et XVᵉ siècles*, Paris, Flammarion, 1976.

— *Potence : La Potence ou la pitié. L'Europe et les pauvres du Moyen Âge à nos jours,* Paris, Gallimard, coll. « NRF », 1987.

— *Truands* : *Truands et misérables dans l'Europe moderne (1350-1600),* Paris, Gallimard-Julliard, coll. « Archives », 1980.

GERSON Jean, *Œuvres complètes*, Mgr Palémon Glorieux (éd.), Paris, Tournai, Desclée, 10 t., 1961-1973.

GONTHIER Nicole, *Lyon et ses pauvres au Moyen Âge (1350-1500)*, Lyon, L'hermès, 1978.

GOWER John, *The Complete Works*, George Campbell Macaulay (éd.), Oxford, Clarendon Press, 1899-1902, rééd. Fac-sim. 1968, 4 t.

GREIMAS Algirdas-Julien, *Du sens II. Essais sémiotiques*, Paris, Seuil, 1983.

GRENIER Jean-Yves, *L'économie d'Ancien Régime. Un monde de l'échange et de l'incertitude*, Paris, Albin Michel, coll. « L'évolution de l'humanité », 1996.

GUENÉE Bernard, *L'Occident aux XIVe et XVe siècles. Les États*, Paris, PUF, coll. « Nouvelle Clio », éd. 1981.

GUÉRIN Poitou : Paul Guérin et Léonce Celier, « Recueil de documents concernant le Poitou, contenus dans les registres de la Chancellerie de France » (lettres de rémission 1302-1483), 12 tomes, publiés dans *Archives historiques du Poitou*, t. XI (1881) à t. XLI (1919), Poitiers, Oudin, 1881-1958. Exemple : le t. XI du « recueil » correspond au t. XXXVIII des *Archives historiques du Poitou*, 1909.

Guillaume d'Angleterre, roman du XIIe siècle, Anthony J. Holden (éd.), Genève, Droz, *TLF*, 1988 ; et Christine Ferlampin-Acher (éd.), Paris, Champion, 2007.

GUILLAUME D'AUVERGNE, 2e quart XIIIe s, *De Moribus et de Virtutibus, Opera omnia*, Paris Orléans, Pralard, 1674 (Francfort, Minerva, 1963).

GUILLAUME de Digulleville, *Pèlerinage de la vie humaine* (1331-1355), Johann Jacob Stürzinger (éd.), Londres, Roxburghe Club, 1893.

GUIRAUD Pierre, *Structures étymologiques du lexique français*, Paris, Payot, 1986.

GUTTON Jean-Pierre, *La Société et les pauvres en Europe (XVIe-XVIIIe siècles)*, Paris, PUF, 1974.

— « Les pauvres face à leur pauvreté : le cas français 1500-1800 », dans RIIS, p. 89-104.

GUYOTJEANNIN Olivier, *Salimbene de Adam, un chroniqueur franciscain*, Brepols, 1995.

HASSEL James W., *Middle French Proverbs, Sentences and Proverbial Phrases*, Toronto, Pontifical institute of medieval studies, 1982.

HÉBERT Michel (dir.) : *Vie privée et ordre public à la fin du Moyen Âge. Études sur Manosque, la Provence et le Piémont, 1250-1450*, Aix-en-Provence, Université de Provence, 1987.

HEGER Henrik, *Die Melancholie bei den französichen Lyrikern des Spätmittelalters*, Bonn, Romanisches Seminar der Universität, 1967.

HÉLIAS Pierre-Jakez, *Le Cheval d'orgueil. Mémoires d'un Breton du pays bigouden*, Paris, Plon, coll. « Terre humaine », 1975.

HEUPGEN Paul, « La commune Aumône de Mons », *Bulletin de la Commission royale d'histoire*, t. XC, 1926, p. 319-372.

— *Documents relatifs à la réglementation de l'Assistance publique à Mons, XVᵉ-XVIIIᵉ siècles*, Bruxelles, 1929.

HILL Mary C., *The King's Messengers, 1199-1377, A Contribution to the History of the Royal Household*, London, Arnold, 1961.

HINDLEY Alan, « La prédication dans un fauteuil ? Sermon et moralité : le cas des enfants ingrats », dans *Prédication et performance du XIIᵉ au XVIᵉ siècle*, M. Bouhaïk-Girones et M.-A. Polo de Beaulieu (dir.), Paris, Garnier, 2013, p. 189-214.

Horizons marins, itinéraires spirituels, Vᵉ-XVIIIᵉ siècles, Henri Dubois, Jean-Claude Hocquet, André Vauchez (dir.), Paris, Public. de la Sorbonne, 1987, 2 vol.

HUFTON Olwen, *The Poor in the Eigthteenth Century France*, Oxford, Clarendon Press, 1974.

HUGUET Edmond, *Le Langage figuré au XVIᵉ siècle,* Paris, Hachette, Macon, Protat, 1933.

ISAMBERT : François-André Isambert, Decrusy *et alii*, *Recueil général des anciennes lois françaises depuis l'an 420 jusqu'à la Révolution française de 1789*, Paris, Plon, 1821-1833, 28 volumes, t. XI à XIV (1483-1589).

JACQUART Danielle et Claude Thomasset, « L'amour héroïque à travers le traité d'Arnaud de Villeneuve », dans *La Folie et le corps*, J. Céard (dir.), Paris, Presses de l'ENS, 1985, p. 143-158.

JACQUOT Jean et Sheila Williams, « Ommegangs anversois du temps de Bruegel et de van Heemskerk », dans *Fêtes de la Renaissance*, Jean Jacquot (dir.), Paris, CNRS, 1960, t. II, p. 359-389.

JEAN MAILLART, *Le Roman du comte d'Anjou* (1316), Mario Roques (éd.), Paris, Champion, CFMA, 1931 et 1974.

Jeux et sapience du Moyen Âge, Albert Pauphilet (éd.), Paris, Gallimard, Pléiade, 1951.

JONES-DAVIES Marie Thérèse (dir.), *Misère et gueuserie au temps de la Renaissance*, Paris, Sorbonne, 1976.

KERBRAT-ORECCHIONI Catherine, « Problèmes de l'ironie », dans *L'Ironie* (dir.) Presses univ. de Lyon, 1978, p. 10-46.

KLIBANSKY *et alii* : Raymond Klibansky, Erwin Panofsky et Fritz Saxl, *Saturne et la mélancolie*, Paris, Gallimard, 1989.

KLUGE Friedrich, *Rotwelsch. Quellen und Wortschatz der Gaunersprache*, Strasbourg, 1901.

KONIGSON Élie (dir.), *Figures théâtrales du peuple*, Paris, CNRS, 1985.

KOOPMANS Jelle, *Sermons : Recueil de sermons joyeux*, Genève, Droz, TLF, 1988.

— *Théâtre : Le théâtre des exclus au Moyen Âge, hérétiques, sorcières et marginaux*, Paris, Imago, 1997.

— *Les démunis* : « Les démunis mis en scène : satire ou utopie, répression ou contestation », dans *Les Niveaux de vie au Moyen Âge*, Jean-Pierre Sosson *et alii* (dir.), Colloque de Spa (oct. 1998), Louvain-la-Neuve, Bruylant-Academia, 1999, p. 123-139.

— « La parodie en situation. Approches du texte festif de la fin du Moyen Âge », *CRMH*, 2008, n° 15, n° spécial « La tentation du parodique dans la littérature médiévale », É. Gaucher (dir.), p. 87-98.

— *Sotties : Recueil des sotties françaises*, Paris, Classiques Garnier, t. 1, 2014.

KRAEMER Erik von, *Le type du faux mendiant dans les littératures romanes depuis le Moyen Âge jusqu'au XVIIᵉ siècle*, Helsingfors, 1944.

LA CHESNAYE Nicole : *La Condamnacion de Banquet* (1503-1505), Jelle Koopmans, Paul Verhuyck (éd.), Genève, Droz, *TLF*, 1991.

LA MARCHE : Olivier de La Marche, « Le débat de Cuidier et de Fortune » (1477), K. Heitmann (éd.), *Archiv für Kulturgeschichte*, t. XLVII, 1965, p. 266-305.

LANGLAND William, *Piers Plowman, A parallel-Text Edition of the A, B, C and Z versions*, Aubrey V. C. Schmidt (éd.), Western Michigan University, Kalamazoo, 2011, 3 vol. ; traduction d'Aude Mairey, *William Langland. Pierre le Laboureur*, Paris, Publications de la Sorbonne, 1999. Voir aussi Saint-Jacques.

LANGLOIS Charles-Victor, *La Vie en France au Moyen Âge*, Paris 1926, Slatkine reprints 1984, 4 t.

LARGUECHE Évelyne, *L'Effet injure. De la pragmatique à la psychanalyse*, Paris, PUF, 1983.

LASCOMBES André, « Structures et fonctions du personnage populaire dans le théâtre anglais du Moyen Âge », dans KONIGSON, p. 15-27.

LATINI Brunetto, *Le Livre du Trésor*, Francis J. Carmody (éd.), Univ. California Press, 1948, rééd. 1975.

LEBÈGUE Raymond, « Le diable dans l'ancien théâtre religieux », dans « Le Diable dans la littérature et dans l'art français au Moyen Âge », *Cahiers de l'association internationale des études françaises*, Paris, 1953, p. 97-105.

LEFEBVRE Joël, *Les Fols et la folie, étude sur les genres du comique et la création littéraire en Allemagne pendant la Renaissance*, Paris, Klincksieck, 1968.

LE ROY LADURIE Emmanuel, *Montaillou, village occitan de 1294 à 1324*, Paris, Gallimard, 1975.

LEWICKA Halina, *Études sur l'ancienne farce française*, Paris, Klincksieck, 1974.

Lille : « Ordonnances pour les pauvres de Lille », 1527-1546, M. de La Fons de Melicocq (éd.), *Bulletin du comité de la langue, de l'histoire et des arts en France*, t. III, 1855-1856, Paris, 1857, p. 700-710.

LOMBARDI Daniela, *Poverta Maschile, Poverta Femminile. L'ospedale dei Mendicanti nella Firenze dei Medici*, Bologna, Il Mulino, 1988.

LONGÈRE Jean, « Pauvreté et richesse chez quelques prédicateurs durant la seconde moitié du XIIᵉ siècle », dans MOLLAT, *Études*, t. I, p. 255-273.

LORMIER *La peste à Rouen* : Charles Lormier, *Ordonnances contre la peste à Rouen, par la Cour de l'Échiquier 1507-1513*, Rouen, Société des bibliophiles normands, non paginé, 1863.

Lyon : *La police de l'aulmosne de Lyon*, Lyon, Sébastien Gryphe 1539 (BnF, Res R1688).

MABILLE Émile, *Choix de farces, sotties et moralités des XV⁰ et XVI⁰ siècles*, Nice, 1872, Slatkine reprints 1970, 2 vol.

Mal en point : *Farce du capitaine Mal-en-point* (peu après 1516), dans *Rec. de Florence*, n° 49 ; voir l'article de Paul Verhuyck, « Farce du capitaine Mal-en-point », dans *Réforme, Humanisme et Renaissance*, juin 1997, n° 44, p. 27-47.

Mallepaye : *Dialogue de Mallepaye et Baillevent* (règne de Louis XI), dans FOURNIER, *Théâtre*, p. 113-124.

Maraux enchesnez : farce des *Maraux enchesnez* (ca 1486 ou 1516), dans *Rec. de Florence*, n° 42.

MARTIN Hervé, « Un prédicateur franciscain au XVᵉ siècle : Pierre-aux-Bœufs et les réalités de son temps », *RHLEF*, t. LXX, 1984, n° 184, p. 107-126.

MARTIN José-Luis Martin, « La Pobreza y los pobres en los textos literarios del siglo XIV », dans *A Pobreza e a assistência aos pobres na peninsula iberica*, Actas das 1as jornadas luson-espanholas de historia medieval, 2 t., Lisboa, 1973, t. II, p. 587-635.

MATFRE ERMENGAU, *Le Breviari d'amor* (fin XIIIᵉ s.), G. Azaïs (éd.), Paris, Béziers, 1862-1881, 2 vol.

MAUPOINT Jean, *Journal parisien (1437-1469)*, Gustave Fagniez (éd.), Paris, Champion, 1878.

MAZOUER Charles, « Un personnage de la farce médiévale, le naïf », *Revue d'histoire du théâtre*, 1972, p. 144-161.

MAZZI Maria Serena, « Ai margini del lavoro : i mestieri per compare la vita », dans *Travail et travailleurs en Europe au Moyen Âge et au début des Temps modernes*, Claire Dolan (dir.), Toronto, Pontifical Institute of Medieval Studies, 1991, p. 253-270.

MCINTOSH Marjorie Keniston, *Poor Relief in England, 1350-1600*, Cambridge Univ., 2012.

MCLIAM WILSON Robert et Donovan Wylie, *Les Dépossédés*, Paris, Christian Bourgeois, 2005.

MÉNAGE René, « La mesnie infernale dans la Passion d'Arnoul Gréban », *Sénéfiance*, n° 6, 1979, p. 331-349.

Ménagier : *Le Mesnagier de Paris* (ca 1393), Georgina E. Brereton, et Janet M. Ferrier (éd.), Paris, Librairie Générale française, 1994.

MÉNARD Philippe, *Les Fabliaux contes à rire du Moyen Âge*, Paris, PUF, 1983.

MÉNIEL Bruno, « La colère dans la poésie épique du Moyen Âge à la fin du XVIᵉ siècle : un envers de l'héroïsme », *Cahiers de recherches médiévales*, 11, 2004, p. 37-48.

MESCHINOT Jean, *Les Lunettes des princes* (1461-1465), Christine Martineau Genieys (éd.), Genève, Public. romanes et françaises, 1972.

MICHAULT Pierre, *Le Doctrinal du temps présent* (1466), T. Walton (éd.), Paris, Droz, 1931.

Mir N.-Dame. : *Miracles de Notre-Dame par personnages* (ca 1343 à 1382), Gaston Paris et Ulysse Robert (éd.), Paris, Firmin Didot, SATF, 1876-1893, 8 vol. ; voir Rudolf GLUTZ, *Les Miracles de Notre-Dame par personnages : Kritische Bibliographie und Neue Studien zur Text*, Berlin, Akademie Verlag, 1954.

Mirouer : *Le Mirouer et exemple moral des enfans ingratz, pour lesquels les pères et mères se détruisent pour les augmenter, qui en la fin les méconnaissent* (1525-1530, éd. 1589, BnF Rés p-Yf-1587).

MOLINET Jean, mort en 1507, *Les faictz et dictz* (3ᵉ tiers XVᵉ s.), Noël Dupire (éd.), Paris, SATF, 3 t., 1937-1939.

MOLLAT Michel, *Pauvres : Les pauvres au Moyen Âge. Étude sociale*, Paris, Hachette, 1978.

— *Études* : (dir.), *Études sur l'histoire de la pauvreté. Moyen Âge-XVIᵉ siècle*, Paris, Public. de la Sorbonne, 1974, 2 t.

MONSTRELET Enguerrand de, *Chroniques* (écrites entre 1400 et 1440), L. Douêt d'Arcq (éd.), Paris, 1857-1862, 6 t.

MONTAIGLON, *Rec.* : Anatole de Montaiglon et James de Rothschild, *Recueil de poésies françaises des XVᵉ et XVIᵉ siècles*, Paris, Jannet, 1865-1878, 13 t.

— *Théâtre* : *Ancien théâtre français de Viollet Le Duc*, publié par Anatole de Montaiglon, Paris, Biblio. Elzevirienne, Pierre Jannet, 1854-1856, 10 t. ; c'est le recueil du Britisch Museum, imprimé vers 1540.

MONTAIGNE Georges, *La police des pauvres de Paris*, 1555-1557, Ernest Coyecque (éd.), *Bulletin de la société de l'histoire de Paris*, XV, 1888, p. 105-118.

Moralité de la Croix Faubin (mi-XVᵉ s.) dans *Rec. Moralités*, t. II, n° 3 ; ou *Romania.*, t. 91, n° 362, 1970, p. 161-188.

Moralité de pouvre peuple (1492), Werner Helmich, dans *Philologica romanica, Festschrift Erhard Lommatzsch*, M. Bambeck *et alii* (dir.), Munich, 1975, p. 145-243.

MORAWSKI Joseph, *Proverbes français antérieurs au XVᵉ siècle*, Paris, CFMA, 1925.

MORE Thomas, *L'Utopie* (1516), André Prévost (trad.), Paris, Mame, 1969 ; traduction française de Jean Leblond, *La description de l'Isle d'Utopie*, 1550.

Moyens : *Moyens d'éviter merencolie* (ca 1530), dans MONTAIGLON, *Rec.*, t. II, n° 37, p. 42-76.

MUCHEMBLED Robert, *Culture populaire et culture des élites dans la France moderne (XVᵉ-XVIIIᵉ siècles)*, Paris, Flammarion, 1978.

MUHLETHALER Jean-Claude, « Quand Fortune ce sont les hommes. Aspects de la démythification de la déesse, d'Adam de la Halle à Alain Chartier », dans *La Fortune. Thèmes, représentations, discours*, Y. Foehr-Janssens et É. Metry (dir.), Genève, Droz, 2003, p. 177-206.

Myst. Actes des apôtres : Simon Gréban, *Le Triomphant Mystère des Actes des Apôtres*, des années 1460, avec peut-être la participation de son frère Arnoul, remanié par Jean du Prier en 1478, et imprimé par Nicolas Couteau en 1538 (BnF, Rés Yf 19-20)

Myst. de l'Incarnation et de la Nativité (Rouen, 1474), Le Verdier (éd.), Rouen, Cagniard, 1886, 3 vol.

Myst. de la Passion d'Arras (1re moitié XVe s. attribué à Eustache Marcadé), Jules-Marie Richard (éd.), Arras, Soc. Pas-de-Calais, 1893, et Genève, Slatkine, 1976.

Myst. st Christophe : *Mystère de saint Christophe* de maître Chevalet (1527), Grenoble, 1530 (BnF Rés. Yf 116 in 4°).

Myst. st Laurent : *Mystère de saint Laurent* (1460), W. Soderhjelm et A. Wallensköld (éd.), Helsingfors (*Acta societatis scient. Fennicae*, t. XVIII, 1890).

Myst. st Martin : *Mystère de saint Martin*, d'Andrieu de La Vigne (1496), André Duplat (éd.), Genève, Droz, *TLF*, 1979.

Myst. st Quentin : *Mystère de saint Quentin* (dernier tiers XVe s.), Henri Chatelain (éd.), Saint-Quentin, Imprimerie générale, 1909 ; attribué parfois à Jean Molinet.

Myst. Viel Test. : *le Mistere du Viel Testament*, James de Rothschild et Émile Picot (éd.), Paris, Firmin Didot, SATF, 1878-1891, 6 t. (compilation réalisée entre 1450 et 1480, édition 1500).

NAGY Piroshka et Damien Boquet (dir.), *Le Sujet des émotions au Moyen Âge*, Paris, Beauchesne, 2008.

NELLI René, « L'aumône dans la littérature occitane », *Fanjeaux*, n° 13 (Assistance et charité), 1978, p. 45-56.

NICOLAS DE TROYES, *Le grand parangon des nouvelles nouvelles* (1536-1537), Krystyna Kasprzyk, (choix), Paris, Didier, 1970.

NILSSON-EHLE Hans, « Vieux français *lait, laidement*. Une question d'histoire sémantique », *Romance Philology*, t. VIII, 1954, p. 79-90.

NOLF J., *La Réforme de la bienfaisance publique à Ypres au XVIe siècle*, Gand, Van Goethem, 1915 ; traduction dans les *Annales parlementaires de Belgique*, 1853-1854, Projet de loi sur les établissements de bienfaisance, p. 1293-1312.

NOYERS Jean Gilles de : Nuceriensis, « Proverbia gallicana », 1520, rééd. à la suite de NICOT, édition 1979.

OPB : *Recueil des ordonnances des Pays-Bas*, 2e série (1506-1700), 8 t., J. Lameere et Ch. Laurent, Bruxelles, 1893-1910.

ORF : *Ordonnances des rois de France de la troisième race*, Eusèbe de Laurière, Denis-François Secousse, *et alii*, 22 t., Paris, Imprimerie royale, 1723-1849.

Ord. Fr. 1er : *Ordonnance des rois de France, règne de François 1er*, Paris, 1902-1972 (8 t. jusqu'en 1537).

Pacience Job : *La Pacience Job, mystère anonyme du XVe siècle* (1478, éditions du XVIe siècle), Albert Meiller (éd.), Paris, Klincksieck, 1971

PANEL, *Pauvres de Rouen* : Gustave Panel, *Documents concernant les pauvres de Rouen*, 3 t., t. I (1224-1630), Rouen, Paris, Lestringant, 1917.

Panigon : « Le Roy sainct Panigon dans l'imagerie populaire du XVIe siècle » (1560), Antoinette Huon dans *François Rabelais*, 1553-1953, Genève, Droz, p. 210-225.

Pantagrueline : *Pantagrueline prognostication pour l'an 1533*, de François Rabelais, M. A. Screech (éd.), Paris, Genève, Droz, 1974.

PARÉ Ambroise, *Des monstres et des prodiges*, Jean Céard (éd.), Genève, Droz, 1971.

PASQUIER Estienne, *Les recherches de la France*, Paris, 1625 ; Marie-Madeleine Fragonard et François Roudaut (éd.), Paris, Champion, 1996, 3 vol.

Passion Greban : *Le mystère de la Passion* d'Arnoul Greban (milieu XVe siècle, ms de 1458), Omer Jodogne (éd.), Académie royale de Belgique, Bruxelles, 1965-1983, 2 t.

Passion Michel : *Le mystère de la Passion de Jean Michel* (1486), Omer Jodogne (éd.), Gembloux, 1959 ; remaniement de la Passion de Greban, joué à Angers en 1486.

Passion Semur : *La Passion de Semur* (Bourgogne, 1er tiers du XVe s.), publiée par Émile Roy, *Le Mystère de la passion en France, XIVe-XVIe siècles*, Paris, Dijon, 1903, Genève Slatkine reprints, 1974, p. 3-204.

Pâté Tarte : *Farce du pâté et de la tarte* (ca 1470-avt 1533) dans TISSIER, *Rec.*, t. III, n° 16.

Pauvres et pauvreté en Europe à l'époque moderne (XVIe-XVIIIe siècle), Luc Torres et Hélène Rabaey (dir.), Paris, Classiques Garnier, 2016 : colloque du Havre de mai 2012.

PEYRAUT Guillaume, *Somme des vices et des vertus* (avant 1248), éd. Lyon, 1668.

PHILIPOT Emmanuel, *Six farces normandes du recueil La Vallière*, Rennes, Plihon, 1939.

PICHON Ludovic, *Le roi des ribauds, dissertations de Du Tillet, etc*, Paris, Claudin, 1878, Gallica.

PICOT, *Sotties* : Émile Picot, *Recueil général des sotties*, Paris, SATF, 1902-1912, 3 t.

PICOT-NYROP : Émile Picot et Christophe Nyrop, *Nouveau recueil de farces françaises des XVe et XVIe siècles*, Paris, Morgan et Fatout, 1880, Genève, 1968 ; Recueil de Copenhague, publié à Lyon en 1619.

PIERRE DE LA BROCE : F. E. Schneegans, « Trois poèmes de la fin du XIIIe siècle sur Pierre de la Broce », *Rom.*, t. LVIII, 1932, texte n° 3.

PIERRE DE NESSON (mort avant 1442) : Arthur Piaget et Eugénie Droz, *Pierre de Nesson et ses œuvres*, Paris, Jeanbin, 1925, Genève, Slatkine reprints, 1977.

PL : *Patrologie latine*, Patrologiae cursus completus. Patres ecclesiae latinae, J. P. Migne, Paris, 1844-1864, 221 vol.

PODIO : *Le livre du Podio*, Chronique d'Étienne Médicis (ou Metge), bourgeois du Puy, Augustin Chassaing (éd.), Le Puy-en-Velay, Roanne, 1869-1875, 2 t. Metge a rédigé ses chroniques de 1500 à sa mort (ca 1565).

POLAK Lucie, *Le Franc archer de Baignollet, suivi de deux autres monologues dramatiques*, Genève, Droz, *TLF*, 1966.

PORQUET Jean-Luc, *La Débine*, Paris Flammarion, 1988.

RABELAIS François, *Œuvres complètes*, Guy Demerson (éd.), Paris, Seuil, 1973.

Rec. du British Museum, voir MONTAIGLON, *Théâtre*.

Rec. Florence, Recueil de Florence, 53 farces imprimées à Paris vers 1515, Jelle Koopmans (éd.), Orléans, Paradigme, 2011 (c'est le recueil Cohen, découvert à Florence en 1928, et d'abord publié par Gustave Cohen, *Recueil de farces françaises inédites du XVe siècle*, Cambridge, Mass. 1949) ; fin XVe-début XVIe siècles.

Rec. Moralités : Recueil général de Moralités, Jonathan Beck, Estelle Doucet et Alan Hindley (éd.), Paris, Classiques Garnier, Bibl. du théâtre français, 2012, 2014, 3 t. parus.

Rec. Trepperel, Eugénie Droz, t. 1, *Les Sotties*, Paris, Droz, 1935 ; t. 2, *Les Farces*, avec Halina Lewicka, Genève, Droz, 1961.

Reg. criminel : Registre criminel du Châtelet de Paris du 6 septembre 1389 au 18 mai 1392, Henri Duplès-Agier (éd.), Paris, Lahure, 1861-1864, 2 t.

Reg. délib. Bureau de Paris : Registres de délibérations du Bureau de la ville de Paris, François Bonnardot, *et alii*, Paris, Imprim. nat., 1883 *sq.*

REGNIER Jean, *Les Fortunes et adversités* (1432-1433), Eugénie Droz (éd.), Paris, Champion, SATF, 1923.

Repues franches : Le recueil des repues franches de maître François Villon et de ses compagnons, Jelle Koopmans et Paul Verhuyck (éd.), Genève, Droz, 1999 (ca 1480).

RICCI Giovanni, « Naissance du pauvre honteux : entre l'histoire des idées et l'histoire sociale », *AESC*, 1983, 1, p. 158-177.

— « Les pauvres orgueilleux. Représentations et réalités entre Italie et France aux Temps modernes », dans *Pauvres et pauvreté en Europe*, 2016, p. 153-165.

Riote (La) du monde (XIIIᵉ s.) : « La riote du monde », J. Ulrich (éd.), *Zeitschrift für Romanische Philologie*, t. VIII, 1884, p. 275-289 ; cité dans LANGLOIS, *La vie en France*, t. II, p. 129-140.

RIIS Thomas (dir.), *Aspects of Poverty in Early Modern Europe*, t. II, « Les réactions des pauvres à la pauvreté. Études d'histoire sociale et urbaine », Odense University Press, 1986.

ROCH Jean-Louis, « Présentation de thèse : Les mots sont aussi de l'histoire », *L'Information grammaticale*, n° 33, mars 1987, p. 35-36.

— « Quémander, caymant, Caïn : réflexions d'un historien sur une étymologie obscure », *Travaux de linguistique et de littérature*, Faculté de Strasbourg, 1987-1, p. 299-324.

— « Le jeu de l'aumône au Moyen Âge », *AESC*, 1989-3, p. 505-527.

— « Aux marges de la nomenclature sociale, le faux mendiant dans les textes littéraires et non littéraires 1350-1630 », dans *Grammaire des fautes et français non-conventionnels*, Paris, École normale supérieure, GEHLF, 1992.

— Bon Temps : « Le roi, le peuple et l'âge d'or : la figure de Bon Temps entre le théâtre, la fête et la politique (1450-1550) », *Médiévales*, n° 22-23, printemps 1992, p. 182-206.

— « De l'histoire à l'étymologie. Bélîtres, marauds et autres gueux », *Travaux de linguistique et de philologie*, 1992, XXX, p. 37-63.

— « De l'usage social des lieux communs. Le pauvre peuple et le gueux sans souci à la fin du Moyen Âge », dans *Lieux communs, topoï, stéréotypes, clichés*, Christian Plantin (dir.), Paris, Kimé, 1993, p. 204-217.

— « Bons et mauvais pauvres au Moyen Âge », dans *La Riche Histoire des pauvres*, L. Albaret *et alii* (dir.), Nouveau regard et Syllepse, 2007 (Rendez-vous de Blois), p. 7-24.

— Mélancolie : « La mélancolie des pauvres dans la littérature française à la fin du Moyen Âge et au début de la Renaissance », *CRMH*, 2017-1, n° 33, p. 303-326.

Rose : *Le Roman de la Rose*, Guillaume de Lorris et Jean de Meung (ca 1235 et 1270), Daniel Poirion (éd.), Paris, Garnier-Flammarion, 1974, la numérotation des vers, utilisée aussi par TOBLER, est décalée de plusieurs vers par rapport à l'édition Félix Lecoy (Paris, CFMA, 1966-1970, 3 t.) utilisée par LITTRÉ.

ROYE : *Journal de Jean de Roye*, connu comme la Chronique scandaleuse, Bernard de Mandrot (éd.), Paris, Société de l'Histoire de France, 1894, 2 t.

SAINÉAN Lazare, « Les noms romans du chien et leurs applications métaphoriques », *Mémoires de la société de linguistique de Paris*, t. XIV, 1906, p. 210-260.

— *Sources indigènes* : *Les Sources indigènes de l'étymologie française*, Paris, de Boccard, 1925, 3 t.

— *Argot* : *Les Sources de l'argot ancien,* t. I, *Des origines à la fin du XVIIIᵉ siècle*, Paris, Champion, 1912.

SAINT-JACQUES Raymond, « Les mendiants dans l'épopée anglaise au XIVᵉ siècle », dans *Aspects de la marginalité au Moyen Âge*, Guy-H. Allard (dir.), Montréal, L'aurore, 1975, p. 25-33.

SALIMBENE : Salimbene de Adam, *Cronica* (années 1280), Giuseppe Scalia (éd.), Bari, Laterza, 1966, 2 vol. ; trad. Gisèle Besson et Michèle Brossard, Paris, Champion, 2016, 2 vol. ; voir aussi GUYOTJEANNIN, *Salimbene de Adam*.

SCHMITT Christian, « Französich maraud, marauder, maraudise », dans *Mélanges C. T. Gossen*, Bern, Liège, 1976, t. II, p. 863-873.

— « Französisch *coquin* bettler, schurke und *gueux* schelm, lump », dans *Espaces romans, Études de dialectologie et de géolinguistique offerts à Gaston Tuaillon*, Christian Abry *et alii* (dir.), Grenoble, Ellug, 1989, t. II, p. 575-586.

SCHMITT Jean-Claude, « Les superstitions », dans *Histoire de la France religieuse*, t. I, Jacques Le Goff (dir.), Paris, Seuil, 1988, p. 417-551.

SCHUBERT Ernst, « Hausarme Leute, starke Bettler : Einschränkungen und Umformungen des Almosengedankens um 1400 und um 1500 », dans *Armut in Mittelalter*, O. G. Oexle (dir.), Constance, Thorbeck, 2004, p. 283-348.

SCOTT, Anne M. (dir.), *Experiences of Poverty in Late Medieval and Early Modern England and France*, Burlington, Ashgate, 2012.

SÉNÈQUE, *Des Bienfaits*, François Prechac (trad.), Paris, Les Belles Lettres, Budé, 2 vol., 1972.

SLACK Paul A., « The Reactions of the Poor to Poverty in England, c. 1500-1750 », dans RIIS, p. 19-29.

Somme le Roi, de Frère Laurent (1279), BnF, ms fr. 1824 ; sur la *Somme le Roi*, voir LANGLOIS, *La vie en France*, t. IV, p. 123-198.

STAROBINSKI Jean, « Don fastueux et don pervers », *AESC*, 1986, 1, p. 7-26.

— *L'Encre de la mélancolie*, Paris, Seuil, 2012.

TADDEI Ilaria, « I ribaldi-barattieri nella Toscana tardo-medievale », *Ricerche storiche*, XXVI-1, 1996, p. 25-58.

TAILLEVENT : Michault Le Caron dit Taillevent (1395 ou 1400-ca 1450), *Œuvres*, Robert Deschaux (éd.), Paris-Genève, Publ. romanes et françaises, 1975.

TERROINE Anne, « Le roi des ribauds de l'Hôtel du roi et les prostituées parisiennes », *Revue historique de droit français et étranger*, 1978, 2, avril juin, 56ᵉ année, p. 253-267.

THIERRY Augustin, *Recueil des monuments inédits de l'histoire du Tiers état, Région du nord*, Paris, Didot, 1850-1870, 4 t.

THOMAS D'AQUIN, *Somme théologique*, 1271-1272 ; traduction J. D. Folghera, Revue des jeunes, 1942.

TIERNEY Brian, « The Decretists and the "Deserving Poor" », *Comparative Studies in Society and History*, 1958-1959, t. I, n° 4, p. 360-373.

— *Medieval Poor Law : A Sketch of Canonical Theory and its Application in England*, Berkeley, university of California Press, 1959.

TIGNONVILLE Guillaume de, « Ditz moraulx », publiés par R. Eder, « Tignonvillana inedita », *Romanische Forschungen*, t. XXXIII, 1915, p. 851-1019.

TILANDER Gunnar, *Lexique du Roman de Renart*, Paris, Champion, 1984.

TISSIER André, *Recueil de farces (1450-1550)*, Genève, Droz, *TLF*, 5 t., 1986-2000.

TODESCHINI Giacomo, *Richesse franciscaine. De la pauvreté volontaire à la société de marché*, Lagrasse, Verdier, 2008. Voir Valentina Toneatto, « La richesse des Franciscains. Autour du débat sur les rapports entre économie et religion au Moyen Âge », *Médiévales*, n° 60, 2011/1, p. 187-202.

— *Au pays des sans-nom, gens de mauvaise vie, personnes suspectes ou ordinaires du Moyen Âge à l'époque moderne*, Lagrasse, Verdier, 2015 ; préface de Patrick Boucheron ; titre original : *Visibilmente crudeli. Malviventi, persone sospette et gente qualunque dal Medioevo all'età moderna*, Bologne, Il Mulino, 2007.

Tot jor dehet : farce de Tot jor dehet et Sin Porsin (toujours joyeux et sans souci), Paul Aebischer, « Quelques textes du XVIᵉ siècle en patois fribourgeois », *Archivum Romanicum*, IV, 1920, p. 342-361.

TOUREILLE Valérie, « Une contribution à la mythologie des monarchies du crime : le procès des Coquillards à Dijon en 1455 », *Revue du Nord*, n° 371, 2007/3, p. 495-506.

Tournay : *Registres des consaulx*, 1431-1476, A. de La Grange, Tournay, 1893.

Travail au Moyen Âge : *Le Travail au Moyen Âge. Une approche interdisciplinaire*, Jacqueline Hamesse et Colette Muraille-Samaran (dir.), Louvain-la-Neuve, Institut d'études médiévales, 1990.

TREXLER Richard C., « Correre la terra. Collective insults in the late Middle Ages », *Mélanges de l'École française de Rome*, Moyen Âge et Temps modernes, t. 96, n° 2, 1984, p. 845-902.

Tripière : Farce de la tripière (1ᵉʳ tiers XVIᵉ s.), dans *Rec. de Florence*, n° 52.

Tristan et Iseut, Daniel Lacroix, Philippe Walter (éds), Paris, Lettres gothiques, livre de poche, 1989.

Tristan de Beroul, Ernest Muret et L. M. Defourques (éd.) Paris, Champion, CFMA, 1947.

VAUCHEZ André, « Assistance et charité en Occident, XIIIᵉ-XVᵉ siècles », dans *Domanda e consumi*, 1978, p. 151-162.

VAUZELLES Jean de, *Police subsidiaire aux pauvres de Lyon*, 1531, rééd. H. Baudrier, Lyon, 1875 (l'édition originale se trouve à la BnF, Rés. Lk7 30799).

VICAIRE M. H., « La place des œuvres de miséricorde dans la pastorale en Pays d'Oc », *Fanjeaux*, n° 13, 1978, Assistance et charité, p. 21-44.

VIGNEULLES Philippe de (1471-ca 1527), *Chron.* : Vigneulles, *La chronique de Philippe de Vigneulles*, Charles Bruneau (éd.), Metz, Soc. d'histoire et d'archéologie de Lorraine, 1927-1933, 4 t. (le t. III concerne les années 1473-1499).

— *Nouv.* : *Cent nouvelles nouvelles* (1505-1515), C. H. Levingston (éd.), Genève, Droz, 1972.

VILLON, *Jargon* : François, *Ballades en jargon* (avant 1463), André Lanly (éd.), Paris, Champion, 1971.

— *Test.*, *Lais* : *Le Testament Villon* (1461) et *le Lais Villon et les poèmes variés* (ca 1456) ont été publiés par Jean Rychner et Albert Henry en deux volumes de textes et deux volumes de commentaire, Genève, Droz, *TLF*, 1974, 1977.

VIVÈS Juan Luis, *De subventione pauperum,* (Bruges, 1526), trad. L. Caby et R. A. Cazenove, Bruxelles, 1943.

WHITING Bartlett Jere, *Proverbs in Earlier English Drama*, Cambridge, Harvard University Press, 1938, Appendix : Proverbs from french plays.

WIER Johann, *De Praestigiis daemonum* (1563, à Clèves) ; traduction de Jacques Grevin, *Cinq livres de l'imposture et tromperie des diables, des enchantements et des sorcelleries*, Paris, Dupuys, 1567.

WINCKELMANN Otto, « Die Armenordnungen von Nurnberg (1522), Kitzingen (1523) Regensburg (1523) und Ypern (1525) », *Archiv für Reformationsgeschichte*, 1913, t. X, p. 242-280.

ZINK Michel, « Le ladre, de l'exil au royaume », dans « Exclus et système d'exclusion dans la littérature et la civilisation médiévale », *Senefiance*, n° 5, 1978, p. 73 (fin XIIᵉ-XIIIᵉ s.).

ZUMTHOR Paul, *Essai de poétique médiévale*, Paris, Seuil, 1972.

— *Le masque et la lumière. La poétique des grands rhétoriqueurs*, Paris, Seuil, 1978.

TABLE DES MATIÈRES

INTRODUCTION. LES MOTS AUSSI SONT DE L'HISTOIRE 11

Chapitre premier. BONS ET MAUVAIS PAUVRES AU MOYEN ÂGE ... 17

La révolution de la charité aux XIIe et XIIIe siècles............... 19
La fin du Moyen Âge : l'après peste 21

Chapitre II. STRATÉGIES DE SURVIE ET RÊVES DES PAUVRES......... 29

Une économie d'expédients 30
L'omniprésence de la faim et de la ruse........................ 37
La misère qui fabule 44
Le gueux sans souci
et l'apologie de la pauvreté joyeuse 50

Chapitre III. LA MÉLANCOLIE ET LES PAUVRES 59

La tristesse et le désespoir.................................... 63
Les autres faces de la mélancolie............................. 66
Le pauvre et la mélancolie.................................... 71

La maladie de faute d'argent 75
Comment sortir de la mélancolie 78

Chapitre IV. LE VOCABULAIRE FRANÇAIS DE LA PAUVRETÉ
           À LA FIN DU MOYEN ÂGE 83

La sphère du manque 85
La sphère de la douleur 88
La sphère de la pitié 90
La sphère de la Fortune 92
Meschant : le changement de sens 94
Triomphe et déclin de la Fortune 101
Du côté de la langue 105

Chapitre V. AUX MARGES DE LA NOMENCLATURE SOCIALE :
           VRAIS ET FAUX MENDIANTS 109

Naissance d'un stéréotype 110
En ancien français (XIIe-XIIIe siècles) 116
    Les truands mendiants et trompeurs 116
    Les ribauds, les arlots et le pillage 120
    Les coquins et la cuisine 123
En moyen français des termes plus spécifiques
(XIVe-XVIe siècle) 126
    Les hommes vagabonds 126
    Les caymans fils de Caïn 128
    L'ordre de bélître 135
    Le maraud et le matou 143
    Les bribeurs et leurs bribes 145
    Les coquillards et les faux pèlerins 146
    Les gueux 147
    Les varigauds d'Amiens 149
    Les caignardiers et le triomphe de la paresse 149
    Les trucheurs : les mots de l'argot 151
L'évolution du paradigme du faux mendiant 152

Chapitre VI. Les mots et les gestes de l'aumône 159

    Comment éconduire les mendiants importuns 161
    De la bonne manière de faire l'aumône 166
    La patience et l'inégalité 171
    La moquerie rituelle 176
    Un moment dans l'histoire de la pitié 184

Chapitre VII. L'Église et l'exclusion des pauvres 187

    Au pays des sans-nom 187
    Pauvreté volontaire et pauvreté involontaire 193
    Le Mirouer des enfans ingratz 195
    Conclusion 199

Chapitre VIII. Au-delà du Moyen Âge : lectures 203

    Les fils de Caïn : les littératures de la gueuserie 203
    Pauvreté masculine, pauvreté féminine 207

Conclusion. Des vocabulaires dans l'histoire 215

Lexique 221

Liste des locutions, maximes et proverbes 225

Bibliographie 229

COLLECTION HISTOIRE

CLASSEMENT CHRONOLOGIQUE

[Généralités sur l'Histoire]

[H 142] Alain BOUREAU, *Kantorowicz. Histoires d'un historien*

[H 128] Gérard DELILLE, *L'Économie de Dieu. Famille et marché entre christianisme, hébraïsme et islam*

[H 88] Kurt FLASH, *Prendre congé de Dilthey. Que serait un néohistorisme en histoire de la philosophie?* suivi de *Congé à Dilthey*

[H 137] David. S. LANDES, *L'Heure qu'il est. Les Horloges, la mesure du temps et la formation du monde moderne*

[H 8] Daniel Shabetaï MILO, *Trahir le temps (Histoire)*

[H 10] Daniel Shabetaï MILO & Alain BOUREAU, *Alter Histoire. Essais d'histoire expérimentale*

[Généralités sur l'Antiquité]

[H 102] Polymnia ATHANASSIADI, *Vers la pensée unique. La montée de l'intolérance dans l'Antiquité classique*

[H 7] Jérôme CARCOPINO, *Les Bonnes Leçons*

[H 3] Moses Immanuel FINLEY, *On a perdu la guerre de Troie. Propos et polémiques sur l'Antiquité*

[H 33] Peter GARNSEY, *Famine et approvisionnement dans le monde gréco-romain. Réactions aux risques et aux crises*

[H 68] Peter GARNSEY, *Conceptions de l'esclavage d'Aristote à saint Augustin*

[H 118] Peter GARNSEY, *Penser la propriété. De l'Antiquité jusqu'à l'ère des révolutions*

[H 28] Fritz GRAF, *La Magie dans l'Antiquité gréco-romaine. Idéologie et pratique*

[H 1] Pierre GRIMAL, *Les Erreurs de la liberté*

[H 114] Alfredo LÓPEZ AUSTIN & Leonardo LÓPEZ LUJÁN, *Le Passé indigène. Histoire pré-coloniale du Mexique*

[H 31] Einar MÁR JÓNSSON, *Le Miroir. Naissance d'un genre littéraire*

[H 64] Ramsay MACMULLEN, *Les Émotions dans l'Histoire, ancienne et moderne*

[H 15] Arnaldo MOMIGLIANO, *Les Fondations du savoir historique*

[H 135] Vivian NUTTON, *La Médecine antique*

[H 84] Louis ROBERT, *Choix d'écrits*

[H 66] Youval ROTMAN, *Les Esclaves et l'esclavage. De la Méditerranée antique à la Méditerranée médiévale (VIᵉ-XIᵉ siècles)*

[H 39] Aline ROUSSELLE, *La Contamination spirituelle. Science, droit et religion dans l'Antiquité*

[H 17] Édouard WILL & Claude ORRIEUX, *« Prosélytisme juif »? Histoire d'une erreur*

[L'Extrême Orient]

[H 104] Damien CHAUSSENDE, *Des Trois royaumes aux Jin. La légitimation du pouvoir impérial en Chine au IIIᵉ siècle*

[H 129] Cédric FERRIER, *L'Inde des Gupta (IVᵉ-VIᵉ siècle)*

[H 154] Christian LAMOUROUX, *La Dynastie des Song. Histoire générale de la Chine (960-1279)*

[H 109] Pierre MARSONE, *La Steppe et l'Empire. La formation de la dynastie Khitan (Liao). IVᵉ-Xᵉ siècles*

[H 119]   Yuri PINES, *L'Invention de la Chine éternelle. Comment les maîtres-penseurs des Royaumes combattants ont construit l'empire le plus long de l'histoire (V^e-IIIe siècles avant J.-C.)*

[H 136]   Michèle PIRAZZOLI-T'SERSTEVENS & Marianne BUJARD, *Les Dynasties Qin et Han. Histoire générale de la Chine (221 av. J.-C. - 220 apr. J.-C.)*

[H 151]   Franciscus VERELLEN, *Conjurer la destinée. Rétribution et délivrance dans le taoïsme médiéval*

[Histoire Grecque]

[H 77]   Alain DUPLOUY, *Le Prestige des élites. Recherches sur les modes de reconnaissance sociale en Grèce entre les Xe et Ve siècles avant J.-C.*

[H 74]   Pierre ELLINGER, *La Fin des maux. D'un Pausanias à l'autre. Essai de mythologie et d'histoire*

[H 76]   Christian HABICHT, *Athènes hellénistique. Histoire de la cité d'Alexandre le Grand à Marc Antoine*

[H 25]   Mogens Herman HANSEN, *La Démocratie athénienne à l'époque de Démosthène. Structures, principes et idéologie*

[H 50]   Mogens Herman HANSEN, *Polis et cité-État. Un concept antique et son équivalent moderne*

[H 92]   Mogens Herman HANSEN, *Polis. Une introduction à la cité grecque*

[H 5]   Victor Davis HANSON, *Le Modèle occidental de la guerre. La bataille d'infanterie dans la Grèce classique*

[H 36]   Jean IRIGOIN, *Tradition et critique des textes grecs*

[H 148]   Donald KAGAN, *Le Déclenchement de la guerre du Péloponnèse. Nouvelle histoire de la guerre du Péloponnèse, I*

[H 153]   Donald KAGAN, *La Guerre d'Archidamos. Nouvelle histoire de la guerre du Péloponnèse, II*

[H 155]   Donald KAGAN, *La Paix de Nicias et l'expédition de Sicile. Nouvelle histoire de la guerre du Péloponnèse, III*

[H 57]   Nicole LORAUX (dir.), *La Grèce au féminin*

[H 63]   John MA, *Antiochos III et les cités de l'Asie Mineure occidentale*

[H 42]   Irad MALKIN, *La Méditerranée spartiate. Mythe et territoire*

[H 9]   Christian MEIER, *De la tragédie grecque comme art politique*

[H 79]   Charalampos ORFANOS, *Les Sauvageons d'Athènes ou la didactique du rire chez Aristophane*

[H 147]   Robert PARKER, *Miasma. Souillure et purification dans la religion grecque archaïque et classique*

[H 112]   Stéphane RATTI, *Polémiques entre païens et chrétiens*

[H 113]   Nicolas RICHER, *La Religion des Spartiates. Croyances et cultes dans l'Antiquité*

[H 53]   Annie SCHNAPP-GOURBEILLON, *Aux origines de la Grèce (XIIIe-VIIIe siècles avant J.-C.). La genèse du politique*

[H 70]   Pierre VIDAL-NAQUET, *Le Miroir brisé. Tragédie athénienne et politique*

[H 72]   Pierre VIDAL-NAQUET, *L'Atlantide. Petite histoire d'un mythe platonicien*

[Histoire Romaine]

[H 95]   Maria Grazia BAJONI, *Les Grammairiens lascifs. La grammaire à la fin de l'Empire romain*

[H 117]   Véronique BOUDON-MILLOT, *Galien de Pergame. Un médecin grec à Rome*

[H 19]   André CHASTAGNOL, *Le Sénat romain à l'époque impériale. Recherches sur la composition de l'Assemblée et le statut de ses membres*

[H 97]   Pierre CHUVIN, *Chronique des derniers païens. La disparition du paganisme dans l'Empire romain, du règne de Constantin à celui de Justinien*

[H 27]   Eugen CIZEK, *L'Empereur Aurélien et son temps*

[H 153]   Jérôme FRANCE, *Tribut. Une histoire fiscale de la conquête romaine*

[H 11]   Alexandre GRANDAZZI, *La Fondation de Rome. Réflexion sur l'Histoire*

[H 58]   Ramsay MACMULLEN, *La Romanisation à l'époque d'Auguste*

[H 13]   Régis François MARTIN, *Les Douze Césars. Du mythe à la réalité*

[H 32]   Jean-Marie PAILLER, *Bacchus. Figures et pouvoirs*

[H 101]   Rose Mary SHELDON, *Renseignement et espionnage dans la Rome antique*

[H 110]   Giusto TRAINA, *Carrhes, 9 juin 53 avant J.-C. Anatomie d'une défaite*

[H 2]   Robert TURCAN, *Les Cultes orientaux dans le monde romain*

[H 24]   Robert TURCAN, *Mithra et le mithriacisme*

[H 6]   Zvi YAVETZ, *César et son image. Des limites du charisme en politique*

[Antiquité tardive]

[H 134]   Peter BROWN, *À travers un trou d'aiguille. La richesse, la chute de Rome et la formation du christianisme*

[H 40]   Ramsay MACMULLEN, *Christianisme et paganisme du IVe au VIIIe siècle*

[H 89]   Ramsay MACMULLEN, *Voter pour définir Dieu. Trois siècles de conciles (253-553)*

[H 127]   Éric REBILLARD, *Les Chrétiens de l'Antiquité tardive et leurs identités multiples*

[H 108]   Suzanne TEILLET, *Des Goths à la nation gothique. Les origines de l'idée de Nation en Occident du Ve au VIIe siècle*

[H 99]   Giusto TRAINA, *428. Une année ordinaire à la fin de l'Empire romain*

[Histoire Médiévale]

[H 126]   Thomas N. BISSON, *La Crise du XIIe siècle. Pouvoir et seigneurie à l'aube du gouvernement européen*

[H 22]   Alain BOUREAU, *L'Événement sans fin. Récit et christianisme au Moyen Âge*

[H 62]   Alain BOUREAU, *La Loi du royaume. Les moines, le droit et la construction de la nation anglaise (XIe-XIIIe siècles)*

[H 80]   Alain BOUREAU, *La Religion de l'État. La construction de la République étatique dans le discours théologique de l'Occident médiéval (1250-1350)*

[H 85]   Alain BOUREAU, *L'Empire du livre. Pour une histoire du savoir scolastique (1200-1380)*

[H 93]   Alain BOUREAU, *De vagues individus. La condition humaine dans la pensée scolastique*

[H 94]   Alain BOUREAU, *Théologie, science et censure au XIIIe siècle. Le cas de Jean Peckham*

[H 103]   Alain BOUREAU, *L'Inconnu dans la maison. Richard de Mediavilla, les franciscains et la vierge Marie à la fin du XIIIe siècle*

[H 125]   Alain BOUREAU, *Le Désir dicté. Histoire du vœu religieux dans l'Occident médiéval*

[H 133]   Alain BOUREAU, *L'Errance des normes. Éléments d'éthique scolastique (1220-1320)*

[H 132]   Gianluca BRIGUGLIA, *Le Pouvoir mis à la question. Théologiens et théorie politique à l'époque du conflit entre Boniface VIII et Philippe le Bel*

[H 152]   Julie CLAUSTRE, *Faire ses comptes au Moyen Âge*

[H 121]   Arsenio FRUGONI, *Arnaud de Brescia dans les sources du XIIe siècle*

[H 123]   Arsenio FRUGONI & Chiara FRUGONI, *Une journée au Moyen Âge*

[H 111]   Chiara FRUGONI, *Le Moyen Âge sur le bout du nez. Lunettes, boutons et autres inventions médiévales*

[H 131]   Chiara FRUGONI, *Le Moyen Âge par ses images*

[H 105]   Joseph GOERING, *La Vierge et le Graal. Les origines d'une légende*

[H 122]   Christophe GRELLARD, *Jean de Salisbury et la renaissance médiévale du scepticisme*

[H 31]   Einar Már JÓNSSON, *Le Miroir. Naissance d'un genre littéraire*

[H 138]   Joel KAYE, *Histoire de l'équilibre (1250-1375). L'apparition d'un nouveau modèle d'équilibre et son impact sur la pensée*

[H 38]   Peter LINEHAN, *Les Dames de Zamora. Secrets, stupre et pouvoirs dans l'Église espagnole du XIIIᵉ siècle*

[H 81]   Elsa MARMURSZTEJN, *L'Autorité des maîtres. Scolastique, normes et société au XIIIᵉ siècle*

[H 12]   Robert Ian MOORE, *La Persécution. Sa formation en Europe (Xᵉ-XIIIᵉ siècles)*

[H 75]   Donald MacGillivray NICOL, *Les Derniers Siècles de Byzance (1261-1453)*

[H 145]   Agostino PARAVICINI BAGLIANI, *Le Bestiaire du pape*

[H 143]   Gian Luca POTESTÀ, *Le Dernier Messie. Prophétie et souveraineté au Moyen Âge*

[H 66]   Youval ROTMAN, *Les Esclaves et l'esclavage. De la Méditerranée antique à la Méditerranée médiévale (VIᵉ-XIᵉ siècles)*

[H 73]   Steven RUNCIMAN, *Le schisme d'Orient. La papauté et les Églises d'Orient (XIᵉ-XIIᵉ siècles)*

[H 90]   Steven RUNCIMAN, *Les Vêpres siciliennes. Une histoire du monde méditerranéen à la fin du XIIIᵉ siècle*

[H 45]   Joseph SHATZMILLER, *Shylock revu et corrigé. Les juifs, les chrétiens et le prêt d'argent dans la société médiévale*

[H 45]   Joseph SHATZMILLER, *Shylock revu et corrigé. Les juifs, les chrétiens et le prêt d'argent dans la société médiévale*

[H 140]   Catherine VERNA, *L'Industrie au village. Essai de micro-histoire (Arles-sur-Tech, XIVᵉ et XVᵉ siècles)*

[H 120]   Nicolas WEILL-PAROT, *Points aveugles de la nature. La rationalité scientifique médiévale face à l'occulte, l'attraction magnétique et l'horreur du vide*

[H 150]   Nicolas WEILL-PAROT, *Le vol dans les airs au Moyen Âge. Essai historique sur une utopie scientifique*

[H 17]   Édouard WILL & Claude ORRIEUX, *« Prosélytisme juif » ? Histoire d'une erreur*

[Histoire Moderne]

[H 87]   Florin AFTALION, *L'Économie de la Révolution française*

[H 96]   Marcel BATAILLON, *Les Jésuites dans l'Espagne du XVIᵉ siècle*

[H 106]   Robert DESCIMON & Élie HADDAD (dir.), *Épreuves de noblesse. Les expériences nobiliaires de la haute robe parisienne (XVIᵉ-XVIIIᵉ siècle)*

[H 82]   Ralph GIESEY, *Le Rôle méconnu de la loi salique. La succession royale XIVᵉ-XVIᵉ siècles*

[H 23]   Anthony GRAFTON, *Faussaires et critiques. Créativité et duplicité chez les érudits occidentaux*

[H 91]   Sophie HOUDARD, *Les invasions mystiques. Spiritualités, hétérodoxies et censures au début de l'époque moderne*

[H 65]   Annick LEMPÉRIÈRE, *Entre Dieu et le roi, la République. Mexico, XVIᵉ-XIXᵉ siècles*

[H 83]   Sabrina LORIGA, *Soldats. Un laboratoire disciplinaire : l'armée piémontaise au XVIIIᵉ siècle*

[H 98]   Evyatar MARIENBERG, *Niddah. Lorsque les juifs conceptualisent la menstruation*

[H 29]   Hélène MERLIN-KAJMAN, *Public et littérature en France au XVIIᵉ siècle*

[H 49]   Hélène MERLIN-KAJMAN, *L'Excentricité académique. Littérature, institution, société*

[H 139]   Robert MUCHEMBLED, *La Civilisation des odeurs (XVIᵉ-début XIXᵉ siècle)*

[H 47]   Jean-Christophe SALADIN, *La Bataille du grec à la Renaissance*

[Histoire Contemporaine]

[H 60]   Gilles BATAILLON, *Genèse des guerres internes en Amérique centrale (1960-1983)*

[H 55]   Delphine BECHTEL *et alii* (sous la direction de), *Écriture de l'histoire et identité juive. L'Europe ashkénaze (XIXe-XXe siècles)*

[H 51]   Christopher Robert BROWNING, *Politique nazie, travailleurs juifs, bourreaux allemands*

[H 69]   Christopher Robert BROWNING, *Des hommes ordinaires. Le 101e bataillon de réserve de la police allemande et la Solution finale en Pologne*

[H 86]   Christopher Robert BROWNING, *Les Origines de la Solution finale. L'évolution de la politique antijuive des nazis (septembre 1939-mars 1942)*

[H 107]   Christopher Robert BROWNING, *À l'intérieur d'un camp de travail nazi. Récits des survivants : mémoire et histoire*

[H 78]   Giuliana, Marisa, Gabriella CARDOSI, *À la frontière. La question des mariages mixtes durant la persécution antijuive en Italie et en Europe (1935-1945)*

[H 61]   Renée DRAY-BENSOUSAN, *Les Juifs à Marseille (1940-1944)*

[H 44]   Gabriel GORODETSKY, *Le Grand Jeu de dupes. Staline et l'invasion allemande*

[H 144]   Gilles GUIHEUX, *La République populaire de Chine. Histoire générale de la Chine (1949 à nos jours)*

[H 46]   Katy HAZAN, *Les Orphelins de la Shoah. Les maisons de l'espoir (1944-1960)*

[H 100]   Maury KLEIN, *Le Krach de 1929*

[H 52]   Tamara KONDRATIEVA, *Gouverner et nourrir. Du pouvoir en Russie (XVIe-XXe siècles)*

[H 141]   Tamara KONDRATIEVA, *Bolcheviks et Jacobins. Itinéraire des analogies*

[H 59]   Guenter LEWY, *La Persécution des Tziganes par les nazis*

[H 98]   Evyatar MARIENBERG, *Niddah. Lorsque les juifs conceptualisent la menstruation*

[H 54]   Mark MAZOWER, *Dans la Grèce d'Hitler (1941-1944)*

[H 124]   Hervé MAZUREL, *Vertiges de la guerre. Byron, les philhellènes et le mirage grec*

[H 146]   Xavier PAULÈS, *La République de Chine. Histoire générale de la Chine (1912-1949)*

[H 48]   Robert Neel PROCTOR, *La Guerre des nazis contre le cancer*

[H 18]   Claude SINGER, *Vichy, l'Université et les Juifs. Les silences et la mémoire*

[H 37]   Claude SINGER, *L'Université libérée. L'Université épurée (1943-1947)*

[H 56]   Claude SINGER, *Le Juif Süss et la propagande nazie. L'Histoire confisquée*

[H 149]   Benn STEIL, *Le Plan Marshall. À l'aube de la Guerre Froide*

[H 116]   Adam TOOZE, *Le Salaire de la destruction. Formation et ruine de l'économie nazie*

[H 130]   Adam TOOZE, *Le Déluge. 1916-1931. Un nouvel ordre mondial*

[H 115]   Sylvain VENAYRE, *Panorama du voyage (1780-1920). Mots, figures, pratiques*

Composition et mise en pages
Nord Compo à Villeneuve-d'Ascq

Ce volume,
le cent cinquante-sixième
de la collection « Histoire »
publié aux Éditions Les Belles Lettres,
a été achevé d'imprimer
en février 2023
sur les presses
de l'imprimerie SEPEC
01960 Péronnas – France

N° d'éditeur : 10428
N° d'imprimeur : 230133
Dépot légal : avril 2023